UCRANIANO
VOCABULÁRIO

PORTUGUÊS BRASILEIRO

PORTUGUÊS UCRANIANO

Para alargar o seu léxico e apurar as suas competências linguísticas

9000 palavras

Vocabulário Português Brasileiro-Ucraniano - 9000 palavras
Por Andrey Taranov

Os vocabulários da T&P Books destinam-se a ajudar a aprender, a memorizar, e a rever palavras estrangeiras. O dicionário é dividido em temas, cobrindo todas as principais esferas de atividades quotidianas, negócios, ciência, cultura, etc.

O processo de aprendizagem, utilizando os dicionários baseados em temáticas da T&P Books dá-lhe as seguintes vantagens:

- Informação de origem corretamente agrupada predetermina o sucesso em fases subsequentes da memorização de palavras
- Disponibilização de palavras derivadas da mesma raiz, o que permite a memorização de unidades de texto (em vez de palavras separadas)
- Pequenas unidades de palavras facilitam o processo de estabelecimento de vínculos associativos necessários para a consolidação do vocabulário
- O nível de conhecimento da língua pode ser estimado pelo número de palavras aprendidas

Copyright © 2024 T&P Books Publishing

Todos os direitos reservados. Nenhuma parte desta publicação pode ser reproduzida, total ou parcialmente, por quaisquer métodos ou processos, sejam eles eletrônicos, mecânicos, de fotocópia ou outros, sem a autorização escrita do editor. Esta publicação não pode ser divulgada, copiada ou distribuída em nenhum formato.

T&P Books Publishing
www.tpbooks.com

Este livro também está disponível em formato E-book.
Por favor visite www.tpbooks.com ou as principais livrarias on-line.

VOCABULÁRIO UCRANIANO
palavras mais úteis

Os vocabulários da T&P Books destinam-se a ajudar a aprender, a memorizar, e a rever palavras estrangeiras. O vocabulário contém mais de 9000 palavras de uso comum organizadas tematicamente.

O vocabulário contém as palavras mais comummente usadas
Recomendado como adicional para qualquer curso de línguas
Satisfaz as necessidades dos iniciados e dos alunos avançados de línguas estrangeiras
Conveniente para o uso diário, sessões de revisão e atividades de auto-teste
Permite avaliar o seu vocabulário

Características especias do vocabulário

- As palavras estão organizadas de acordo com o seu significado, e não por ordem alfabética
- As palavras são apresentadas em três colunas para facilitar os processos de revisão e auto-teste
- As palavras compostas são divididas em pequenos blocos para facilitar o processo de aprendizagem
- O vocabulário oferece uma transcrição simples e adequada de cada palavra estrangeira

O vocabulário contém 256 tópicos incluindo:

Conceitos básicos, Números, Cores, Meses, Estações do ano, Unidades de medida, Roupas & Acessórios, Alimentos & Nutrição, Restaurante, Membros da Família, Parentes, Caráter, Sentimentos, Emoções, Doenças, Cidade, Passeios, Compras, Dinheiro, Casa, Lar, Escritório, Trabalho no Escritório, Importação & Exportação, Marketing, Pesquisa de Emprego, Esportes, Educação, Computador, Internet, Ferramentas, Natureza, Países, Nacionalidades e muito mais ...

TABELA DE CONTEÚDOS

GUIA DE PRONUNCIAçãO	11
ABREVIATURAS	12
CONCEITOS BÁSICOS	13
Conceitos básicos. Parte 1	13
1. Pronomes	13
2. Cumprimentos. Saudações. Despedidas	13
3. Como se dirigir a alguém	14
4. Números cardinais. Parte 1	14
5. Números cardinais. Parte 2	15
6. Números ordinais	16
7. Números. Frações	16
8. Números. Operações básicas	16
9. Números. Diversos	16
10. Os verbos mais importantes. Parte 1	17
11. Os verbos mais importantes. Parte 2	18
12. Os verbos mais importantes. Parte 3	19
13. Os verbos mais importantes. Parte 4	20
14. Cores	20
15. Questões	21
16. Preposições	22
17. Palavras funcionais. Advérbios. Parte 1	22
18. Palavras funcionais. Advérbios. Parte 2	24
Conceitos básicos. Parte 2	26
19. Opostos	26
20. Dias da semana	28
21. Horas. Dia e noite	28
22. Meses. Estações	29
23. Tempo. Diversos	30
24. Linhas e formas	31
25. Unidades de medida	32
26. Recipientes	33
27. Materiais	34
28. Metais	35
O SER HUMANO	36
O ser humano. O corpo	36
29. Humanos. Conceitos básicos	36
30. Anatomia humana	36

31. Cabeça 37
32. Corpo humano 38

Vestuário & Acessórios 39

33. Roupa exterior. Casacos 39
34. Vestuário de homem & mulher 39
35. Vestuário. Roupa interior 40
36. Adereços de cabeça 40
37. Calçado 40
38. Têxtil. Tecidos 41
39. Acessórios pessoais 41
40. Vestuário. Diversos 42
41. Cuidados pessoais. Cosméticos 42
42. Joalheria 43
43. Relógios de pulso. Relógios 44

Alimentação. Nutrição 45

44. Comida 45
45. Bebidas 46
46. Vegetais 47
47. Frutos. Nozes 48
48. Pão. Bolaria 49
49. Pratos cozinhados 49
50. Especiarias 50
51. Refeições 51
52. Por a mesa 52
53. Restaurante 52

Família, parentes e amigos 53

54. Informação pessoal. Formulários 53
55. Membros da família. Parentes 53
56. Amigos. Colegas de trabalho 54
57. Homem. Mulher 55
58. Idade 55
59. Crianças 56
60. Casais. Vida de família 57

Caráter. Sentimentos. Emoções 58

61. Sentimentos. Emoções 58
62. Caráter. Personalidade 59
63. O sono. Sonhos 60
64. Humor. Riso. Alegria 61
65. Discussão, conversação. Parte 1 61
66. Discussão, conversação. Parte 2 62
67. Discussão, conversação. Parte 3 64
68. Acordo. Recusa 64
69. Sucesso. Boa sorte. Insucesso 65
70. Conflitos. Emoções negativas 66

5

Medicina	68
71. Doenças	68
72. Sintomas. Tratamentos. Parte 1	69
73. Sintomas. Tratamentos. Parte 2	70
74. Sintomas. Tratamentos. Parte 3	71
75. Médicos	72
76. Medicina. Drogas. Acessórios	72
77. Fumar. Produtos tabágicos	73

HABITAT HUMANO	74
Cidade	74
78. Cidade. Vida na cidade	74
79. Instituições urbanas	75
80. Sinais	76
81. Transportes urbanos	77
82. Turismo	78
83. Compras	79
84. Dinheiro	80
85. Correios. Serviço postal	81

Moradia. Casa. Lar	82
86. Casa. Habitação	82
87. Casa. Entrada. Elevador	83
88. Casa. Eletricidade	83
89. Casa. Portas. Fechaduras	83
90. Casa de campo	84
91. Moradia. Mansão	84
92. Castelo. Palácio	85
93. Apartamento	85
94. Apartamento. Limpeza	86
95. Mobiliário. Interior	86
96. Quarto de dormir	87
97. Cozinha	87
98. Casa de banho	88
99. Eletrodomésticos	89
100. Reparações. Renovação	89
101. Canalizações	90
102. Fogo. Deflagração	90

ATIVIDADES HUMANAS	92
Emprego. Negócios. Parte 1	92
103. Escritório. O trabalho no escritório	92
104. Processos negociais. Parte 1	93
105. Processos negociais. Parte 2	94
106. Produção. Trabalhos	95
107. Contrato. Acordo	96
108. Importação & Exportação	97

109. Finanças 97
110. Marketing 98
111. Publicidade 99
112. Banca 99
113. Telefone. Conversação telefônica 100
114. Telefone móvel 101
115. Estacionário 101
116. Vários tipos de documentos 102
117. Tipos de negócios 103

Emprego. Negócios. Parte 2 105

118. Espetáculo. Feira 105
119. Media 106
120. Agricultura 107
121. Construção. Processo de construção 108
122. Ciência. Investigação. Cientistas 109

Profissões e ocupações 110

123. Procura de emprego. Demissão 110
124. Gente de negócios 110
125. Profissões de serviços 111
126. Profissões militares e postos 112
127. Oficiais. Padres 113
128. Profissões agrícolas 113
129. Profissões artísticas 114
130. Várias profissões 114
131. Ocupações. Estatuto social 116

Desportos 117

132. Tipos de desportos. Desportistas 117
133. Tipos de desportos. Diversos 118
134. Ginásio 118
135. Hóquei 119
136. Futebol 119
137. Esqui alpino 121
138. Tênis. Golfe 121
139. Xadrez 122
140. Boxe 122
141. Desportos. Diversos 123

Educação 125

142. Escola 125
143. Colégio. Universidade 126
144. Ciências. Disciplinas 127
145. Sistema de escrita. Ortografia 127
146. Línguas estrangeiras 128

7

147. Personagens de contos de fadas	129
148. Signos do Zodíaco	130

Artes 131

149. Teatro	131
150. Cinema	132
151. Pintura	133
152. Literatura & Poesia	134
153. Circo	134
154. Música. Música popular	135

Descanso. Entretenimento. Viagens 137

155. Viagens	137
156. Hotel	137
157. Livros. Leitura	138
158. Caça. Pesca	140
159. Jogos. Bilhar	141
160. Jogos. Jogar cartas	141
161. Casino. Roleta	141
162. Descanso. Jogos. Diversos	142
163. Fotografia	142
164. Praia. Natação	143

EQUIPAMENTO TÉCNICO. TRANSPORTES 145
Equipamento técnico 145

165. Computador	145
166. Internet. E-mail	146
167. Eletricidade	147
168. Ferramentas	147

Transportes 150

169. Avião	150
170. Comboio	151
171. Barco	152
172. Aeroporto	153
173. Bicicleta. Motocicleta	154

Carros 155

174. Tipos de carros	155
175. Carros. Carroçaria	155
176. Carros. Habitáculo	156
177. Carros. Motor	157
178. Carros. Batidas. Reparação	158
179. Carros. Estrada	159
180. Sinais de trânsito	160

PESSOAS. EVENTOS 161

181. Férias. Evento 161
182. Funerais. Enterro 162
183. Guerra. Soldados 162
184. Guerra. Ações militares. Parte 1 163
185. Guerra. Ações militares. Parte 2 165
186. Armas 166
187. Povos da antiguidade 168
188. Idade média 168
189. Líder. Chefe. Autoridades 170
190. Estrada. Caminho. Direções 171
191. Violação da lei. Criminosos. Parte 1 172
192. Violação da lei. Criminosos. Parte 2 173
193. Polícia. Lei. Parte 1 174
194. Polícia. Lei. Parte 2 175

NATUREZA 177
A Terra. Parte 1 177

195. Espaço sideral 177
196. A Terra 178
197. Pontos cardeais 179
198. Mar. Oceano 179
199. Nomes de Mares e Oceanos 180
200. Montanhas 181
201. Nomes de montanhas 182
202. Rios 182
203. Nomes de rios 183
204. Floresta 183
205. Recursos naturais 184

A Terra. Parte 2 186

206. Tempo 186
207. Tempo extremo. Catástrofes naturais 187
208. Ruídos. Sons 187
209. Inverno 188

Fauna 190

210. Mamíferos. Predadores 190
211. Animais selvagens 190
212. Animais domésticos 191
213. Cães. Raças de cães 192
214. Sons produzidos pelos animais 193
215. Animais jovens 193
216. Pássaros 194
217. Pássaros. Canto e sons 195
218. Peixes. Animais marinhos 195
219. Anfíbios. Répteis 196
220. Insetos 197

221. Animais. Partes do corpo	197
222. Ações dos animais	198
223. Animais. Habitats	199
224. Cuidados com os animais	199
225. Animais. Diversos	200
226. Cavalos	200

Flora 202

227. Árvores	202
228. Arbustos	202
229. Cogumelos	203
230. Frutos. Bagas	203
231. Flores. Plantas	204
232. Cereais, grãos	205
233. Vegetais. Verduras	206

GEOGRAFIA REGIONAL 207

234. Europa Ocidental	207
235. Europa Central e de Leste	209
236. Países da ex-URSS	210
237. Asia	211
238. América do Norte	213
239. América Central do Sul	213
240. Africa	214
241. Austrália. Oceania	215
242. Cidades	215
243. Política. Governo. Parte 1	217
244. Política. Governo. Parte 2	218
245. Países. Diversos	219
246. Grupos religiosos mais importantes. Confissões	220
247. Religiões. Padres	221
248. Fé. Cristianismo. Islão	221

TEMAS DIVERSOS 224

249. Várias palavras úteis	224
250. Modificadores. Adjetivos. Parte 1	225
251. Modificadores. Adjetivos. Parte 2	227

500 VERBOS PRINCIPAIS 230

252. Verbos A-B	230
253. Verbos C-D	231
254. Verbos E-J	234
255. Verbos L-P	236
256. Verbos Q-Z	238

GUIA DE PRONUNCIAÇÃO

Letra	Exemplo Ucraniano	Alfabeto fonético T&P	Exemplo Português
А а	акт	[a]	chamar
Е е	берет	[e], [ɛ]	mover
Є є	модельєр	[ɛ]	mesquita
И и	ритм	[k]	aquilo
І і	компанія	[i]	sinônimo
Ї ї	поїзд	[ji]	gaseificada
О о	око	[ɔ]	emboço
У у	буря	[u]	bonita
Ю ю	костюм	[ʲu]	nacional
Я я	маяк	[ja], [ʲa]	Himalaias

Consoantes

Letra	Exemplo Ucraniano	Alfabeto fonético T&P	Exemplo Português
Б б	бездна	[b]	barril
В в	вікно	[w]	página web
Г г	готель	[ɦ]	agora
Ґ ґ	ґудзик	[g]	gosto
Д д	дефіс	[d]	dentista
Ж ж	жанр	[ʒ]	talvez
З з	зброя	[z]	sésamo
Й й	йти	[j]	Vietnã
К к	крок	[k]	aquilo
Л л	лев	[l]	libra
М м	мати	[m]	magnólia
Н н	назва	[n]	natureza
П п	приз	[p]	presente
Р р	радість	[r]	riscar
С с	сон	[s]	sanita
Т т	тир	[t]	tulipa
Ф ф	фарба	[f]	safári
Х х	холод	[h]	[h] aspirada
Ц ц	церква	[ʦ]	tsé-tsé
Ч ч	час	[ʧ]	Tchau!
Ш ш	шуба	[ʃ]	mês
Щ щ	щука	[ɕ]	shiatsu
ь	камінь	[ʲ]	sinal suave
ъ	ім'я	[ˀ]	sinal forte

ABREVIATURAS
usadas no vocabulário

Abreviaturas do Português

adj	-	adjetivo
adv	-	advérbio
anim.	-	animado
conj.	-	conjunção
desp.	-	esporte
etc.	-	Etcetera
ex.	-	por exemplo
f	-	nome feminino
f pl	-	feminino plural
fem.	-	feminino
inanim.	-	inanimado
m	-	nome masculino
m pl	-	masculino plural
m, f	-	masculino, feminino
masc.	-	masculino
mat.	-	matemática
mil.	-	militar
pl	-	plural
prep.	-	preposição
pron.	-	pronome
sb.	-	sobre
sing.	-	singular
v aux	-	verbo auxiliar
vi	-	verbo intransitivo
vi, vt	-	verbo intransitivo, transitivo
vr	-	verbo reflexivo
vt	-	verbo transitivo

Abreviaturas do Ucraniano

ж	-	nome feminino
мн	-	plural
с	-	neutro
ч	-	nome masculino

CONCEITOS BÁSICOS

Conceitos básicos. Parte 1

1. Pronomes

eu	**я**	[ja]
você	**ти**	[tɨ]
ele	**він**	[win]
ela	**вона**	[wo'na]
ele, ela (neutro)	**воно**	[wo'nɔ]
nós	**ми**	[mɨ]
vocês	**ви**	[wɨ]
eles, elas	**вони**	[wo'nɨ]

2. Cumprimentos. Saudações. Despedidas

Oi!	**Здрастуй!**	['zdrastuj]
Olá!	**Здрастуйте!**	['zdrastujtɛ]
Bom dia!	**Доброго ранку!**	['dɔbroɦo 'ranku]
Boa tarde!	**Добрий день!**	['dɔbrɨj dɛnʲ]
Boa noite!	**Добрий вечір!**	['dɔbrɨj 'wɛʧir]
cumprimentar (vt)	**вітатися**	[wi'tatɨsʲa]
Oi!	**Привіт!**	[prɨ'wit]
saudação (f)	**привітання** (c)	[prɨwi'tanʲa]
saudar (vt)	**вітати**	[wi'tatɨ]
Tudo bem?	**Як справи?**	[jak 'sprawɨ]
Como você está?	**Як у вас справи?**	[jak u was 'sprawɨ]
E aí, novidades?	**Що нового?**	[ɕo no'wɔɦo]
Tchau! Até logo!	**До побачення!**	[do po'baʧɛnʲa]
Até breve!	**До скорої зустрічі!**	[do 'skɔrojɨ 'zustriʧi!]
Adeus! (sing.)	**Прощавай!**	[proɕa'waj]
Adeus! (pl)	**Прощавайте!**	[proɕa'wajtɛ]
despedir-se (dizer adeus)	**прощатися**	[pro'ɕatɨsʲa]
Até mais!	**Бувай!**	[bu'waj]
Obrigado! -a!	**Дякую!**	['dʲakuʲu]
Muito obrigado! -a!	**Щиро дякую!**	['ɕɨro 'dʲakuʲu]
De nada	**Будь ласка**	[budʲ 'laska]
Não tem de quê	**Не варто подяки**	[nɛ 'warto po'dʲakɨ]
Não foi nada!	**Нема за що**	[nɛ'ma za ɕo]
Desculpa!	**Вибач!**	['wɨbaʧ]
Desculpe!	**Вибачте!**	['wɨbaʧtɛ]

desculpar (vt)	**вибачати**	[wɨba'ʧatɨ]
desculpar-se (vr)	**вибачатися**	[wɨba'ʧatɨsʲa]
Me desculpe	**Мої вибачення**	[moɨ 'wɨbaʧɛnʲa]
Desculpe!	**Вибачте!**	['wɨbaʧtɛ]
perdoar (vt)	**вибачати**	[wɨba'ʧatɨ]
por favor	**будь ласка**	[budʲ 'laska]
Não se esqueça!	**Не забудьте!**	[nɛ za'budʲtɛ]
Com certeza!	**Звичайно!**	[zwɨ'ʧajno]
Claro que não!	**Звичайно ні!**	[zwɨ'ʧajno ni]
Está bem! De acordo!	**Згоден!**	['zɦɔdɛn]
Chega!	**Досить!**	['dɔsɨtʲ]

3. Como se dirigir a alguém

senhor	**Пан**	[pan]
senhora	**Пані**	['pani]
senhorita	**Дівчино**	['diwʧɨno]
jovem	**Хлопче**	['hlɔpʧɛ]
menino	**Хлопчику**	['hlɔpʧɨku]
menina	**Дівчинко**	['diwʧɨnko]

4. Números cardinais. Parte 1

zero	**нуль**	[nulʲ]
um	**один**	[o'dɨn]
dois	**два**	[dwa]
três	**три**	[trɨ]
quatro	**чотири**	[ʧo'tɨrɨ]
cinco	**п'ять**	[pˀʲatʲ]
seis	**шість**	[ʃistʲ]
sete	**сім**	[sim]
oito	**вісім**	['wisim]
nove	**дев'ять**	['dɛwˀʲatʲ]
dez	**десять**	['dɛsʲatʲ]
onze	**одинадцять**	[odɨ'nadʦʲatʲ]
doze	**дванадцять**	[dwa'nadʦʲatʲ]
treze	**тринадцять**	[trɨ'nadʦʲatʲ]
catorze	**чотирнадцять**	[ʧotɨr'nadʦʲatʲ]
quinze	**п'ятнадцять**	[pˀʲat'nadʦʲatʲ]
dezesseis	**шістнадцять**	[ʃist'nadʦʲatʲ]
dezessete	**сімнадцять**	[sim'nadʦʲatʲ]
dezoito	**вісімнадцять**	[wisim'nadʦʲatʲ]
dezenove	**дев'ятнадцять**	[dɛwˀʲat'nadʦʲatʲ]
vinte	**двадцять**	['dwadʦʲatʲ]
vinte e um	**двадцять один**	['dwadʦʲatʲ o'dɨn]
vinte e dois	**двадцять два**	['dwadʦʲatʲ dwa]
vinte e três	**двадцять три**	['dwadʦʲatʲ trɨ]

trinta	**тридцять**	['trɨdʦʲatʲ]
trinta e um	**тридцять один**	['trɨdʦʲatʲ o'dɨn]
trinta e dois	**тридцять два**	['trɨdʦʲatʲ dwa]
trinta e três	**тридцять три**	['trɨdʦʲatʲ trɨ]
quarenta	**сорок**	['sɔrok]
quarenta e um	**сорок один**	['sɔrok o'dɨn]
quarenta e dois	**сорок два**	['sɔrok dwa]
quarenta e três	**сорок три**	['sɔrok trɨ]
cinquenta	**п'ятдесят**	[pˀʲatdɛ'sʲat]
cinquenta e um	**п'ятдесят один**	[pˀʲatdɛ'sʲat o'dɨn]
cinquenta e dois	**п'ятдесят два**	[pˀʲatdɛ'sʲat dwa]
cinquenta e três	**п'ятдесят три**	[pˀʲatdɛ'sʲat trɨ]
sessenta	**шістдесят**	[ʃizdɛ'sʲat]
sessenta e um	**шістдесят один**	[ʃizdɛ'sʲat o'dɨn]
sessenta e dois	**шістдесят два**	[ʃizdɛ'sʲat dwa]
sessenta e três	**шістдесят три**	[ʃizdɛ'sʲat trɨ]
setenta	**сімдесят**	[simdɛ'sʲat]
setenta e um	**сімдесят один**	[simdɛ'sʲat odɨn]
setenta e dois	**сімдесят два**	[simdɛ'sʲat dwa]
setenta e três	**сімдесят три**	[simdɛ'sʲat trɨ]
oitenta	**вісімдесят**	[wisimdɛ'sʲat]
oitenta e um	**вісімдесят один**	[wisimdɛ'sʲat o'dɨn]
oitenta e dois	**вісімдесят два**	[wisimdɛ'sʲat dwa]
oitenta e três	**вісімдесят три**	[wisimdɛ'sʲat trɨ]
noventa	**дев'яносто**	[dɛwˀʲa'nɔsto]
noventa e um	**дев'яносто один**	[dɛwˀʲa'nɔsto o'dɨn]
noventa e dois	**дев'яносто два**	[dɛwˀʲa'nɔsto dwa]
noventa e três	**дев'яносто три**	[dɛwˀʲa'nɔsto trɨ]

5. Números cardinais. Parte 2

cem	**сто**	[sto]
duzentos	**двісті**	['dwisti]
trezentos	**триста**	['trɨsta]
quatrocentos	**чотириста**	[ʧo'tɨrɨsta]
quinhentos	**п'ятсот**	[pˀʲa'ʦɔt]
seiscentos	**шістсот**	[ʃist'sɔt]
setecentos	**сімсот**	[sim'sɔt]
oitocentos	**вісімсот**	[wisim'sɔt]
novecentos	**дев'ятсот**	[dɛwˀʲa'ʦɔt]
mil	**тисяча**	['tɨsʲaʧa]
dois mil	**дві тисячі**	[dwi 'tɨsʲaʧi]
três mil	**три тисячі**	[trɨ 'tɨsʲaʧi]
dez mil	**десять тисяч**	['dɛsʲatʲ 'tɨsʲaʧ]
cem mil	**сто тисяч**	[sto 'tɨsʲaʧ]
um milhão	**мільйон** (ч)	[milʲ'jɔn]
um bilhão	**мільярд** (ч)	[mi'ljard]

6. Números ordinais

primeiro (adj)	**перший**	['pɛrʃɨj]
segundo (adj)	**другий**	['druɦɨj]
terceiro (adj)	**третій**	['trɛtij]
quarto (adj)	**четвертий**	[ʧɛt'wɛrtɨj]
quinto (adj)	**п'ятий**	['pˀatɨj]
sexto (adj)	**шостий**	['ʃɔstɨj]
sétimo (adj)	**сьомий**	['sʲɔmɨj]
oitavo (adj)	**восьмий**	['wɔsʲmɨj]
nono (adj)	**дев'ятий**	[dɛ'wˀʲatɨj]
décimo (adj)	**десятий**	[dɛ'sʲatɨj]

7. Números. Frações

fração (f)	**дріб** (ч)	[drib]
um meio	**одна друга**	[od'na 'druɦa]
um terço	**одна третя**	[od'na 'trɛtʲa]
um quarto	**одна четверта**	[od'na ʧɛt'wɛrta]
um oitavo	**одна восьма**	[od'na 'wɔsʲma]
um décimo	**одна десята**	[od'na dɛ'sʲata]
dois terços	**дві третіх**	[dwi 'trɛtih]
três quartos	**три четвертих**	[trɨ ʧɛt'wɛrtɨh]

8. Números. Operações básicas

subtração (f)	**віднімання** (с)	[widni'manʲa]
subtrair (vi, vt)	**віднімати**	[widni'matɨ]
divisão (f)	**ділення** (с)	['dilɛnʲa]
dividir (vt)	**ділити**	[di'lɨtɨ]
adição (f)	**додавання** (с)	[doda'wanʲa]
somar (vt)	**додати**	[do'datɨ]
adicionar (vt)	**прибавляти**	[prɨbaw'lʲatɨ]
multiplicação (f)	**множення** (с)	['mnɔʒɛnʲa]
multiplicar (vt)	**множити**	['mnɔʒɨtɨ]

9. Números. Diversos

algarismo, dígito (m)	**цифра** (ж)	['ʦɨfra]
número (m)	**число** (с)	[ʧɨs'lɔ]
numeral (m)	**числівник** (ч)	[ʧɨs'liwnɨk]
menos (m)	**мінус** (ч)	['minus]
mais (m)	**плюс** (ч)	[plʲus]
fórmula (f)	**формула** (ж)	['fɔrmula]
cálculo (m)	**обчислення** (с)	[ob'ʧɨslɛnʲa]
contar (vt)	**рахувати**	[rahu'watɨ]

calcular (vt)	**підраховувати**	[pidra'hɔwuwatɨ]
comparar (vt)	**порівнювати**	[po'riwnʲuwatɨ]
Quanto, -os, -as?	**Скільки?**	['skilʲkɨ]
soma (f)	**сума** (ж)	['suma]
resultado (m)	**результат** (ч)	[rɛzulʲ'tat]
resto (m)	**залишок** (ч)	['zalɨʃok]
alguns, algumas ...	**декілька**	['dɛkilʲka]
pouco (~ tempo)	**небагато...**	[nɛba'ɦato]
resto (m)	**решта** (ж)	['rɛʃta]
um e meio	**півтора**	[piwto'ra]
dúzia (f)	**дюжина** (ж)	['dʲuʒɨna]
ao meio	**навпіл**	['nawpil]
em partes iguais	**порівну**	['pɔriwnu]
metade (f)	**половина** (ж)	[polo'wɨna]
vez (f)	**раз** (ч)	[raz]

10. Os verbos mais importantes. Parte 1

abrir (vt)	**відчинити**	[widʧɨ'nɨtɨ]
acabar, terminar (vt)	**закінчувати**	[za'kinʧuwatɨ]
aconselhar (vt)	**радити**	['radɨtɨ]
adivinhar (vt)	**вгадати**	[wɦa'datɨ]
advertir (vt)	**попереджувати**	[popɛ'rɛʤuwatɨ]
ajudar (vt)	**допомагати**	[dopoma'ɦatɨ]
almoçar (vi)	**обідати**	[o'bidatɨ]
alugar (~ um apartamento)	**зняти**	['znʲatɨ]
amar (pessoa)	**кохати**	[ko'hatɨ]
ameaçar (vt)	**погрожувати**	[poɦ'rɔʒuwatɨ]
anotar (escrever)	**записувати**	[za'pɨsuwatɨ]
apressar-se (vr)	**поспішати**	[pospi'ʃatɨ]
arrepender-se (vr)	**жалкувати**	[ʒalku'watɨ]
assinar (vt)	**підписувати**	[pid'pɨsuwatɨ]
brincar (vi)	**жартувати**	[ʒartu'watɨ]
brincar, jogar (vi, vt)	**грати**	['ɦratɨ]
buscar (vt)	**шукати**	[ʃu'katɨ]
caçar (vi)	**полювати**	[polʲu'watɨ]
cair (vi)	**падати**	['padatɨ]
cavar (vt)	**рити**	['rɨtɨ]
chamar (~ por socorro)	**кликати**	['klɨkatɨ]
chegar (vi)	**приїжджати**	[prɨjiʑ'ʑatɨ]
chorar (vi)	**плакати**	['plakatɨ]
começar (vt)	**починати**	[poʧɨ'natɨ]
comparar (vt)	**порівнювати**	[po'riwnʲuwatɨ]
concordar (dizer "sim")	**погоджуватися**	[po'ɦɔʤuwatɨsʲa]
confiar (vt)	**довіряти**	[dowi'rʲatɨ]
confundir (equivocar-se)	**плутати**	['plutatɨ]

conhecer (vt)	**знати**	['znatɨ]
contar (fazer contas)	**лічити**	[li'ʧɨtɨ]
contar com …	**розраховувати на...**	[rozra'hɔwuwatɨ na]
continuar (vt)	**продовжувати**	[pro'dɔwʒuwatɨ]
controlar (vt)	**контролювати**	[kontrolʲu'watɨ]
convidar (vt)	**запрошувати**	[za'prɔʃuwatɨ]
correr (vi)	**бігти**	['biɦtɨ]
criar (vt)	**створити**	[stwo'rɨtɨ]
custar (vt)	**коштувати**	['kɔʃtuwatɨ]

11. Os verbos mais importantes. Parte 2

dar (vt)	**давати**	[da'watɨ]
dar uma dica	**підказати**	[pidka'zatɨ]
decorar (enfeitar)	**прикрашати**	[prɨkra'ʃatɨ]
defender (vt)	**захищати**	[zahɨ'ɕatɨ]
deixar cair (vt)	**упускати**	[upus'katɨ]
descer (para baixo)	**спускатися**	[spus'katɨsʲa]
desculpar (vt)	**вибачати**	[wɨba'ʧatɨ]
desculpar-se (vr)	**вибачатися**	[wɨba'ʧatɨsʲa]
dirigir (~ uma empresa)	**керувати**	[kɛru'watɨ]
discutir (notícias, etc.)	**обговорювати**	[obɦo'wɔrʲuwatɨ]
disparar, atirar (vi)	**стріляти**	[stri'lʲatɨ]
dizer (vt)	**сказати**	[ska'zatɨ]
duvidar (vt)	**сумніватися**	[sumni'watɨsʲa]
encontrar (achar)	**знаходити**	[zna'hɔdɨtɨ]
enganar (vt)	**обманювати**	[ob'manʲuwatɨ]
entender (vt)	**розуміти**	[rozu'mitɨ]
entrar (na sala, etc.)	**входити**	['whɔdɨtɨ]
enviar (uma carta)	**відправляти**	[widpraw'lʲatɨ]
errar (enganar-se)	**помилятися**	[pomɨ'lʲatɨsʲa]
escolher (vt)	**вибирати**	[wɨbɨ'ratɨ]
esconder (vt)	**ховати**	[ho'watɨ]
escrever (vt)	**писати**	[pɨ'satɨ]
esperar (aguardar)	**чекати**	[ʧɛ'katɨ]
esperar (ter esperança)	**сподіватися**	[spodi'watɨsʲa]
esquecer (vt)	**забувати**	[zabu'watɨ]
estudar (vt)	**вивчати**	[wɨw'ʧatɨ]
exigir (vt)	**вимагати**	[wɨma'ɦatɨ]
existir (vi)	**існувати**	[isnu'watɨ]
explicar (vt)	**пояснювати**	[po'ʲasnʲuwatɨ]
falar (vi)	**говорити**	[ɦowo'rɨtɨ]
faltar (a la escuela, etc.)	**пропускати**	[propus'katɨ]
fazer (vt)	**робити**	[ro'bɨtɨ]
ficar em silêncio	**мовчати**	[mow'ʧatɨ]
gabar-se (vr)	**хвалитися**	[hwa'lɨtɨsʲa]
gostar (apreciar)	**подобатися**	[po'dɔbatɨsʲa]

gritar (vi)	кричати	[kri'ʧati]
guardar (fotos, etc.)	зберігати	[zbɛri'ɦati]
informar (vt)	інформувати	[informu'wati]
insistir (vi)	наполягати	[napolʲa'ɦati]

insultar (vt)	ображати	[obra'ʒati]
interessar-se (vr)	цікавитися	[ʦi'kawitisʲa]
ir (a pé)	йти	[jti]
ir nadar	купатися	[ku'patisʲa]
jantar (vi)	вечеряти	[wɛ'ʧɛrʲati]

12. Os verbos mais importantes. Parte 3

ler (vt)	читати	[ʧi'tati]
libertar, liberar (vt)	звільняти	[zwilʲ'nʲati]
matar (vt)	убивати	[ubi'wati]
mencionar (vt)	згадувати	['zɦaduwati]
mostrar (vt)	показувати	[po'kazuwati]

mudar (modificar)	змінювати	['zminʲuwati]
nadar (vi)	плавати	['plawati]
negar-se a ... (vr)	відмовлятися	[widmow'lʲatisʲa]
objetar (vt)	заперечувати	[zapɛ'rɛʧuwati]

observar (vt)	спостерігати	[spostɛri'ɦati]
ordenar (mil.)	наказувати	[na'kazuwati]
ouvir (vt)	чути	['ʧuti]
pagar (vt)	платити	[pla'titi]
parar (vi)	зупинятися	[zupi'nʲatisʲa]

parar, cessar (vt)	припиняти	[pripi'nʲati]
participar (vi)	брати участь	['brati 'uʧastʲ]
pedir (comida, etc.)	замовляти	[zamow'lʲati]
pedir (um favor, etc.)	просити	[pro'siti]
pegar (tomar)	брати	['brati]

pegar (uma bola)	ловити	[lo'witi]
pensar (vi, vt)	думати	['dumati]
perceber (ver)	помічати	[pomi'ʧati]
perdoar (vt)	прощати	[pro'ɕati]
perguntar (vt)	запитувати	[za'pituwati]

permitir (vt)	дозволяти	[dozwo'lʲati]
pertencer a ... (vi)	належати	[na'lɛʒati]
planejar (vt)	планувати	[planu'wati]
poder (~ fazer algo)	могти	[moɦ'ti]
possuir (uma casa, etc.)	володіти	[wolo'diti]

preferir (vt)	воліти	[wo'liti]
preparar (vt)	готувати	[ɦotu'wati]
prever (vt)	передбачити	[pɛrɛd'baʧiti]
prometer (vt)	обіцяти	[obi'ʦʲati]
pronunciar (vt)	вимовляти	[wimow'lʲati]
propor (vt)	пропонувати	[proponu'wati]

punir (castigar)	**покарати**	[poka'ratɨ]
quebrar (vt)	**ламати**	[la'matɨ]
queixar-se de ...	**скаржитися**	['skarʒɨtɨsʲa]
querer (desejar)	**хотіти**	[ho'titɨ]

13. Os verbos mais importantes. Parte 4

ralhar, repreender (vt)	**лаяти**	['laʲatɨ]
recomendar (vt)	**рекомендувати**	[rɛkomɛndu'watɨ]
repetir (dizer outra vez)	**повторювати**	[pow'tɔrʲuwatɨ]
reservar (~ um quarto)	**резервувати**	[rɛzɛrwu'watɨ]
responder (vt)	**відповідати**	[widpowi'datɨ]
rezar, orar (vi)	**молитися**	[mo'lɨtɨsʲa]
rir (vi)	**сміятися**	[smi'ʲatɨsʲa]
roubar (vt)	**красти**	['krastɨ]
saber (vt)	**знати**	['znatɨ]
sair (~ de casa)	**виходити**	[wɨ'hɔditɨ]
salvar (resgatar)	**рятувати**	[rʲatu'watɨ]
seguir (~ alguém)	**іти слідом**	[i'tɨ 'slidom]
sentar-se (vr)	**сідати**	[si'datɨ]
ser necessário	**бути потрібним**	['butɨ po'tribnɨm]
ser, estar	**бути**	['butɨ]
significar (vt)	**означати**	[ozna'ʧatɨ]
sorrir (vi)	**посміхатися**	[posmi'hatɨsʲa]
subestimar (vt)	**недооцінювати**	[nɛdoo'ʦinʲuwatɨ]
surpreender-se (vr)	**дивуватись**	[dɨwu'watɨsʲ]
tentar (~ fazer)	**пробувати**	['prɔbuwatɨ]
ter (vt)	**мати**	['matɨ]
ter fome	**хотіти їсти**	[ho'titɨ 'jɨstɨ]
ter medo	**боятися**	[bo'ʲatɨsʲa]
ter sede	**хотіти пити**	[ho'titɨ 'pɨtɨ]
tocar (com as mãos)	**торкати**	[tor'katɨ]
tomar café da manhã	**снідати**	['snidatɨ]
trabalhar (vi)	**працювати**	[praʦʲu'watɨ]
traduzir (vt)	**перекладати**	[pɛrɛkla'datɨ]
unir (vt)	**об'єднувати**	[o'bʔɛdnuwatɨ]
vender (vt)	**продавати**	[proda'watɨ]
ver (vt)	**бачити**	['baʧɨtɨ]
virar (~ para a direita)	**повертати**	[powɛr'tatɨ]
voar (vi)	**летіти**	[lɛ'titɨ]

14. Cores

cor (f)	**колір** (ч)	['kɔlir]
tom (m)	**відтінок** (ч)	[wid'tinok]
tonalidade (m)	**тон** (ч)	[ton]

arco-íris (m)	**веселка** (ж)	[wɛ'sɛlka]
branco (adj)	**білий**	['bilɨj]
preto (adj)	**чорний**	['ʧɔrnɨj]
cinza (adj)	**сірий**	['sirɨj]
verde (adj)	**зелений**	[zɛ'lɛnɨj]
amarelo (adj)	**жовтий**	['ʒɔwtɨj]
vermelho (adj)	**червоний**	[ʧɛr'wɔnɨj]
azul (adj)	**синій**	['sɨnij]
azul claro (adj)	**блакитний**	[bla'kɨtnɨj]
rosa (adj)	**рожевий**	[ro'ʒɛwɨj]
laranja (adj)	**помаранчевий**	[poma'ranʧɛwɨj]
violeta (adj)	**фіолетовий**	[fio'lɛtowɨj]
marrom (adj)	**коричневий**	[ko'rɨʧnɛwɨj]
dourado (adj)	**золотий**	[zolo'tɨj]
prateado (adj)	**сріблястий**	[srib'lʲastɨj]
bege (adj)	**бежевий**	['bɛʒɛwɨj]
creme (adj)	**кремовий**	['krɛmowɨj]
turquesa (adj)	**бірюзовий**	[birʲu'zɔwɨj]
vermelho cereja (adj)	**вишневий**	[wɨʃ'nɛwɨj]
lilás (adj)	**бузковий**	[buz'kɔwɨj]
carmim (adj)	**малиновий**	[ma'lɨnowɨj]
claro (adj)	**світлий**	['switlɨj]
escuro (adj)	**темний**	['tɛmnɨj]
vivo (adj)	**яскравий**	[jas'krawɨj]
de cor	**кольоровий**	[kolʲo'rɔwɨj]
a cores	**кольоровий**	[kolʲo'rɔwɨj]
preto e branco (adj)	**чорно-білий**	['ʧɔrno 'bilɨj]
unicolor (de uma só cor)	**однобарвний**	[odno'barwnɨj]
multicolor (adj)	**різнобарвний**	[rizno'barwnɨj]

15. Questões

Quem?	**Хто?**	[hto]
O que?	**Що?**	[ɕo]
Onde?	**Де?**	[dɛ]
Para onde?	**Куди?**	[ku'dɨ]
De onde?	**Звідки?**	['zwidkɨ]
Quando?	**Коли?**	[ko'lɨ]
Para quê?	**Навіщо?**	[na'wiɕo]
Por quê?	**Чому?**	[ʧo'mu]
Para quê?	**Для чого?**	[dlʲa 'ʧɔɦo]
Como?	**Як?**	[jak]
Qual (~ é o problema?)	**Який?**	[ja'kɨj]
Qual (~ deles?)	**Котрий?**	[kot'rɨj]
A quem?	**Кому?**	[ko'mu]
De quem?	**Про кого?**	[pro 'kɔɦo]

Do quê?	**Про що?**	[pro ɕo]
Com quem?	**З ким?**	[z kɨm]
Quanto, -os, -as?	**Скільки?**	['skilʲkɨ]
De quem? (masc.)	**Чий?**	[ʧij]
De quem? (fem.)	**Чия?**	[ʧɨ'ʲa]
De quem são ...?	**Чиї?**	['ʧiji]

16. Preposições

com (prep.)	**з**	[z]
sem (prep.)	**без**	[bɛz]
a, para (exprime lugar)	**в**	[w]
sobre (ex. falar ~)	**про**	[pro]
antes de ...	**перед**	['pɛrɛd]
em frente de ...	**перед**	['pɛrɛd]
debaixo de ...	**під**	[pid]
sobre (em cima de)	**над**	[nad]
em ..., sobre ...	**на**	[na]
de, do (sou ~ Rio de Janeiro)	**з**	[z]
de (feito ~ pedra)	**з**	[z]
em (~ 3 dias)	**за**	[za]
por cima de ...	**через**	['ʧɛrɛz]

17. Palavras funcionais. Advérbios. Parte 1

Onde?	**Де?**	[dɛ]
aqui	**тут**	[tut]
lá, ali	**там**	[tam]
em algum lugar	**десь**	[dɛsʲ]
em lugar nenhum	**ніде**	[ni'dɛ]
perto de ...	**біля**	['bilʲa]
perto da janela	**біля вікна**	['bilʲa wik'na]
Para onde?	**Куди?**	[ku'dɨ]
aqui	**сюди**	[sʲu'dɨ]
para lá	**туди**	[tu'dɨ]
daqui	**звідси**	['zwidsɨ]
de lá, dali	**звідти**	['zwidtɨ]
perto	**близько**	['blɨzʲko]
longe	**далеко**	[da'lɛko]
perto de ...	**біля**	['bilʲa]
à mão, perto	**поряд**	['pɔrʲad]
não fica longe	**недалеко**	[nɛda'lɛko]
esquerdo (adj)	**лівий**	['liwɨj]
à esquerda	**зліва**	['zliwa]

para a esquerda	**ліворуч**	[li'wɔrutʃ]
direito (adj)	**правий**	['prawɨj]
à direita	**справа**	['sprawa]
para a direita	**праворуч**	[pra'wɔrutʃ]
em frente	**спереду**	['spɛrɛdu]
da frente	**передній**	[pɛ'rɛdnij]
adiante (para a frente)	**уперед**	[upɛ'rɛd]
atrás de ...	**позаду**	[po'zadu]
de trás	**ззаду**	['zzadu]
para trás	**назад**	[na'zad]
meio (m), metade (f)	**середина** (ж)	[sɛ'rɛdɨna]
no meio	**посередині**	[posɛ'rɛdɨni]
do lado	**збоку**	['zbɔku]
em todo lugar	**скрізь**	[skrizʲ]
por todos os lados	**навколо**	[naw'kɔlo]
de dentro	**зсередини**	[zsɛ'rɛdɨnɨ]
para algum lugar	**кудись**	[ku'dɨsʲ]
diretamente	**прямо**	['prʲamo]
de volta	**назад**	[na'zad]
de algum lugar	**звідки-небудь**	['zwidkɨ 'nɛbudʲ]
de algum lugar	**звідкись**	['zwidkɨsʲ]
em primeiro lugar	**по-перше**	[po 'pɛrʃɛ]
em segundo lugar	**по-друге**	[po 'druɦɛ]
em terceiro lugar	**по-третє**	[po 'trɛtɛ]
de repente	**раптом**	['raptom]
no início	**спочатку**	[spo'tʃatku]
pela primeira vez	**уперше**	[u'pɛrʃɛ]
muito antes de ...	**задовго до...**	[za'dɔwɦo do]
de novo	**заново**	['zanowo]
para sempre	**назовсім**	[na'zɔwsim]
nunca	**ніколи**	[ni'kɔlɨ]
de novo	**знову**	['znɔwu]
agora	**тепер**	[tɛ'pɛr]
frequentemente	**часто**	['tʃasto]
então	**тоді**	[to'di]
urgentemente	**терміново**	[tɛrmi'nɔwo]
normalmente	**звичайно**	[zwɨ'tʃajno]
a propósito, ...	**до речі,...**	[do 'rɛtʃi]
é possível	**можливо**	[moʒ'lɨwo]
provavelmente	**мабуть**	[ma'butʲ]
talvez	**може бути**	['mɔʒɛ 'butɨ]
além disso, ...	**крім того,...**	[krim 'tɔɦo]
por isso ...	**тому**	['tomu]
apesar de ...	**незважаючи на...**	[nɛzwa'ʒaʲutʃɨ na]
graças a ...	**завдяки...**	[zawdʲa'kɨ]
que (pron.)	**що**	[ɕo]

que (conj.)	**що**	[ɕo]
algo	**щось**	[ɕosʲ]
alguma coisa	**що-небудь**	[ɕo 'nɛbudʲ]
nada	**нічого**	[ni'ʧɔɦo]
quem	**хто**	[hto]
alguém (~ que ...)	**хтось**	[htosʲ]
alguém (com ~)	**хто-небудь**	[hto 'nɛbudʲ]
ninguém	**ніхто**	[nih'tɔ]
para lugar nenhum	**нікуди**	['nikudɨ]
de ninguém	**нічий**	[ni'ʧɨj]
de alguém	**чий-небудь**	[ʧɨj 'nɛbudʲ]
tão	**так**	[tak]
também (gostaria ~ de ...)	**також**	[ta'kɔʒ]
também (~ eu)	**теж**	[tɛʒ]

18. Palavras funcionais. Advérbios. Parte 2

Por quê?	**Чому?**	[ʧo'mu]
por alguma razão	**чомусь**	[ʧo'musʲ]
porque ...	**тому, що...**	['tomu, ɕo ...]
por qualquer razão	**навіщось**	[na'wiɕosʲ]
e (tu ~ eu)	**і**	[i]
ou (ser ~ não ser)	**або**	[a'bɔ]
mas (porém)	**але**	[a'lɛ]
para (~ a minha mãe)	**для**	[dlʲa]
muito, demais	**занадто**	[za'nadto]
só, somente	**тільки**	['tilʲkɨ]
exatamente	**точно**	['tɔʧno]
cerca de (~ 10 kg)	**близько**	['blɨzʲko]
aproximadamente	**приблизно**	[prɨb'lɨzno]
aproximado (adj)	**приблизний**	[prɨb'lɨznɨj]
quase	**майже**	['majʒɛ]
resto (m)	**решта** (ж)	['rɛʃta]
o outro (segundo)	**інший**	['inʃɨj]
outro (adj)	**інший**	['inʃɨj]
cada (adj)	**кожен**	['kɔʒɛn]
qualquer (adj)	**будь-який**	[budʲ ja'kɨj]
muitos, muitas	**багато**	[ba'ɦato]
muito	**багато**	[ba'ɦato]
muito, muitos, muitas	**багато**	[ba'ɦato]
muitas pessoas	**багато хто**	[ba'ɦato hto]
todos	**всі**	[wsi]
em troca de ...	**в обмін на...**	[w 'ɔbmin na]
em troca	**натомість**	[na'tɔmistʲ]
à mão	**вручну**	[wruʧ'nu]
pouco provável	**навряд чи**	[naw'rʲad ʧɨ]

provavelmente	**мабуть**	[ma'butʲ]
de propósito	**навмисно**	[naw'mɨsno]
por acidente	**випадково**	[wɨpad'kɔwo]
muito	**дуже**	['duʒɛ]
por exemplo	**наприклад**	[na'prɨklad]
entre	**між**	[miʒ]
entre (no meio de)	**серед**	['sɛrɛd]
tanto	**стільки**	['stilʲkɨ]
especialmente	**особливо**	[osob'lɨwo]

Conceitos básicos. Parte 2

19. Opostos

rico (adj)	**багатий**	[ba'ɦatɨj]
pobre (adj)	**бідний**	['bidnɨj]
doente (adj)	**хворий**	['hwɔrɨj]
bem (adj)	**здоровий**	[zdo'rɔwɨj]
grande (adj)	**великий**	[wɛ'lɨkɨj]
pequeno (adj)	**маленький**	[ma'lɛnʲkɨj]
rapidamente	**швидко**	['ʃwɨdko]
lentamente	**повільно**	[po'wilʲno]
rápido (adj)	**швидкий**	[ʃwɨd'kɨj]
lento (adj)	**повільний**	[po'wilʲnɨj]
alegre (adj)	**веселий**	[wɛ'sɛlɨj]
triste (adj)	**сумний**	[sum'nɨj]
juntos (ir ~)	**разом**	['razom]
separadamente	**окремо**	[ok'rɛmo]
em voz alta (ler ~)	**вголос**	['wɦɔlos]
para si (em silêncio)	**про себе**	[pro 'sɛbɛ]
alto (adj)	**високий**	[wɨ'sɔkɨj]
baixo (adj)	**низький**	[nɨzʲ'kɨj]
profundo (adj)	**глибокий**	[ɦlɨ'bɔkɨj]
raso (adj)	**мілкий**	[mil'kɨj]
sim	**так**	[tak]
não	**ні**	[ni]
distante (adj)	**далекий**	[da'lɛkɨj]
próximo (adj)	**близький**	[blɨzʲ'kɨj]
longe	**далеко**	[da'lɛko]
à mão, perto	**поруч**	['pɔrutʃ]
longo (adj)	**довгий**	['dɔwɦɨj]
curto (adj)	**короткий**	[ko'rɔtkɨj]
bom (bondoso)	**добрий**	['dɔbrɨj]
mal (adj)	**злий**	['zlɨj]

casado (adj)	одружений	[od'ruʒɛnij]
solteiro (adj)	холостий	[holos'tij]
proibir (vt)	заборонити	[zaboro'niti]
permitir (vt)	дозволити	[doz'wɔliti]
fim (m)	кінець (ч)	[ki'nɛts]
início (m)	початок (ч)	[po'tʃatok]
esquerdo (adj)	лівий	['liwij]
direito (adj)	правий	['prawij]
primeiro (adj)	перший	['pɛrʃij]
último (adj)	останній	[os'tanij]
crime (m)	злочин (ч)	['zlɔtʃin]
castigo (m)	кара (ж)	['kara]
ordenar (vt)	наказати	[naka'zati]
obedecer (vt)	підкоритися	[pidko'ritisʲa]
reto (adj)	прямий	[prʲa'mij]
curvo (adj)	кривий	[kri'wij]
paraíso (m)	рай (ч)	[raj]
inferno (m)	пекло (с)	['pɛklo]
nascer (vi)	народитися	[naro'ditisʲa]
morrer (vi)	померти	[po'mɛrti]
forte (adj)	сильний	['silʲnij]
fraco, débil (adj)	слабкий	[slab'kij]
velho, idoso (adj)	старий	[sta'rij]
jovem (adj)	молодий	[molo'dij]
velho (adj)	старий	[sta'rij]
novo (adj)	новий	[no'wij]
duro (adj)	твердий	[twɛr'dij]
macio (adj)	м'який	[mʲa'kij]
quente (adj)	теплий	['tɛplij]
frio (adj)	холодний	[ho'lɔdnij]
gordo (adj)	товстий	[tows'tij]
magro (adj)	худий	[hu'dij]
estreito (adj)	вузький	[wuzʲ'kij]
largo (adj)	широкий	[ʃi'rɔkij]
bom (adj)	добрий	['dɔbrij]
mau (adj)	поганий	[po'ɦanij]
valente, corajoso (adj)	хоробрий	[ho'rɔbrij]
covarde (adj)	боягузливий	[boja'ɦuzliwij]

20. Dias da semana

segunda-feira (f)	понеділок (ч)	[pɔnɛ'dilok]
terça-feira (f)	вівторок (ч)	[wiw'tɔrok]
quarta-feira (f)	середа (ж)	[sɛrɛ'da]
quinta-feira (f)	четвер (ч)	[ʧɛt'wɛr]
sexta-feira (f)	п'ятниця (ж)	['pʲatnitsʲa]
sábado (m)	субота (ж)	[su'bɔta]
domingo (m)	неділя (ж)	[nɛ'dilʲa]

hoje	сьогодні	[sʲo'hɔdni]
amanhã	завтра	['zawtra]
depois de amanhã	післязавтра	[pislʲa'zawtra]
ontem	вчора	['wʧɔra]
anteontem	позавчора	[pozaw'ʧɔra]

dia (m)	день (ч)	[dɛnʲ]
dia (m) de trabalho	робочий день (ч)	[ro'bɔʧij dɛnʲ]
feriado (m)	святковий день (ч)	[swʲat'kɔwɪj dɛnʲ]
dia (m) de folga	вихідний день (ч)	[wɪhid'nɪj dɛnʲ]
fim (m) de semana	вихідні (мн)	[wɪhid'ni]

o dia todo	весь день	[wɛsʲ dɛnʲ]
no dia seguinte	на наступний день	[na na'stupnɪj dɛnʲ]
há dois dias	2 дні тому	[dwa dni 'tɔmu]
na véspera	напередодні	[napɛrɛ'dodni]
diário (adj)	щоденний	[ɕo'dɛnij]
todos os dias	щодня	[ɕod'nʲa]

semana (f)	тиждень (ч)	['tiʒdɛnʲ]
na semana passada	на минулому тижні	[na mɪ'nulomu 'tiʒni]
semana que vem	на наступному тижні	[na na'stupnomu 'tiʒni]
semanal (adj)	щотижневий	[ɕotiʒ'nɛwɪj]
toda semana	щотижня	[ɕo'tiʒnʲa]
duas vezes por semana	два рази на тиждень	[dwa 'razi na 'tiʒdɛnʲ]
toda terça-feira	кожен вівторок	['kɔʒɛn wiw'tɔrok]

21. Horas. Dia e noite

manhã (f)	ранок (ч)	['ranok]
de manhã	вранці	['wrantsi]
meio-dia (m)	полудень (ч)	['pɔludɛnʲ]
à tarde	після обіду	['pislʲa o'bidu]

tardinha (f)	вечір (ч)	['wɛʧir]
à tardinha	увечері	[u'wɛʧɛri]
noite (f)	ніч (ж)	[niʧ]
à noite	уночі	[uno'ʧi]
meia-noite (f)	північ (ж)	['piwniʧ]

segundo (m)	секунда (ж)	[sɛ'kunda]
minuto (m)	хвилина (ж)	[hwɪ'lina]
hora (f)	година (ж)	[ɦo'dina]

meia hora (f)	**півгодини** (мн)	[piwɦo'dɨnɨ]
quarto (m) de hora	**чверть** (ж) **години**	[ʧwɛrtʲ ɦo'dɨnɨ]
quinze minutos	**15 хвилин**	[pʔʲat'nadʦʲatʲ hwɨ'lɨn]
vinte e quatro horas	**доба** (ж)	[do'ba]
nascer (m) do sol	**схід** (ч) **сонця**	[shid 'sɔnʦʲa]
amanhecer (m)	**світанок** (ч)	[swi'tanok]
madrugada (f)	**ранній ранок** (ч)	['ranij 'ranok]
pôr-do-sol (m)	**захід** (ч)	['zahid]
de madrugada	**рано вранці**	['rano 'wranʦi]
esta manhã	**сьогодні вранці**	[sʲo'ɦɔdni 'wranʦi]
amanhã de manhã	**завтра вранці**	['zawtra 'wranʦi]
esta tarde	**сьогодні вдень**	[sʲo'ɦɔdni wdɛnʲ]
à tarde	**після обіду**	['pislʲa o'bidu]
amanhã à tarde	**завтра після обіду**	['zawtra 'pislʲa o'bidu]
esta noite, hoje à noite	**сьогодні увечері**	[sʲo'ɦɔdni u'wɛʧɛri]
amanhã à noite	**завтра увечері**	['zawtra u'wɛʧɛri]
às três horas em ponto	**рівно о третій годині**	['riwno o t'rɛtij ɦo'dɨni]
por volta das quatro	**біля четвертої години**	['bilʲa ʧɛt'wɛrtojɨ ɦo'dɨnɨ]
às doze	**до дванадцятої години**	[do dwa'nadʦʲatojɨ ɦo'dɨnɨ]
em vinte minutos	**за двадцять хвилин**	[za 'dwadʦʲatʲ hwɨ'lɨn]
em uma hora	**за годину**	[za ɦo'dɨnu]
a tempo	**вчасно**	['wʧasno]
... um quarto para	**без чверті**	[bɛz 'ʧwɛrti]
dentro de uma hora	**протягом години**	['prɔtʲaɦom ɦo'dɨnɨ]
a cada quinze minutos	**кожні п'ятнадцять хвилин**	['kɔʒni pʔʲat'nadʦʲatʲ hwɨ'lɨn]
as vinte e quatro horas	**цілодобово**	[ʦilodo'bɔwo]

22. Meses. Estações

janeiro (m)	**січень** (ч)	['siʧɛnʲ]
fevereiro (m)	**лютий** (ч)	['lʲutɨj]
março (m)	**березень** (ч)	['bɛrɛzɛnʲ]
abril (m)	**квітень** (ч)	['kwitɛnʲ]
maio (m)	**травень** (ч)	['trawɛnʲ]
junho (m)	**червень** (ч)	['ʧɛrwɛnʲ]
julho (m)	**липень** (ч)	['lɨpɛnʲ]
agosto (m)	**серпень** (ч)	['sɛrpɛnʲ]
setembro (m)	**вересень** (ч)	['wɛrɛsɛnʲ]
outubro (m)	**жовтень** (ч)	['ʒɔwtɛnʲ]
novembro (m)	**листопад** (ч)	[lɨsto'pad]
dezembro (m)	**грудень** (ч)	['ɦrudɛnʲ]
primavera (f)	**весна** (ж)	[wɛs'na]
na primavera	**навесні**	[nawɛs'ni]
primaveril (adj)	**весняний**	[wɛs'nʲanɨj]
verão (m)	**літо** (с)	['lito]

no verão	**влітку**	['wlitku]
de verão	**літній**	['litnij]
outono (m)	**осінь** (ж)	['ɔsinʲ]
no outono	**восени**	[wosɛ'nɨ]
outonal (adj)	**осінній**	[o'sinij]
inverno (m)	**зима** (ж)	[zɨ'ma]
no inverno	**взимку**	['wzɨmku]
de inverno	**зимовий**	[zɨ'mɔwɨj]
mês (m)	**місяць** (ч)	['misʲats]
este mês	**в цьому місяці**	[w tsʲomu 'misʲatsi]
mês que vem	**в наступному місяці**	[w na'stupnomu 'misʲatsi]
no mês passado	**в минулому місяці**	[w mɨ'nulomu 'misʲatsi]
um mês atrás	**місяць тому**	['misʲats 'tomu]
em um mês	**через місяць**	['ʧɛrɛz 'misʲats]
em dois meses	**через 2 місяці**	['ʧɛrɛz dwa 'misʲatsi]
todo o mês	**весь місяць**	[wɛsʲ 'misʲats]
um mês inteiro	**цілий місяць**	['tsilɨj 'misʲats]
mensal (adj)	**щомісячний**	[ɕo'misʲatʃnɨj]
mensalmente	**щомісяця**	[ɕo'misʲatsʲa]
todo mês	**кожний місяць**	['kɔʒnɨj 'misʲats]
duas vezes por mês	**два рази на місяць**	[dwa 'razɨ na 'misʲats]
ano (m)	**рік** (ч)	[rik]
este ano	**в цьому році**	[w tsʲomu 'rɔtsi]
ano que vem	**в наступному році**	[w na'stupnomu 'rɔtsi]
no ano passado	**в минулому році**	[w mɨ'nulomu 'rɔtsi]
há um ano	**рік тому**	[rik 'tɔmu]
em um ano	**через рік**	['ʧɛrɛz rik]
dentro de dois anos	**через два роки**	['ʧɛrɛz dwa 'rɔkɨ]
todo o ano	**увесь рік**	[u'wɛsʲ rik]
um ano inteiro	**цілий рік**	['tsilɨj rik]
cada ano	**кожен рік**	['kɔʒɛn 'rik]
anual (adj)	**щорічний**	[ɕo'riʧnɨj]
anualmente	**щороку**	[ɕo'rɔku]
quatro vezes por ano	**чотири рази на рік**	[ʧo'tɨrɨ 'razɨ na rik]
data (~ de hoje)	**число** (с)	[ʧɨs'lɔ]
data (ex. ~ de nascimento)	**дата** (ж)	['data]
calendário (m)	**календар** (ч)	[kalɛn'dar]
meio ano	**півроку**	[piw'rɔku]
seis meses	**півріччя** (с)	[piw'riʧʲa]
estação (f)	**сезон** (ч)	[sɛ'zɔn]
século (m)	**вік** (ч)	[wik]

23. Tempo. Diversos

tempo (m)	**час** (с)	[ʧas]
momento (m)	**мить** (ж)	[mɨtʲ]

instante (m)	**мить** (ж)	[mɨtʲ]
instantâneo (adj)	**миттєвий**	[mɨt'tɛwɨj]
lapso (m) de tempo	**відрізок** (ч)	[wid'rizok]
vida (f)	**життя** (с)	[ʒɨt'tʲa]
eternidade (f)	**вічність** (ж)	['witʃnistʲ]
época (f)	**епоха** (ж)	[ɛ'pɔha]
era (f)	**ера** (ж)	['ɛra]
ciclo (m)	**цикл** (ч)	['tsɨkl]
período (m)	**період** (ч)	[pɛ'riod]
prazo (m)	**термін** (ч)	['tɛrmin]
futuro (m)	**майбутнє** (с)	[maj'butnɛ]
futuro (adj)	**майбутній**	[maj'butnij]
da próxima vez	**наступного разу**	[na'stupnoɦo 'razu]
passado (m)	**минуле** (с)	[mɨ'nulɛ]
passado (adj)	**минулий**	[mɨ'nulɨj]
na última vez	**минулого разу**	[mɨ'nuloɦo 'razu]
mais tarde	**пізніше**	[piz'niʃɛ]
depois de ...	**після**	['pislʲa]
atualmente	**сьогодення**	[sʲoɦo'dɛnʲa]
agora	**зараз**	['zaraz]
imediatamente	**негайно**	[nɛ'ɦajno]
em breve	**незабаром**	[nɛza'barom]
de antemão	**завчасно**	[zaw'tʃasno]
há muito tempo	**давно**	[daw'nɔ]
recentemente	**нещодавно**	[nɛɕo'dawno]
destino (m)	**доля** (ж)	['dɔlʲa]
recordações (f pl)	**пам'ять** (ж)	['pamˀʲatʲ]
arquivo (m)	**архів** (ч)	[ar'hiw]
durante ...	**під час**	[pid 'tʃas]
durante muito tempo	**довго**	['dɔwɦo]
pouco tempo	**недовго**	[nɛ'dɔwɦo]
cedo (levantar-se ~)	**рано**	['rano]
tarde (deitar-se ~)	**пізно**	['pizno]
para sempre	**назавжди**	[na'zawʒdɨ]
começar (vt)	**починати**	[potʃɨ'natɨ]
adiar (vt)	**перенести**	[pɛrɛ'nɛstɨ]
ao mesmo tempo	**одночасно**	[odno'tʃasno]
permanentemente	**постійно**	[pos'tijno]
constante (~ ruído, etc.)	**постійний**	[pos'tijnɨj]
temporário (adj)	**тимчасовий**	[tɨmtʃa'sɔwɨj]
às vezes	**інколи**	['inkolɨ]
raras vezes, raramente	**рідко**	['ridko]
frequentemente	**часто**	['tʃasto]

24. Linhas e formas

quadrado (m)	**квадрат** (ч)	[kwad'rat]
quadrado (adj)	**квадратний**	[kwad'ratnɨj]

círculo (m)	коло (с)	['kɔlo]
redondo (adj)	круглий	['kruɦlij]
triângulo (m)	трикутник (ч)	[tri'kutnik]
triangular (adj)	трикутний	[tri'kutnij]

oval (f)	овал (ч)	[o'wal]
oval (adj)	овальний	[o'walʲnij]
retângulo (m)	прямокутник (ч)	[prʲamo'kutnik]
retangular (adj)	прямокутний	[prʲamo'kutnij]

pirâmide (f)	піраміда (ж)	[pira'mida]
losango (m)	ромб (ч)	[romb]
trapézio (m)	трапеція (ж)	[tra'pɛtsiʲa]
cubo (m)	куб (ч)	[kub]
prisma (m)	призма (ж)	['prizma]

circunferência (f)	коло (с)	['kɔlo]
esfera (f)	сфера (ж)	['sfɛra]
globo (m)	куля (ж)	['kulʲa]
diâmetro (m)	діаметр (ч)	[di'amɛtr]
raio (m)	радіус (ч)	['radius]
perímetro (m)	периметр (ч)	[pɛ'rimɛtr]
centro (m)	центр (ч)	[ʦɛntr]

horizontal (adj)	горизонтальний	[ɦorizon'talʲnij]
vertical (adj)	вертикальний	[wɛrti'kalʲnij]
paralela (f)	паралель (ж)	[para'lɛlʲ]
paralelo (adj)	паралельний	[para'lɛlʲnij]

linha (f)	лінія (ж)	['liniʲa]
traço (m)	риса (ж)	['risa]
reta (f)	пряма лінія (ж)	[prʲa'ma 'liniʲa]
curva (f)	крива лінія (ж)	[kri'wa 'liniʲa]
fino (linha ~a)	тонкий	[ton'kij]
contorno (m)	контур (ч)	['kɔntur]

interseção (f)	перетин (ч)	[pɛ'rɛtin]
ângulo (m) reto	прямий кут (ч)	[prʲa'mij kut]
segmento (m)	сегмент (ч)	[sɛɦ'mɛnt]
setor (m)	сектор (ч)	['sɛktor]
lado (de um triângulo, etc.)	бік (ч)	[bik]
ângulo (m)	кут (ч)	[kut]

25. Unidades de medida

peso (m)	вага (ж)	[wa'ɦa]
comprimento (m)	довжина (ж)	[dowʒi'na]
largura (f)	ширина (ж)	[ʃiri'na]
altura (f)	висота (ж)	[wiso'ta]
profundidade (f)	глибина (ж)	[ɦlibi'na]
volume (m)	об'єм (ч)	[o'bˀɛm]
área (f)	площа (ж)	['plɔça]
grama (m)	грам (ч)	[ɦram]
miligrama (m)	міліграм (ч)	[mili'ɦram]

quilograma (m)	кілограм (ч)	[kilo'ɦram]
tonelada (f)	тонна (ж)	['tɔna]
libra (453,6 gramas)	фунт (ч)	['funt]
onça (f)	унція (ж)	['untsʲia]

metro (m)	метр (ч)	[mɛtr]
milímetro (m)	міліметр (ч)	[mili'mɛtr]
centímetro (m)	сантиметр (ч)	[santi'mɛtr]
quilômetro (m)	кілометр (ч)	[kilo'mɛtr]
milha (f)	миля (ж)	['miɫʲa]

polegada (f)	дюйм (ч)	[dʲujm]
pé (304,74 mm)	фут (ч)	[fut]
jarda (914,383 mm)	ярд (ч)	[jard]

metro (m) quadrado	квадратний метр (ч)	[kwad'ratnij mɛtr]
hectare (m)	гектар (ч)	[ɦɛk'tar]

litro (m)	літр (ч)	[litr]
grau (m)	градус (ч)	['ɦradus]
volt (m)	вольт (ч)	[wolʲt]
ampère (m)	ампер (ч)	[am'pɛr]
cavalo (m) de potência	кінська сила (ж)	['kinsʲka 'siɫa]

quantidade (f)	кількість (ж)	['kilʲkistʲ]
um pouco de ...	небагато...	[nɛba'ɦato]
metade (f)	половина (ж)	[polo'wina]
dúzia (f)	дюжина (ж)	['dʲuʒina]
peça (f)	штука (ж)	['ʃtuka]

tamanho (m), dimensão (f)	розмір (ч)	['rɔzmir]
escala (f)	масштаб (ч)	[masʃ'tab]

mínimo (adj)	мінімальний	[mini'malʲnij]
menor, mais pequeno	найменший	[naj'mɛnʃij]
médio (adj)	середній	[sɛ'rɛdnij]
máximo (adj)	максимальний	[maksi'malʲnij]
maior, mais grande	найбільший	[naj'bilʲʃij]

26. Recipientes

pote (m) de vidro	банка (ж)	['banka]
lata (~ de cerveja)	банка (ж)	['banka]
balde (m)	відро (с)	[wid'rɔ]
barril (m)	бочка (ж)	['bɔtʃka]

bacia (~ de plástico)	таз (ч)	[taz]
tanque (m)	бак (ч)	[bak]
cantil (m) de bolso	фляжка (ж)	['flʲaʒka]
galão (m) de gasolina	каністра (ж)	[ka'nistra]
cisterna (f)	цистерна (ж)	[tsis'tɛrna]

caneca (f)	кухоль (ч)	['kuholʲ]
xícara (f)	чашка (ж)	['tʃaʃka]

pires (m)	**блюдце** (с)	['blʲudʦɛ]
copo (m)	**склянка** (ж)	['sklʲanka]
taça (f) de vinho	**келих** (ч)	['kɛlɨh]
panela (f)	**каструля** (ж)	[kas'trulʲa]
garrafa (f)	**пляшка** (ж)	['plʲaʃka]
gargalo (m)	**горлечко**	['ɦɔrlɛʧko]
jarra (f)	**карафа** (ж)	[ka'rafa]
jarro (m)	**глечик** (ч)	['ɦlɛʧɨk]
recipiente (m)	**посудина** (ж)	[po'sudɨna]
pote (m)	**горщик** (ч)	['ɦɔrɕɨk]
vaso (m)	**ваза** (ж)	['waza]
frasco (~ de perfume)	**флакон** (ч)	[fla'kɔn]
frasquinho (m)	**пляшечка** (ж)	['plʲaʃɛʧka]
tubo (m)	**тюбик** (ч)	['tʲubɨk]
saco (ex. ~ de açúcar)	**мішок** (ч)	[mi'ʃɔk]
sacola (~ plastica)	**пакет** (ч)	[pa'kɛt]
maço (de cigarros, etc.)	**пачка** (ж)	['paʧka]
caixa (~ de sapatos, etc.)	**коробка** (ж)	[ko'rɔbka]
caixote (~ de madeira)	**ящик** (ч)	['ʲaɕɨk]
cesto (m)	**кошик** (ч)	['kɔʃɨk]

27. Materiais

material (m)	**матеріал** (ч)	[matɛri'al]
madeira (f)	**дерево** (с)	['dɛrɛwo]
de madeira	**дерев'яний**	[dɛrɛ'wʔʲanɨj]
vidro (m)	**скло** (с)	['sklo]
de vidro	**скляний**	[sklʲa'nɨj]
pedra (f)	**камінь** (ч)	['kaminʲ]
de pedra	**кам'яний**	[kamʔʲa'nɨj]
plástico (m)	**пластмаса** (ж)	[plast'masa]
plástico (adj)	**пластмасовий**	[plast'masowɨj]
borracha (f)	**гума** (ж)	['ɦuma]
de borracha	**гумовий**	['ɦumowɨj]
tecido, pano (m)	**тканина** (ж)	[tka'nɨna]
de tecido	**з тканини**	[z tka'nɨnɨ]
papel (m)	**папір** (ч)	[pa'pir]
de papel	**паперовий**	[papɛ'rɔwɨj]
papelão (m)	**картон** (ч)	[kar'tɔn]
de papelão	**картонний**	[kar'tɔnɨj]
polietileno (m)	**поліетилен** (ч)	[poliɛtɨ'lɛn]
celofane (m)	**целофан** (ч)	[ʦɛlo'fan]

linóleo (m)	**лінолеум** (ч)	[li'nɔlɛum]
madeira (f) compensada	**фанера** (ж)	[fa'nɛra]
porcelana (f)	**фарфор** (ч)	['farfor]
de porcelana	**порцеляновий**	[portsɛ'lʲanowɨj]
argila (f), barro (m)	**глина** (ж)	['ɦlɨna]
de barro	**глиняний**	['ɦlɨnʲanɨj]
cerâmica (f)	**кераміка** (ж)	[kɛ'ramika]
de cerâmica	**керамічний**	[kɛra'mitʃnɨj]

28. Metais

metal (m)	**метал** (ч)	[mɛ'tal]
metálico (adj)	**металевий**	[mɛta'lɛwɨj]
liga (f)	**сплав** (ч)	[splaw]
ouro (m)	**золото** (с)	['zɔloto]
de ouro	**золотий**	[zolo'tɨj]
prata (f)	**срібло** (с)	['sriblo]
de prata	**срібний**	['sribnɨj]
ferro (m)	**залізо** (с)	[za'lizo]
de ferro	**залізний**	[za'liznɨj]
aço (m)	**сталь** (ж)	[stalʲ]
de aço (adj)	**сталевий**	[sta'lɛwɨj]
cobre (m)	**мідь** (ж)	[midʲ]
de cobre	**мідний**	['midnɨj]
alumínio (m)	**алюміній** (ч)	[alʲu'minij]
de alumínio	**алюмінієвий**	[alʲu'miniɛwɨj]
bronze (m)	**бронза** (ж)	['brɔnza]
de bronze	**бронзовий**	['brɔnzowɨj]
latão (m)	**латунь** (ж)	[la'tunʲ]
níquel (m)	**нікель** (ч)	['nikɛlʲ]
platina (f)	**платина** (ж)	['platɨna]
mercúrio (m)	**ртуть** (ж)	[rtutʲ]
estanho (m)	**олово** (с)	['ɔlowo]
chumbo (m)	**свинець** (ч)	[swɨ'nɛts]
zinco (m)	**цинк** (ч)	['tsɨnk]

O SER HUMANO

O ser humano. O corpo

29. Humanos. Conceitos básicos

ser (m) humano	людина (ж)	[lʲuˈdina]
homem (m)	чоловік (ч)	[tʃoloˈwik]
mulher (f)	жінка (ж)	[ˈʒinka]
criança (f)	дитина (ж)	[diˈtina]
menina (f)	дівчинка (ж)	[ˈdiwtʃinka]
menino (m)	хлопчик (ч)	[ˈhlɔptʃik]
adolescente (m)	підліток (ч)	[ˈpidlitok]
velho (m)	старий (ч)	[staˈrij]
velha (f)	стара жінка (ж)	[staˈra ˈʒinka]

30. Anatomia humana

organismo (m)	організм (ч)	[orɦaˈnizm]
coração (m)	серце (с)	[ˈsɛrtsɛ]
sangue (m)	кров (ж)	[krow]
artéria (f)	артерія (ж)	[arˈtɛrʲia]
veia (f)	вена (ж)	[ˈwɛna]
cérebro (m)	мозок (ч)	[ˈmɔzok]
nervo (m)	нерв (ч)	[nɛrw]
nervos (m pl)	нерви (мн)	[ˈnɛrwɨ]
vértebra (f)	хребець (ч)	[hrɛˈbɛts]
coluna (f) vertebral	хребет (ч)	[hrɛˈbɛt]
estômago (m)	шлунок (ч)	[ˈʃlunok]
intestinos (m pl)	кишечник (ч)	[kiˈʃɛtʃnik]
intestino (m)	кишка (ж)	[ˈkiʃka]
fígado (m)	печінка (ж)	[pɛˈtʃinka]
rim (m)	нирка (ж)	[ˈnirka]
osso (m)	кістка (ж)	[ˈkistka]
esqueleto (m)	скелет (ч)	[skɛˈlɛt]
costela (f)	ребро (с)	[rɛbˈrɔ]
crânio (m)	череп (ч)	[ˈtʃɛrɛp]
músculo (m)	м'яз (ч)	[ˈmʲiaz]
bíceps (m)	біцепс (ч)	[ˈbitsɛps]
tríceps (m)	трицепс (ч)	[ˈtritsɛps]
tendão (m)	сухожилля (с)	[suɦoˈʒilʲa]
articulação (f)	суглоб (ч)	[suɦˈlɔb]

pulmões (m pl)	**легені** (мн)	[lɛ'ɦɛni]
órgãos (m pl) genitais	**статеві органи** (мн)	[sta'tɛwi 'ɔrɦanɨ]
pele (f)	**шкіра** (ж)	['ʃkira]

31. Cabeça

cabeça (f)	**голова** (ж)	[ɦolo'wa]
rosto, cara (f)	**обличчя** (с)	[ob'lɨʧʲa]
nariz (m)	**ніс** (ч)	[nis]
boca (f)	**рот** (ч)	[rot]
olho (m)	**око** (с)	['ɔko]
olhos (m pl)	**очі** (мн)	['ɔʧi]
pupila (f)	**зіниця** (ж)	[zi'nɨʦʲa]
sobrancelha (f)	**брова** (ж)	[bro'wa]
cílio (f)	**вія** (ж)	['wiʲa]
pálpebra (f)	**повіка** (ж)	[po'wika]
língua (f)	**язик** (ч)	[ja'zɨk]
dente (m)	**зуб** (ч)	[zub]
lábios (m pl)	**губи** (мн)	['ɦubɨ]
maçãs (f pl) do rosto	**вилиці** (мн)	['wɨlɨʦi]
gengiva (f)	**ясна** (мн)	['ʲasna]
palato (m)	**піднебіння** (с)	[pidnɛ'binʲa]
narinas (f pl)	**ніздрі** (мн)	['nizdri]
queixo (m)	**підборіддя** (с)	[pidbo'riddʲa]
mandíbula (f)	**щелепа** (ж)	[ɕɛ'lɛpa]
bochecha (f)	**щока** (ж)	[ɕo'ka]
testa (f)	**чоло** (с)	[ʧo'lɔ]
têmpora (f)	**скроня** (ж)	['skrɔnʲa]
orelha (f)	**вухо** (с)	['wuho]
costas (f pl) da cabeça	**потилиця** (ж)	[po'tɨlɨʦʲa]
pescoço (m)	**шия** (ж)	['ʃɨʲa]
garganta (f)	**горло** (с)	['ɦɔrlo]
cabelo (m)	**волосся** (с)	[wo'lɔssʲa]
penteado (m)	**зачіска** (ж)	['zaʧiska]
corte (m) de cabelo	**стрижка** (ж)	['strɨʒka]
peruca (f)	**парик** (ч)	[pa'rɨk]
bigode (m)	**вуса** (мн)	['wusa]
barba (f)	**борода** (ж)	[boro'da]
ter (~ barba, etc.)	**носити**	[no'sɨtɨ]
trança (f)	**коса** (ж)	[ko'sa]
suíças (f pl)	**бакенбарди** (мн)	[bakɛn'bardɨ]
ruivo (adj)	**рудий**	[ru'dɨj]
grisalho (adj)	**сивий**	['sɨwɨj]
careca (adj)	**лисий**	['lɨsɨj]
calva (f)	**лисина** (ж)	['lɨsɨna]
rabo-de-cavalo (m)	**хвіст** (ч)	[hwist]
franja (f)	**чубчик** (ч)	['ʧubʧɨk]

32. Corpo humano

mão (f)	**кисть** (ж)	[kɨstʲ]
braço (m)	**рука** (ж)	[ru'ka]
dedo (m)	**палець** (ч)	['palɛʦ]
dedo (m) do pé	**палець**	['palɛʦʲ]
polegar (m)	**великий палець** (ч)	[wɛ'lɨkɨj 'palɛʦ]
dedo (m) mindinho	**мізинець** (ч)	[mi'zɨnɛʦ]
unha (f)	**ніготь** (ч)	['niɦotʲ]
punho (m)	**кулак** (ч)	[ku'lak]
palma (f)	**долоня** (ж)	[do'lɔnʲa]
pulso (m)	**зап'ясток** (ч)	[za'pˀʲastok]
antebraço (m)	**передпліччя** (с)	[pɛrɛdp'liʧʲa]
cotovelo (m)	**лікоть** (ч)	['likotʲ]
ombro (m)	**плече** (с)	[plɛ'ʧɛ]
perna (f)	**гомілка** (ж)	[ɦo'milka]
pé (m)	**ступня** (ж)	[stup'nʲa]
joelho (m)	**коліно** (с)	[ko'lino]
panturrilha (f)	**литка** (ж)	['lɨtka]
quadril (m)	**стегно** (с)	[stɛɦ'nɔ]
calcanhar (m)	**п'ятка** (ж)	['pˀʲatka]
corpo (m)	**тіло** (с)	['tilo]
barriga (f), ventre (m)	**живіт** (ч)	[ʒɨ'wit]
peito (m)	**груди** (мн)	['ɦrudɨ]
seio (m)	**груди** (мн)	['ɦrudɨ]
lado (m)	**бік** (ч)	[bik]
costas (dorso)	**спина** (ж)	['spɨna]
região (f) lombar	**поперек** (ч)	[popɛ'rɛk]
cintura (f)	**талія** (ж)	['talʲa]
umbigo (m)	**пупок** (ч)	[pu'pɔk]
nádegas (f pl)	**сідниці** (мн)	[sid'nɨʦi]
traseiro (m)	**зад** (ч)	[zad]
sinal (m), pinta (f)	**родимка** (ж)	['rɔdɨmka]
sinal (m) de nascença	**родима пляма** (ж)	[ro'dɨma 'plʲama]
tatuagem (f)	**татуювання** (с)	[tatuʲu'wanʲa]
cicatriz (f)	**рубець** (ч)	[ru'bɛʦ]

Vestuário & Acessórios

33. Roupa exterior. Casacos

roupa (f)	одяг (ч)	['ɔdʲaɦ]
roupa (f) exterior	верхній одяг (ч)	['wɛrhnij 'ɔdʲaɦ]
roupa (f) de inverno	зимовий одяг (ч)	[zi'mɔwij 'ɔdʲaɦ]
sobretudo (m)	пальто (c)	[palʲ'tɔ]
casaco (m) de pele	шуба (ж)	['ʃuba]
jaqueta (f) de pele	кожушок (ч)	[kɔʒu'ʃɔk]
casaco (m) acolchoado	пуховик (ч)	[puho'wik]
casaco (m), jaqueta (f)	куртка (ж)	['kurtka]
impermeável (m)	плащ (ч)	[plaɕ]
a prova d'água	непромокальний	[nɛpromo'kalʲnij]

34. Vestuário de homem & mulher

camisa (f)	сорочка (ж)	[so'rɔtʃka]
calça (f)	штани (мн)	[ʃta'ni]
jeans (m)	джинси (мн)	['dʒinsi]
paletó, terno (m)	піджак (ч)	[pi'dʒak]
terno (m)	костюм (ч)	[kos'tʲum]
vestido (ex. ~ de noiva)	сукня (ж)	['suknʲa]
saia (f)	спідниця (ж)	[spid'nitsʲa]
blusa (f)	блузка (ж)	['bluzka]
casaco (m) de malha	кофта (ж)	['kɔfta]
casaco, blazer (m)	жакет (ч)	[ʒa'kɛt]
camiseta (f)	футболка (ж)	[fut'bɔlka]
short (m)	шорти (мн)	['ʃɔrti]
training (m)	спортивний костюм (ч)	[spor'tiwnij kos'tʲum]
roupão (m) de banho	халат (ч)	[ha'lat]
pijama (m)	піжама (ж)	[pi'ʒama]
suéter (m)	светр (ч)	[swɛtr]
pulôver (m)	пуловер (ч)	[pulo'wɛr]
colete (m)	жилет (ч)	[ʒi'lɛt]
fraque (m)	фрак (ч)	[frak]
smoking (m)	смокінг (ч)	['smɔkinɦ]
uniforme (m)	форма (ж)	['fɔrma]
roupa (f) de trabalho	робочий одяг (ч)	[ro'bɔtʃij 'ɔdʲaɦ]
macacão (m)	комбінезон (ч)	[kombinɛ'zɔn]
jaleco (m), bata (f)	халат (ч)	[ha'lat]

35. Vestuário. Roupa interior

roupa (f) íntima	**білизна** (ж)	[bi'lɨzna]
cueca boxer (f)	**труси** (мн)	[tru'sɨ]
calcinha (f)	**жіноча білизна**	[ʒi'nɔʧa bilɨz'na]
camiseta (f)	**майка** (ж)	['majka]
meias (f pl)	**шкарпетки** (мн)	[ʃkar'pɛtkɨ]
camisola (f)	**нічна сорочка** (ж)	[niʧ'na so'rɔʧka]
sutiã (m)	**бюстгальтер** (ч)	[bʲust'ɦalʲtɛr]
meias longas (f pl)	**гольфи** (мн)	['ɦɔlʲfɨ]
meias-calças (f pl)	**колготки** (мн)	[kol'ɦɔtkɨ]
meias (~ de nylon)	**панчохи** (мн)	[pan'ʧɔhɨ]
maiô (m)	**купальник** (ч)	[ku'palʲnɨk]

36. Adereços de cabeça

chapéu (m), touca (f)	**шапка** (ж)	['ʃapka]
chapéu (m) de feltro	**капелюх** (ч)	[kapɛ'lʲuh]
boné (m) de beisebol	**бейсболка** (ж)	[bɛjs'bɔlka]
boina (~ italiana)	**кашкет** (ч)	[kaʃ'kɛt]
boina (ex. ~ basca)	**берет** (ч)	[bɛ'rɛt]
capuz (m)	**каптур** (ч)	[kap'tur]
chapéu panamá (m)	**панамка** (ж)	[pa'namka]
touca (f)	**в'язана шапочка** (ж)	['wʔʲazana 'ʃapoʧka]
lenço (m)	**хустка** (ж)	['hustka]
chapéu (m) feminino	**капелюшок** (ч)	[kapɛ'lʲuʃok]
capacete (m) de proteção	**каска** (ж)	['kaska]
bibico (m)	**пілотка** (ж)	[pi'lɔtka]
capacete (m)	**шолом** (ч)	[ʃo'lɔm]
chapéu-coco (m)	**котелок** (ч)	[kotɛ'lɔk]
cartola (f)	**циліндр** (ч)	[ʦɨ'lindr]

37. Calçado

calçado (m)	**взуття** (с)	[wzut'tʲa]
botinas (f pl), sapatos (m pl)	**черевики** (мн)	[ʧɛrɛ'wɨkɨ]
sapatos (de salto alto, etc.)	**туфлі** (мн)	['tufli]
botas (f pl)	**чоботи** (мн)	['ʧɔbotɨ]
pantufas (f pl)	**капці** (мн)	['kapʦi]
tênis (~ Nike, etc.)	**кросівки** (мн)	[kro'siwkɨ]
tênis (~ Converse)	**кеди** (мн)	['kɛdɨ]
sandálias (f pl)	**сандалі** (мн)	[san'dali]
sapateiro (m)	**чоботар** (ч)	[ʧobo'tar]
salto (m)	**каблук** (ч)	[kab'luk]

par (m)	**пара** (ж)	['para]
cadarço (m)	**шнурок** (ч)	[ʃnu'rɔk]
amarrar os cadarços	**шнурувати**	[ʃnuru'watɨ]
calçadeira (f)	**ріжок** (ч) **для взуття**	[ri'ʒɔk dlʲa wzu'tʲa]
graxa (f) para calçado	**крем** (ч) **для взуття**	[krɛm dlʲa wzut'tʲa]

38. Têxtil. Tecidos

algodão (m)	**бавовна** (ж)	[ba'wɔwna]
de algodão	**з бавовни**	[z ba'wɔwnɨ]
linho (m)	**льон** (ч)	[lʲon]
de linho	**з льону**	[z lʲonu]
seda (f)	**шовк** (ч)	['ʃɔwk]
de seda	**шовковий**	[ʃow'kɔwɨj]
lã (f)	**вовна** (ж)	['wɔwna]
de lã	**вовняний**	['wɔwnʲanɨj]
veludo (m)	**оксамит** (ч)	[oksa'mɨt]
camurça (f)	**замша** (ж)	['zamʃa]
veludo (m) cotelê	**вельвет** (ч)	[wɛlʲ'wɛt]
nylon (m)	**нейлон** (ч)	[nɛj'lɔn]
de nylon	**з нейлону**	[z nɛj'lɔnu]
poliéster (m)	**поліестер** (ч)	[poli'ɛstɛr]
de poliéster	**поліестровий**	[poli'ɛstrowɨj]
couro (m)	**шкіра** (ж)	['ʃkira]
de couro	**зі шкіри**	[zi 'ʃkirɨ]
pele (f)	**хутро** (с)	['hutro]
de pele	**хутряний**	[hu'trʲanɨj]

39. Acessórios pessoais

luva (f)	**рукавички** (мн)	[ruka'wɨʧkɨ]
mitenes (f pl)	**рукавиці** (мн)	[ruka'wɨʦi]
cachecol (m)	**шарф** (ч)	[ʃarf]
óculos (m pl)	**окуляри** (мн)	[oku'lʲarɨ]
armação (f)	**оправа** (ж)	[op'rawa]
guarda-chuva (m)	**парасолька** (ж)	[para'sɔlʲka]
bengala (f)	**ціпок** (ч)	[ʦi'pɔk]
escova (f) para o cabelo	**щітка** (ж) **для волосся**	['ɕitka dlʲa wo'lɔssʲa]
leque (m)	**віяло** (с)	['wiʲalo]
gravata (f)	**краватка** (ж)	[kra'watka]
gravata-borboleta (f)	**краватка-метелик** (ж)	[kra'watka mɛ'tɛlɨk]
suspensórios (m pl)	**підтяжки** (мн)	[pid'tʲaʒkɨ]
lenço (m)	**носовичок** (ч)	[nosowɨ'ʧɔk]
pente (m)	**гребінець** (ч)	[ɦrɛbi'nɛʦ]
fivela (f) para cabelo	**заколка** (ж)	[za'kɔlka]

grampo (m)	**шпилька** (ж)	['ʃpilʲka]
fivela (f)	**пряжка** (ж)	['prʲaʒka]
cinto (m)	**ремінь** (ч)	['rɛminʲ]
alça (f) de ombro	**ремінь** (ч)	['rɛminʲ]
bolsa (f)	**сумка** (ж)	['sumka]
bolsa (feminina)	**сумочка** (ж)	['sumoʧka]
mochila (f)	**рюкзак** (ч)	[rʲuk'zak]

40. Vestuário. Diversos

moda (f)	**мода** (ж)	['mɔda]
na moda (adj)	**модний**	['mɔdnɨj]
estilista (m)	**модельєр** (ч)	[modɛ'ljɛr]
colarinho (m)	**комір** (ч)	['kɔmir]
bolso (m)	**кишеня** (ж)	[kɨ'ʃɛnʲa]
de bolso	**кишеньковий**	[kɨʃɛnʲ'kɔwɨj]
manga (f)	**рукав** (ч)	[ru'kaw]
ganchinho (m)	**петля** (ж)	[pɛt'lʲa]
bragueta (f)	**ширинка** (ж)	[ʃɨ'rɨnka]
zíper (m)	**блискавка** (ж)	['blɨskawka]
colchete (m)	**застібка** (ж)	['zastibka]
botão (m)	**ґудзик** (ч)	['gudzɨk]
botoeira (casa de botão)	**петля** (ж)	[pɛt'lʲa]
soltar-se (vr)	**відірватися**	[widir'watɨsʲa]
costurar (vi)	**шити**	['ʃɨtɨ]
bordar (vt)	**вишивати**	[wɨʃɨ'watɨ]
bordado (m)	**вишивка** (ж)	['wɨʃɨwka]
agulha (f)	**голка** (ж)	['ɦɔlka]
fio, linha (f)	**нитка** (ж)	['nɨtka]
costura (f)	**шов** (ч)	[ʃow]
sujar-se (vr)	**забруднитися**	[zabrud'nɨtɨsʲa]
mancha (f)	**пляма** (ж)	['plʲama]
amarrotar-se (vr)	**зім'ятися**	[zi'mʔʲatɨsʲa]
rasgar (vt)	**порвати**	[por'watɨ]
traça (f)	**міль** (ж)	[milʲ]

41. Cuidados pessoais. Cosméticos

pasta (f) de dente	**зубна паста** (ж)	[zub'na 'pasta]
escova (f) de dente	**зубна щітка** (ж)	[zub'na 'ɕitka]
escovar os dentes	**чистити зуби**	['ʧɨstɨtɨ 'zubɨ]
gilete (f)	**бритва** (ж)	['brɨtwa]
creme (m) de barbear	**крем** (ч) **для гоління**	[krɛm dlʲa ɦo'linʲa]
barbear-se (vr)	**голитися**	[ɦo'lɨtɨsʲa]
sabonete (m)	**мило** (с)	['mɨlo]

xampu (m)	**шампунь** (ч)	[ʃam'punʲ]
tesoura (f)	**ножиці** (мн)	['nɔʒɨtsi]
lixa (f) de unhas	**пилочка** (ж) **для нігтів**	['pɨlotʃka dlʲa 'niɦtiw]
corta-unhas (m)	**щипчики** (мн)	['ɕɨptʃɨkɨ]
pinça (f)	**пінцет** (ч)	[pin'tsɛt]
cosméticos (m pl)	**косметика** (ж)	[kos'mɛtɨka]
máscara (f)	**маска** (ж)	['maska]
manicure (f)	**манікюр** (ч)	[mani'kʲur]
fazer as unhas	**робити манікюр**	[ro'bɨtɨ mani'kʲur]
pedicure (f)	**педикюр** (ч)	[pɛdɨ'kʲur]
bolsa (f) de maquiagem	**косметичка** (ж)	[kosmɛ'tɨtʃka]
pó (de arroz)	**пудра** (ж)	['pudra]
pó (m) compacto	**пудрениця** (ж)	['pudrɛnɨtsʲa]
blush (m)	**рум'яна** (мн)	[ru'mʔʲana]
perfume (m)	**парфуми** (мн)	[par'fumɨ]
água-de-colônia (f)	**туалетна вода** (ж)	[tua'lɛtna wo'da]
loção (f)	**лосьйон** (ч)	[lo'sjɔn]
colônia (f)	**одеколон** (ч)	[odɛko'lɔn]
sombra (f) de olhos	**тіні** (мн) **для повік**	['tini dlʲa po'wik]
delineador (m)	**олівець** (ч) **для очей**	[oli'wɛts dlʲa o'tʃɛj]
máscara (f), rímel (m)	**туш** (ж)	[tuʃ]
batom (m)	**губна помада** (ж)	[ɦub'na po'mada]
esmalte (m)	**лак** (ч) **для нігтів**	[lak dlʲa 'niɦtiw]
laquê (m), spray fixador (m)	**лак** (ч) **для волосся**	[lak dlʲa wo'lɔssʲa]
desodorante (m)	**дезодорант** (ч)	[dɛzodo'rant]
creme (m)	**крем** (ч)	[krɛm]
creme (m) de rosto	**крем** (ч) **для обличчя**	[krɛm dlʲa ob'litʃʲa]
creme (m) de mãos	**крем** (ч) **для рук**	[krɛm dlʲa ruk]
creme (m) antirrugas	**крем** (ч) **проти зморшок**	[krɛm 'prɔtɨ 'zmɔrʃok]
creme (m) de dia	**денний крем** (ч)	['dɛnnɨj krɛm]
creme (m) de noite	**нічний крем** (ч)	[nitʃ'nɨj krɛm]
de dia	**денний**	['dɛnɨj]
da noite	**нічний**	[nitʃ'nɨj]
absorvente (m) interno	**тампон** (ч)	[tam'pɔn]
papel (m) higiênico	**туалетний папір** (ч)	[tua'lɛtnɨj pa'pir]
secador (m) de cabelo	**фен** (ч)	[fɛn]

42. Joalheria

joias (f pl)	**коштовність** (ж)	[koʃ'tɔwnistʲ]
precioso (adj)	**коштовний**	[koʃ'tɔwnɨj]
marca (f) de contraste	**проба** (ж)	['prɔba]
anel (m)	**каблучка** (ж)	[kab'lutʃka]
aliança (f)	**обручка** (ж)	[ob'rutʃka]
pulseira (f)	**браслет** (ч)	[bras'lɛt]
brincos (m pl)	**сережки** (мн)	[sɛ'rɛʒkɨ]

colar (m)	**намисто** (с)	[na'mɨsto]
coroa (f)	**корона** (ж)	[ko'rɔna]
colar (m) de contas	**намисто** (с)	[na'mɨsto]
diamante (m)	**діамант** (ч)	[dia'mant]
esmeralda (f)	**смарагд** (ч)	[sma'raɦd]
rubi (m)	**рубін** (ч)	[ru'bin]
safira (f)	**сапфір** (ч)	[sap'fir]
pérola (f)	**перли** (мн)	['pɛrlɨ]
âmbar (m)	**бурштин** (ч)	[burʃ'tɨn]

43. Relógios de pulso. Relógios

relógio (m) de pulso	**годинник** (ч)	[ɦo'dɨnɨk]
mostrador (m)	**циферблат** (ч)	[ʦɨfɛrb'lat]
ponteiro (m)	**стрілка** (ж)	['strilka]
bracelete (em aço)	**браслет** (ч)	[bras'lɛt]
bracelete (em couro)	**ремінець** (ч)	[rɛmi'nɛʦ]
pilha (f)	**батарейка** (ж)	[bata'rɛjka]
acabar (vi)	**сісти**	['sistɨ]
trocar a pilha	**поміняти батарейку**	[pomi'nʲatɨ bata'rɛjku]
estar adiantado	**поспішати**	[pospi'ʃatɨ]
estar atrasado	**відставати**	[widsta'watɨ]
relógio (m) de parede	**годинник** (ч) **настінний**	[ɦo'dɨnɨk nas'tinɨj]
ampulheta (f)	**годинник** (ч) **пісочний**	[ɦo'dɨnɨk pi'sɔʧnɨj]
relógio (m) de sol	**годинник** (ч) **сонячний**	[ɦo'dɨnɨk 'sɔnʲaʧnɨj]
despertador (m)	**будильник** (ч)	[bu'dɨlʲnɨk]
relojoeiro (m)	**годинникар** (ч)	[ɦodɨnɨ'kar]
reparar (vt)	**ремонтувати**	[rɛmontu'watɨ]

Alimentação. Nutrição

44. Comida

carne (f)	**м'ясо** (с)	['mʔʲaso]
galinha (f)	**курка** (ж)	['kurka]
frango (m)	**курча** (с)	[kur'ʧa]
pato (m)	**качка** (ж)	['kaʧka]
ganso (m)	**гусак** (ч)	[ɦu'sak]
caça (f)	**дичина** (ж)	[dɨʧɨ'na]
peru (m)	**індичка** (ж)	[in'dɨʧka]
carne (f) de porco	**свинина** (ж)	[swɨ'nɨna]
carne (f) de vitela	**телятина** (ж)	[tɛ'lʲatɨna]
carne (f) de carneiro	**баранина** (ж)	[ba'ranɨna]
carne (f) de vaca	**яловичина** (ж)	['ʲalowɨʧɨna]
carne (f) de coelho	**кріль** (ч)	[krilʲ]
linguiça (f), salsichão (m)	**ковбаса** (ж)	[kowba'sa]
salsicha (f)	**сосиска** (ж)	[so'sɨska]
bacon (m)	**бекон** (ч)	[bɛ'kɔn]
presunto (m)	**шинка** (ж)	['ʃɨnka]
pernil (m) de porco	**окіст** (ч)	['ɔkist]
patê (m)	**паштет** (ч)	[paʃ'tɛt]
fígado (m)	**печінка** (ж)	[pɛ'ʧinka]
guisado (m)	**фарш** (ч)	[farʃ]
língua (f)	**язик** (ч)	[ja'zɨk]
ovo (m)	**яйце** (с)	[jaj'ʦɛ]
ovos (m pl)	**яйця** (мн)	['ʲajʦʲa]
clara (f) de ovo	**білок** (ч)	[bi'lɔk]
gema (f) de ovo	**жовток** (ч)	[ʒow'tɔk]
peixe (m)	**риба** (ж)	['rɨba]
mariscos (m pl)	**морепродукти** (мн)	[morɛpro'duktɨ]
crustáceos (m pl)	**ракоподібні** (мн)	[rakopo'dibni]
caviar (m)	**ікра** (ж)	[ik'ra]
caranguejo (m)	**краб** (ч)	[krab]
camarão (m)	**креветка** (ж)	[krɛ'wɛtka]
ostra (f)	**устриця** (ж)	['ustrɨʦʲa]
lagosta (f)	**лангуст** (ч)	[lan'ɦust]
polvo (m)	**восьминіг** (ч)	[wosʲmɨ'niɦ]
lula (f)	**кальмар** (ч)	[kalʲ'mar]
esturjão (m)	**осетрина** (ж)	[osɛt'rɨna]
salmão (m)	**лосось** (ч)	[lo'sɔsʲ]
halibute (m)	**палтус** (ч)	['paltus]
bacalhau (m)	**тріска** (ж)	[tris'ka]

cavala, sarda (f)	**скумбрія** (ж)	['skumbrʲa]
atum (m)	**тунець** (ч)	[tu'nɛʦ]
enguia (f)	**вугор** (ч)	[wu'ɦɔr]
truta (f)	**форель** (ж)	[fo'rɛlʲ]
sardinha (f)	**сардина** (ж)	[sar'dɨna]
lúcio (m)	**щука** (ж)	['ɕuka]
arenque (m)	**оселедець** (ч)	[osɛ'lɛdɛʦ]
pão (m)	**хліб** (ч)	[hlib]
queijo (m)	**сир** (ч)	[sɨr]
açúcar (m)	**цукор** (ч)	['ʦukor]
sal (m)	**сіль** (ж)	[silʲ]
arroz (m)	**рис** (ч)	[rɨs]
massas (f pl)	**макарони** (мн)	[maka'rɔnɨ]
talharim, miojo (m)	**локшина** (ж)	[lokʃɨ'na]
manteiga (f)	**вершкове масло** (с)	[wɛrʃ'kɔwɛ 'maslo]
óleo (m) vegetal	**олія** (ж) **рослинна**	[o'lʲa ros'lɨna]
óleo (m) de girassol	**соняшникова олія** (ж)	['sɔnʲaʃnɨkowa o'lʲa]
margarina (f)	**маргарин** (ч)	[marɦa'rɨn]
azeitonas (f pl)	**оливки** (мн)	[o'lɨwkɨ]
azeite (m)	**олія** (ж) **оливкова**	[o'lʲa o'lɨwkowa]
leite (m)	**молоко** (с)	[molo'kɔ]
leite (m) condensado	**згущене молоко** (с)	['zɦuɕɛnɛ molo'kɔ]
iogurte (m)	**йогурт** (ч)	['jɔɦurt]
creme (m) azedo	**сметана** (ж)	[smɛ'tana]
creme (m) de leite	**вершки** (мн)	[wɛrʃ'kɨ]
maionese (f)	**майонез** (ч)	[maʲo'nɛz]
creme (m)	**крем** (ч)	[krɛm]
grãos (m pl) de cereais	**крупа** (ж)	[kru'pa]
farinha (f)	**борошно** (с)	['bɔroʃno]
enlatados (m pl)	**консерви** (мн)	[kon'sɛrwɨ]
flocos (m pl) de milho	**кукурудзяні пластівці** (мн)	[kuku'rudzʲani plastiw'ʦi]
mel (m)	**мед** (ч)	[mɛd]
geleia (m)	**джем** (ч)	[dʒɛm]
chiclete (m)	**жувальна гумка** (ж)	[ʒu'walʲna 'ɦumka]

45. Bebidas

água (f)	**вода** (ж)	[wo'da]
água (f) potável	**питна вода** (ж)	[pɨt'na wo'da]
água (f) mineral	**мінеральна вода** (ж)	[minɛ'ralʲna wo'da]
sem gás (adj)	**без газу**	[bɛz 'ɦazu]
gaseificada (adj)	**газований**	[ɦa'zɔwanɨj]
com gás	**з газом**	[z 'ɦazom]
gelo (m)	**лід** (ч), **крига** (ж)	[lid], ['krɨɦa]

com gelo	з льодом	[z lʲodom]
não alcoólico (adj)	безалкогольний	[bɛzalko'holʲnij]
refrigerante (m)	безалкогольний напій (ч)	[bɛzalko'holʲnij na'pij]
refresco (m)	прохолодний напій (ч)	[proho'lɔdnij 'napij]
limonada (f)	лимонад (ч)	[limo'nad]
bebidas (f pl) alcoólicas	алкогольні напої (мн)	[alko'holʲni na'pɔji]
vinho (m)	вино (с)	[wi'nɔ]
vinho (m) branco	біле вино (с)	['bilɛ wi'nɔ]
vinho (m) tinto	червоне вино (с)	[tʃɛr'wɔnɛ wi'nɔ]
licor (m)	лікер (ч)	[li'kɛr]
champanhe (m)	шампанське (с)	[ʃam'pansʲkɛ]
vermute (m)	вермут (ч)	['wɛrmut]
uísque (m)	віскі (с)	['wiski]
vodca (f)	горілка (ж)	[ɦo'rilka]
gim (m)	джин (ч)	[dʒin]
conhaque (m)	коньяк (ч)	[ko'nʲak]
rum (m)	ром (ч)	[rom]
café (m)	кава (ж)	['kawa]
café (m) preto	чорна кава (ж)	['tʃɔrna 'kawa]
café (m) com leite	кава (ж) з молоком	['kawa z molo'kɔm]
cappuccino (m)	капучино (с)	[kapu'tʃino]
café (m) solúvel	розчинна кава (ж)	[roz'tʃina 'kawa]
leite (m)	молоко (с)	[molo'kɔ]
coquetel (m)	коктейль (ч)	[kok'tɛjlʲ]
batida (f), milkshake (m)	молочний коктейль (ч)	[mo'lɔtʃnij kok'tɛjlʲ]
suco (m)	сік (ч)	[sik]
suco (m) de tomate	томатний сік (ч)	[to'matnij 'sik]
suco (m) de laranja	апельсиновий сік (ч)	[apɛlʲ'sinowij sik]
suco (m) fresco	свіжовижатий сік (ч)	[swiʒo'wiʒatij sik]
cerveja (f)	пиво (с)	['piwo]
cerveja (f) clara	світле пиво (с)	['switlɛ 'piwo]
cerveja (f) preta	темне пиво (с)	['tɛmnɛ 'piwo]
chá (m)	чай (ч)	[tʃaj]
chá (m) preto	чорний чай (ч)	['tʃɔrnij tʃaj]
chá (m) verde	зелений чай (ч)	[zɛ'lɛnij tʃaj]

46. Vegetais

vegetais (m pl)	овочі (мн)	['ɔwotʃi]
verdura (f)	зелень (ж)	['zɛlɛnʲ]
tomate (m)	помідор (ч)	[pomi'dɔr]
pepino (m)	огірок (ч)	[oɦi'rɔk]
cenoura (f)	морква (ж)	['mɔrkwa]
batata (f)	картопля (ж)	[kar'tɔplʲa]
cebola (f)	цибуля (ж)	[tsi'bulʲa]

alho (m)	**часник** (ч)	[ʧas'nɨk]
couve (f)	**капуста** (ж)	[ka'pusta]
couve-flor (f)	**кольорова капуста** (ж)	[kolʲo'rɔwa ka'pusta]
couve-de-bruxelas (f)	**брюссельська капуста** (ж)	[brʲu'sɛlʲsʲka ka'pusta]
brócolis (m pl)	**броколі** (ж)	['brɔkoli]
beterraba (f)	**буряк** (ч)	[bu'rʲak]
berinjela (f)	**баклажан** (ч)	[bakla'ʒan]
abobrinha (f)	**кабачок** (ч)	[kaba'ʧɔk]
abóbora (f)	**гарбуз** (ч)	[ɦar'buz]
nabo (m)	**ріпа** (ж)	['ripa]
salsa (f)	**петрушка** (ж)	[pɛt'ruʃka]
endro, aneto (m)	**кріп** (ч)	[krip]
alface (f)	**салат** (ч)	[sa'lat]
aipo (m)	**селера** (ж)	[sɛ'lɛra]
aspargo (m)	**спаржа** (ж)	['sparʒa]
espinafre (m)	**шпинат** (ч)	[ʃpɨ'nat]
ervilha (f)	**горох** (ч)	[ɦo'rɔh]
feijão (~ soja, etc.)	**боби** (мн)	[bo'bɨ]
milho (m)	**кукурудза** (ж)	[kuku'rudza]
feijão (m) roxo	**квасоля** (ж)	[kwa'sɔlʲa]
pimentão (m)	**перець** (ч)	['pɛrɛʦ]
rabanete (m)	**редиска** (ж)	[rɛ'dɨska]
alcachofra (f)	**артишок** (ч)	[artɨ'ʃɔk]

47. Frutos. Nozes

fruta (f)	**фрукт** (ч)	[frukt]
maçã (f)	**яблуко** (с)	['ʲabluko]
pera (f)	**груша** (ж)	['ɦruʃa]
limão (m)	**лимон** (ч)	[lɨ'mɔn]
laranja (f)	**апельсин** (ч)	[apɛlʲ'sɨn]
morango (m)	**полуниця** (ж)	[polu'nɨʦʲa]
tangerina (f)	**мандарин** (ч)	[manda'rɨn]
ameixa (f)	**слива** (ж)	['slɨwa]
pêssego (m)	**персик** (ч)	['pɛrsɨk]
damasco (m)	**абрикос** (ч)	[abrɨ'kɔs]
framboesa (f)	**малина** (ж)	[ma'lɨna]
abacaxi (m)	**ананас** (ч)	[ana'nas]
banana (f)	**банан** (ч)	[ba'nan]
melancia (f)	**кавун** (ч)	[ka'wun]
uva (f)	**виноград** (ч)	[wɨno'ɦrad]
ginja, cereja (f)	**вишня, черешня** (ж)	['wɨʃnʲa], [ʧɛ'rɛʃnʲa]
ginja (f)	**вишня** (ж)	['wɨʃnʲa]
cereja (f)	**черешня** (ж)	[ʧɛ'rɛʃnʲa]
melão (m)	**диня** (ж)	['dɨnʲa]
toranja (f)	**грейпфрут** (ч)	[ɦrɛjp'frut]
abacate (m)	**авокадо** (с)	[awo'kado]

mamão (m)	папайя (ж)	[pa'paja]
manga (f)	манго (с)	['manɦo]
romã (f)	гранат (ч)	[ɦra'nat]

groselha (f) vermelha	порічки (мн)	[po'ritʃki]
groselha (f) negra	чорна смородина (ж)	['tʃorna smo'rɔdina]
groselha (f) espinhosa	аґрус (ч)	['agrus]
mirtilo (m)	чорниця (ж)	[tʃor'nitsʲa]
amora (f) silvestre	ожина (ж)	[o'ʒina]

passa (f)	родзинки (мн)	[ro'dzinki]
figo (m)	інжир (ч)	[in'ʒir]
tâmara (f)	фінік (ч)	['finik]

amendoim (m)	арахіс (ч)	[a'rahis]
amêndoa (f)	мигдаль (ч)	[miɦ'dalʲ]
noz (f)	горіх (ч) волоський	[ɦo'rih wo'lɔsʲkij]
avelã (f)	ліщина (ж)	[li'ɕina]
coco (m)	горіх (ч) кокосовий	[ɦo'rih ko'kɔsowij]
pistaches (m pl)	фісташки (мн)	[fis'taʃki]

48. Pão. Bolaria

pastelaria (f)	кондитерські вироби (мн)	[kon'ditɛrsʲki 'wirobi]
pão (m)	хліб (ч)	[hlib]
biscoito (m), bolacha (f)	печиво (с)	['pɛtʃiwo]

chocolate (m)	шоколад (ч)	[ʃoko'lad]
de chocolate	шоколадний	[ʃoko'ladnij]
bala (f)	цукерка (ж)	[tsu'kɛrka]
doce (bolo pequeno)	тістечко (с)	['tistɛtʃko]
bolo (m) de aniversário	торт (ч)	[tort]

torta (f)	пиріг (ч)	[pi'riɦ]
recheio (m)	начинка (ж)	[na'tʃinka]

geleia (m)	варення (с)	[wa'rɛnʲa]
marmelada (f)	мармелад (ч)	[marmɛ'lad]
wafers (m pl)	вафлі (мн)	['wafli]
sorvete (m)	морозиво (с)	[mo'rɔziwo]
pudim (m)	пудинг (ч)	['pudinɦ]

49. Pratos cozinhados

prato (m)	страва (ж)	['strawa]
cozinha (~ portuguesa)	кухня (ж)	['kuhnʲa]
receita (f)	рецепт (ч)	[rɛ'tsɛpt]
porção (f)	порція (ж)	['portsʲa]

salada (f)	салат (ч)	[sa'lat]
sopa (f)	юшка (ж)	['ʲuʃka]
caldo (m)	бульйон (ч)	[bu'lʲɔn]

sanduíche (m)	**канапка** (ж)	[ka'napka]
ovos (m pl) fritos	**яєчня** (ж)	[ja'ɛʃnʲa]
hambúrguer (m)	**гамбургер** (ч)	['ɦamburɦɛr]
bife (m)	**біфштекс** (ч)	[bif'ʃtɛks]
acompanhamento (m)	**гарнір** (ч)	[ɦar'nir]
espaguete (m)	**спагеті** (мн)	[spa'ɦɛti]
purê (m) de batata	**картопляне пюре** (с)	[kartop'lʲanɛ pʲu'rɛ]
pizza (f)	**піца** (ж)	['pitsa]
mingau (m)	**каша** (ж)	['kaʃa]
omelete (f)	**омлет** (ч)	[om'lɛt]
fervido (adj)	**варений**	[wa'rɛnɨj]
defumado (adj)	**копчений**	[kop'ʧɛnɨj]
frito (adj)	**смажений**	['smaʒɛnɨj]
seco (adj)	**сушений**	['suʃɛnɨj]
congelado (adj)	**заморожений**	[zamo'rɔʒɛnɨj]
em conserva (adj)	**маринований**	[marɨ'nɔwanɨj]
doce (adj)	**солодкий**	[so'lɔdkɨj]
salgado (adj)	**солоний**	[so'lɔnɨj]
frio (adj)	**холодний**	[ho'lɔdnɨj]
quente (adj)	**гарячий**	[ɦa'rʲaʧɨj]
amargo (adj)	**гіркий**	[ɦir'kɨj]
gostoso (adj)	**смачний**	[smaʧ'nɨj]
cozinhar em água fervente	**варити**	[wa'rɨtɨ]
preparar (vt)	**готувати**	[ɦotu'watɨ]
fritar (vt)	**смажити**	['smaʒɨtɨ]
aquecer (vt)	**розігрівати**	[roziɦri'watɨ]
salgar (vt)	**солити**	[so'lɨtɨ]
apimentar (vt)	**перчити**	[pɛr'ʧɨtɨ]
ralar (vt)	**терти**	['tɛrtɨ]
casca (f)	**шкірка** (ж)	['ʃkirka]
descascar (vt)	**чистити**	['ʧɨstɨtɨ]

50. Especiarias

sal (m)	**сіль** (ж)	[silʲ]
salgado (adj)	**солоний**	[so'lɔnɨj]
salgar (vt)	**солити**	[so'lɨtɨ]
pimenta-do-reino (f)	**чорний перець** (ч)	['ʧɔrnɨj 'pɛrɛts]
pimenta (f) vermelha	**червоний перець** (ч)	[ʧɛr'wɔnɨj 'pɛrɛts]
mostarda (f)	**гірчиця** (ж)	[ɦir'ʧɨtsʲa]
raiz-forte (f)	**хрін** (ч)	[hrin]
condimento (m)	**приправа** (ж)	[prɨp'rawa]
especiaria (f)	**прянощі** (мн)	[prʲa'nɔɕi]
molho (~ inglês)	**соус** (ч)	['sɔus]
vinagre (m)	**оцет** (ч)	['ɔtsɛt]
anis estrelado (m)	**аніс** (ч)	['anis]

manjericão (m)	**базилік** (ч)	[bazɨ'lik]
cravo (m)	**гвоздика** (ж)	[ɦwoz'dɨka]
gengibre (m)	**імбир** (ч)	[im'bɨr]
coentro (m)	**коріандр** (ч)	[kori'andr]
canela (f)	**кориця** (ж)	[ko'rɨʦʲa]
gergelim (m)	**кунжут** (ч)	[kun'ʒut]
folha (f) de louro	**лавровий лист** (ч)	[law'rɔwɨj lɨst]
páprica (f)	**паприка** (ж)	['paprɨka]
cominho (m)	**кмин** (ч)	[kmɨn]
açafrão (m)	**шафран** (ч)	[ʃaf'ran]

51. Refeições

comida (f)	**їжа** (ж)	['jɨʒa]
comer (vt)	**їсти**	['jistɨ]
café (m) da manhã	**сніданок** (ч)	[sni'danok]
tomar café da manhã	**снідати**	['snidatɨ]
almoço (m)	**обід** (ч)	[o'bid]
almoçar (vi)	**обідати**	[o'bidatɨ]
jantar (m)	**вечеря** (ж)	[wɛ'ʧɛrʲa]
jantar (vi)	**вечеряти**	[wɛ'ʧɛrʲatɨ]
apetite (m)	**апетит** (ч)	[apɛ'tɨt]
Bom apetite!	**Смачного!**	[smaʧ'nɔɦo]
abrir (~ uma lata, etc.)	**відкривати**	[widkrɨ'watɨ]
derramar (~ líquido)	**пролити**	[pro'lɨtɨ]
derramar-se (vr)	**пролитись**	[pro'lɨtɨsʲ]
ferver (vi)	**кипіти**	[kɨ'pitɨ]
ferver (vt)	**кип'ятити**	[kɨpʔʲa'tɨtɨ]
fervido (adj)	**кип'ячений**	[kɨpʔʲa'ʧɛnɨj]
esfriar (vt)	**охолодити**	[oholo'dɨtɨ]
esfriar-se (vr)	**охолоджуватись**	[oho'lɔʤuwatɨsʲ]
sabor, gosto (m)	**смак** (ч)	[smak]
fim (m) de boca	**присмак** (ч)	['prɨsmak]
emagrecer (vi)	**худнути**	['hudnutɨ]
dieta (f)	**дієта** (ж)	[di'ɛta]
vitamina (f)	**вітамін** (ч)	[wita'min]
caloria (f)	**калорія** (ж)	[ka'lɔriʲa]
vegetariano (m)	**вегетаріанець** (ч)	[wɛɦɛtari'anɛʦ]
vegetariano (adj)	**вегетаріанський**	[wɛɦɛtari'ansʲkɨj]
gorduras (f pl)	**жири** (мн)	[ʒɨ'rɨ]
proteínas (f pl)	**білки** (мн)	[bil'kɨ]
carboidratos (m pl)	**вуглеводи** (мн)	[wuɦlɛ'wɔdɨ]
fatia (~ de limão, etc.)	**скибка** (ж)	['skɨbka]
pedaço (~ de bolo)	**шматок** (ч)	[ʃma'tɔk]
migalha (f), farelo (m)	**крихта** (ж)	['krɨhta]

52. Por a mesa

colher (f)	**ложка** (ж)	['lɔʒka]
faca (f)	**ніж** (ч)	[niʒ]
garfo (m)	**виделка** (ж)	[wɨ'dɛlka]
xícara (f)	**чашка** (ж)	['ʧaʃka]
prato (m)	**тарілка** (ж)	[ta'rilka]
pires (m)	**блюдце** (с)	['blʲudʦɛ]
guardanapo (m)	**серветка** (ж)	[sɛr'wɛtka]
palito (m)	**зубочистка** (ж)	[zubo'ʧɨstka]

53. Restaurante

restaurante (m)	**ресторан** (ч)	[rɛsto'ran]
cafeteria (f)	**кав'ярня** (ж)	[ka'wˀʲarnʲa]
bar (m), cervejaria (f)	**бар** (ч)	[bar]
salão (m) de chá	**чайна** (ж)	['ʧajna]
garçom (m)	**офіціант** (ч)	[ofiʦi'ant]
garçonete (f)	**офіціантка** (ж)	[ofiʦi'antka]
barman (m)	**бармен** (ч)	[bar'mɛn]
cardápio (m)	**меню** (с)	[mɛ'nʲu]
lista (f) de vinhos	**карта** (ж) **вин**	['karta wɨn]
reservar uma mesa	**забронювати столик**	[zabronʲu'watɨ 'stɔlɨk]
prato (m)	**страва** (ж)	['strawa]
pedir (vt)	**замовити**	[za'mɔwɨtɨ]
fazer o pedido	**зробити замовлення**	[zro'bɨtɨ za'mɔwlɛnʲa]
aperitivo (m)	**аперитив** (ч)	[apɛrɨ'tɨw]
entrada (f)	**закуска** (ж)	[za'kuska]
sobremesa (f)	**десерт** (ч)	[dɛ'sɛrt]
conta (f)	**рахунок** (ч)	[ra'hunok]
pagar a conta	**оплатити рахунок**	[opla'tɨtɨ ra'hunok]
dar o troco	**дати решту**	['datɨ 'rɛʃtu]
gorjeta (f)	**чайові** (мн)	[ʧaʲo'wi]

Família, parentes e amigos

54. Informação pessoal. Formulários

nome (m)	**ім'я** (с)	[i'mˀʲa]
sobrenome (m)	**прізвище** (с)	['prizwɨɕɛ]
data (f) de nascimento	**дата** (ж) **народження**	['data na'rɔdʒɛnʲa]
local (m) de nascimento	**місце** (с) **народження**	['mistsɛ na'rɔdʒɛnʲa]
nacionalidade (f)	**національність** (ж)	[natsio'nalʲnistʲ]
lugar (m) de residência	**місце** (с) **проживання**	['mistsɛ proʒɨ'wanʲa]
país (m)	**країна** (ж)	[kra'jɨna]
profissão (f)	**професія** (ж)	[pro'fɛsiʲa]
sexo (m)	**стать** (ж)	[statʲ]
estatura (f)	**зріст** (ч)	[zrist]
peso (m)	**вага** (ж)	[wa'ɦa]

55. Membros da família. Parentes

mãe (f)	**мати** (ж)	['matɨ]
pai (m)	**батько** (ч)	['batʲko]
filho (m)	**син** (ч)	[sɨn]
filha (f)	**дочка** (ж)	[dotʃ'ka]
caçula (f)	**молодша дочка** (ж)	[mo'lɔdʃa dotʃ'ka]
caçula (m)	**молодший син** (ч)	[mo'lɔdʃɨj sɨn]
filha (f) mais velha	**старша дочка** (ж)	['starʃa dotʃ'ka]
filho (m) mais velho	**старший син** (ч)	['starʃɨj sɨn]
irmão (m)	**брат** (ч)	[brat]
irmão (m) mais velho	**старший брат** (ч)	[star'ʃɨj brat]
irmão (m) mais novo	**молодший брат** (ч)	[mo'lɔdʃɨj brat]
irmã (f)	**сестра** (ж)	[sɛst'ra]
irmã (f) mais velha	**старша сестра** (ж)	[star'ʃa sɛst'ra]
irmã (f) mais nova	**молодша сестра** (ж)	[mo'lɔdʃa sɛst'ra]
primo (m)	**двоюрідний брат** (ч)	[dwoʲu'ridnɨj brat]
prima (f)	**двоюрідна сестра** (ж)	[dwoʲu'ridna sɛst'ra]
mamãe (f)	**мати** (ж)	['matɨ]
papai (m)	**тато** (ч)	['tato]
pais (pl)	**батьки** (мн)	[batʲ'kɨ]
criança (f)	**дитина** (ж)	[dɨ'tɨna]
crianças (f pl)	**діти** (мн)	['ditɨ]
avó (f)	**бабуся** (ж)	[ba'busʲa]
avô (m)	**дід** (ч)	['did]
neto (m)	**онук** (ч)	[o'nuk]

neta (f)	**онука** (ж)	[o'nuka]
netos (pl)	**онуки** (мн)	[o'nukɨ]
tio (m)	**дядько** (ч)	['dʲadʲko]
tia (f)	**тітка** (ж)	['titka]
sobrinho (m)	**племінник** (ч)	[plɛ'minɨk]
sobrinha (f)	**племінниця** (ж)	[plɛ'minɨtsʲa]
sogra (f)	**теща** (ж)	['tɛɕa]
sogro (m)	**свекор** (ч)	['swɛkor]
genro (m)	**зять** (ч)	[zʲatʲ]
madrasta (f)	**мачуха** (ж)	['maʧuha]
padrasto (m)	**вітчим** (ч)	['witʃɨm]
criança (f) de colo	**немовля** (с)	[nɛmow'lʲa]
bebê (m)	**малюк** (ч)	[ma'lʲuk]
menino (m)	**малюк** (ч)	[ma'lʲuk]
mulher (f)	**дружина** (ж)	[dru'ʒɨna]
marido (m)	**чоловік** (ч)	[ʧolo'wik]
esposo (m)	**чоловік** (ч)	[ʧolo'wik]
esposa (f)	**дружина** (ж)	[dru'ʒɨna]
casado (adj)	**одружений**	[od'ruʒɛnɨj]
casada (adj)	**заміжня**	[za'miʒnʲa]
solteiro (adj)	**холостий**	[holos'tɨj]
solteirão (m)	**холостяк** (ч)	[holos'tʲak]
divorciado (adj)	**розлучений**	[roz'luʧɛnɨj]
viúva (f)	**вдова** (ж)	[wdo'wa]
viúvo (m)	**вдівець** (ч)	[wdi'wɛʦ]
parente (m)	**родич** (ч)	['rɔdɨʧ]
parente (m) próximo	**близький родич** (ч)	[blɨzʲ'kɨj 'rɔdɨʧ]
parente (m) distante	**далекий родич** (ч)	[da'lɛkɨj 'rɔdɨʧ]
parentes (m pl)	**рідні** (мн)	['ridni]
órfão (m), órfã (f)	**сирота** (ч)	[sɨro'ta]
órfão (m)	**сирота** (ч)	[sɨro'ta]
órfã (f)	**сирота** (ж)	[sɨro'ta]
tutor (m)	**опікун** (ч)	[opi'kun]
adotar (um filho)	**усиновити**	[usɨno'wɨtɨ]
adotar (uma filha)	**удочерити**	[udoʧɛ'rɨtɨ]

56. Amigos. Colegas de trabalho

amigo (m)	**друг** (ч)	[druɦ]
amiga (f)	**подруга** (ж)	['pɔdruɦa]
amizade (f)	**дружба** (ж)	['druʒba]
ser amigos	**дружити**	[dru'ʒɨtɨ]
amigo (m)	**приятель** (ч)	['prɨjatɛlʲ]
amiga (f)	**приятелька** (ж)	['prɨjatɛlʲka]
parceiro (m)	**партнер** (ч)	[part'nɛr]
chefe (m)	**шеф** (ч)	[ʃɛf]

superior (m)	**начальник** (ч)	[na'ʧalʲnɨk]
proprietário (m)	**власник**	['wlasnɨk]
subordinado (m)	**підлеглий** (ч)	[pid'lɛɦlɨj]
colega (m, f)	**колега** (ч)	[ko'lɛɦa]
conhecido (m)	**знайомий** (ч)	[zna'jɔmɨj]
companheiro (m) de viagem	**попутник** (ч)	[po'putnɨk]
colega (m) de classe	**однокласник** (ч)	[odno'klasnɨk]
vizinho (m)	**сусід** (ч)	[su'sid]
vizinha (f)	**сусідка** (ж)	[su'sidka]
vizinhos (pl)	**сусіди** (мн)	[su'sidɨ]

57. Homem. Mulher

mulher (f)	**жінка** (ж)	['ʒinka]
menina (f)	**дівчина** (ж)	['diwʧɨna]
noiva (f)	**наречена** (ж)	[narɛ'ʧɛna]
bonita, bela (adj)	**гарна**	['ɦarna]
alta (adj)	**висока**	[wɨ'sɔka]
esbelta (adj)	**струнка**	[stru'nka]
baixa (adj)	**невисокого зросту**	[nɛwɨ'sɔkoɦo 'zrɔstu]
loira (f)	**блондинка** (ж)	[blon'dɨnka]
morena (f)	**брюнетка** (ж)	[brʲu'nɛtka]
de senhora	**дамський**	['damsʲkɨj]
virgem (f)	**незаймана дівчина** (ж)	[nɛ'zajmana 'diwʧɨna]
grávida (adj)	**вагітна**	[wa'ɦitna]
homem (m)	**чоловік** (ч)	[ʧolo'wik]
loiro (m)	**блондин** (ч)	[blon'dɨn]
moreno (m)	**брюнет** (ч)	[brʲu'nɛt]
alto (adj)	**високий**	[wɨ'sɔkɨj]
baixo (adj)	**невисокого зросту**	[nɛwɨ'sɔkoɦo 'zrɔstu]
rude (adj)	**брутальний**	[bru'talʲnɨj]
atarracado (adj)	**кремезний**	[krɛ'mɛznɨj]
robusto (adj)	**міцний**	[miʦ'nɨj]
forte (adj)	**сильний**	['sɨlʲnɨj]
força (f)	**сила** (ж)	['sɨla]
gordo (adj)	**повний**	['pɔwnɨj]
moreno (adj)	**смаглявий**	[smaɦ'lʲawɨj]
esbelto (adj)	**стрункий**	[stru'nkɨj]
elegante (adj)	**елегантний**	[ɛlɛ'ɦantnɨj]

58. Idade

idade (f)	**вік** (ч)	[wik]
juventude (f)	**юність** (ж)	['ʲunistʲ]

jovem (adj)	**молодий**	[molo'dɨj]
mais novo (adj)	**молодший**	[mo'lɔdʃɨj]
mais velho (adj)	**старший**	['starʃɨj]
jovem (m)	**юнак** (ч)	[ʲu'nak]
adolescente (m)	**підліток** (ч)	['pidlitok]
rapaz (m)	**хлопець** (ч)	['hlɔpɛʦ]
velho (m)	**старий** (ч)	[sta'rɨj]
velha (f)	**стара жінка** (ж)	[sta'ra 'ʒinka]
adulto	**дорослий**	[do'rɔslɨj]
de meia-idade	**середніх років**	[sɛ'rɛdnih ro'kiw]
idoso, de idade (adj)	**похилий**	[po'hɨlɨj]
velho (adj)	**старий**	[sta'rɨj]
aposentadoria (f)	**пенсія** (ж)	['pɛnsiʲa]
aposentar-se (vr)	**вийти на пенсію**	['wɨjtɨ na 'pɛnsiʲu]
aposentado (m)	**пенсіонер** (ч)	[pɛnsio'nɛr]

59. Crianças

criança (f)	**дитина** (ж)	[dɨ'tɨna]
crianças (f pl)	**діти** (мн)	['ditɨ]
gêmeos (m pl), gêmeas (f pl)	**близнюки** (мн)	[blɨznʲu'kɨ]
berço (m)	**колиска** (ж)	[ko'lɨska]
chocalho (m)	**брязкальце** (с)	['brʲazkalʲʦɛ]
fralda (f)	**підгузок** (ч)	[pid'ɦuzok]
chupeta (f), bico (m)	**соска** (ж)	['sɔska]
carrinho (m) de bebê	**коляска** (ж)	[ko'lʲaska]
jardim (m) de infância	**дитячий садок** (ч)	[dɨ'tʲaʧɨj sa'dɔk]
babysitter, babá (f)	**няня** (ж)	['nʲanʲa]
infância (f)	**дитинство** (с)	[dɨ'tɨnstwo]
boneca (f)	**лялька** (ж)	['lʲalʲka]
brinquedo (m)	**іграшка** (ж)	['iɦraʃka]
jogo (m) de montar	**конструктор** (ч)	[kon'struktor]
bem-educado (adj)	**вихований**	['wɨhowanɨj]
malcriado (adj)	**невихований**	[nɛ'wɨhowanɨj]
mimado (adj)	**розбещений**	[roz'bɛɕɛnɨj]
ser travesso	**пустувати**	[pustu'watɨ]
travesso, traquinas (adj)	**пустотливий**	[pustot'lɨwɨj]
travessura (f)	**пустощі** (мн)	['pustoɕi]
criança (f) travessa	**пустун** (ч)	[pus'tun]
obediente (adj)	**слухняний**	[sluh'nʲanɨj]
desobediente (adj)	**неслухняний**	[nɛsluh'nʲanɨj]
dócil (adj)	**розумний**	[ro'zumnɨj]
inteligente (adj)	**розумний**	[ro'zumnɨj]
prodígio (m)	**вундеркінд** (ч)	[wundɛr'kind]

60. Casais. Vida de família

beijar (vt)	**цілувати**	[ʦilu'wati]
beijar-se (vr)	**цілуватися**	[ʦilu'watisʲa]
família (f)	**сім'я** (ж)	[si'mʔa]
familiar (vida ~)	**сімейний**	[si'mɛjnij]
casal (m)	**пара** (ж)	['para]
matrimônio (m)	**шлюб** (ч)	[ʃlʲub]
lar (m)	**домашнє вогнище** (с)	[do'maʃnɛ 'wɔɦniɕɛ]
dinastia (f)	**династія** (ж)	[di'nastiʲa]
encontro (m)	**побачення** (с)	[po'baʧɛnʲa]
beijo (m)	**поцілунок** (ч)	[poʦi'lunok]
amor (m)	**кохання** (с)	[ko'hanʲa]
amar (pessoa)	**кохати**	[ko'hati]
amado, querido (adj)	**кохана**	[ko'hana]
ternura (f)	**ніжність** (ж)	['niʒnistʲ]
afetuoso (adj)	**ніжний**	['niʒnij]
fidelidade (f)	**вірність** (ж)	['wirnistʲ]
fiel (adj)	**вірний**	['wirnij]
cuidado (m)	**турбота** (ж)	[tur'bɔta]
carinhoso (adj)	**турботливий**	[tur'bɔtliwij]
recém-casados (pl)	**молодята** (мн)	[molo'dʲata]
lua (f) de mel	**медовий місяць** (ч)	[mɛ'dɔwij 'misʲaʦ]
casar-se (com um homem)	**вийти заміж**	['wijti 'zamiʒ]
casar-se (com uma mulher)	**одружуватися**	[od'ruʒuwatisʲa]
casamento (m)	**весілля** (с)	[wɛ'silʲa]
bodas (f pl) de ouro	**золоте весілля** (с)	[zolo'tɛ wɛ'silʲa]
aniversário (m)	**річниця** (ж)	[riʧ'niʦʲa]
amante (m)	**коханець** (ч)	[ko'hanɛʦ]
amante (f)	**коханка** (ж)	[ko'hanka]
adultério (m), traição (f)	**зрада** (ж)	['zrada]
cometer adultério	**зрадити**	['zraditi]
ciumento (adj)	**ревнивий**	[rɛw'niwij]
ser ciumento, -a	**ревнувати**	[rɛwnu'wati]
divórcio (m)	**розлучення** (с)	[roz'luʧɛnʲa]
divorciar-se (vr)	**розлучитися**	[rozlu'ʧitisʲa]
brigar (discutir)	**сваритися**	[swa'ritisʲa]
fazer as pazes	**миритися**	[mi'ritisʲa]
juntos (ir ~)	**разом**	['razom]
sexo (m)	**секс** (ч)	[sɛks]
felicidade (f)	**щастя** (с)	['ɕastʲa]
feliz (adj)	**щасливий**	[ɕas'liwij]
infelicidade (f)	**нещастя** (с)	[nɛ'ɕastʲa]
infeliz (adj)	**нещасний**	[nɛ'ɕasnij]

Caráter. Sentimentos. Emoções

61. Sentimentos. Emoções

sentimento (m)	почуття (c)	[poˈtʃutʲtʲa]
sentimentos (m pl)	почуття (мн)	[poˈtʃutʲtʲa]
sentir (vt)	відчувати	[widtʃuˈwati]

fome (f)	голод (ч)	[ˈhɔlod]
ter fome	хотіти їсти	[hoˈtiti ˈjisti]
sede (f)	спрага (ж)	[ˈspraɦa]
ter sede	хотіти пити	[hoˈtiti ˈpiti]
sonolência (f)	сонливість (ж)	[sonˈlʲiwistʲ]
estar sonolento	хотіти спати	[hoˈtiti ˈspati]

cansaço (m)	втома (ж)	[ˈwtɔma]
cansado (adj)	втомлений	[ˈwtɔmlɛnij]
ficar cansado	втомитися	[wtoˈmitisʲa]

humor (m)	настрій (ч)	[ˈnastrij]
tédio (m)	нудьга (ж)	[nudʲˈɦa]
entediar-se (vr)	нудьгувати	[nudʲɦuˈwati]
reclusão (isolamento)	самота (ж)	[samoˈta]
isolar-se (vr)	усамітнюватися	[usaˈmitnʲuwatisʲa]

preocupar (vt)	хвилювати	[hwilʲuˈwati]
estar preocupado	хвилюватися	[hwilʲuˈwatisʲa]
preocupação (f)	хвилювання (c)	[hwilʲuˈwanʲa]
ansiedade (f)	занепокоєння (c)	[zanɛpoˈkɔɛnʲa]
preocupado (adj)	занепокоєний	[zanɛpoˈkɔɛnij]
estar nervoso	нервуватися	[nɛrwuˈwatisʲa]
entrar em pânico	панікувати	[panikuˈwati]

esperança (f)	надія (ж)	[naˈdʲia]
esperar (vt)	сподіватися	[spodiˈwatisʲa]

certeza (f)	упевненість (ж)	[uˈpɛwnɛnistʲ]
certo, seguro de ...	упевнений	[uˈpɛwnɛnij]
indecisão (f)	невпевненість (ж)	[nɛwˈpɛwnɛnistʲ]
indeciso (adj)	невпевнений	[nɛwˈpɛwnɛnij]

bêbado (adj)	п'яний	[ˈpʲjanij]
sóbrio (adj)	тверезий	[twɛˈrɛzij]
fraco (adj)	слабкий	[slabˈkij]
feliz (adj)	щасливий	[ɕasˈliwij]
assustar (vt)	налякати	[nalʲaˈkati]
fúria (f)	шаленство (c)	[ʃaˈlɛnstwo]
ira, raiva (f)	лють (ж)	[lʲutʲ]
depressão (f)	депресія (ж)	[dɛˈprɛsʲia]
desconforto (m)	дискомфорт (ч)	[diskomˈfɔrt]

conforto (m)	**комфорт** (ч)	[kom'fɔrt]
arrepender-se (vr)	**жалкувати**	[ʒalku'watɨ]
arrependimento (m)	**жаль** (ч)	[ʒalʲ]
azar (m), má sorte (f)	**невезіння** (с)	[nɛwɛ'zinʲa]
tristeza (f)	**прикрість** (ж)	['prɨkristʲ]
vergonha (f)	**сором** (ч)	['sɔrom]
alegria (f)	**веселість** (ж)	[wɛ'sɛlistʲ]
entusiasmo (m)	**ентузіазм** (ч)	[ɛntuzi'azm]
entusiasta (m)	**ентузіаст** (ч)	[ɛntuzi'ast]
mostrar entusiasmo	**проявити ентузіазм**	[proja'wɨtɨ ɛntuzi'azm]

62. Caráter. Personalidade

caráter (m)	**характер** (ч)	[ha'raktɛr]
falha (f) de caráter	**вада** (ж)	['wada]
mente, razão (f)	**ум** (ч), **розум** (ч)	[um], ['rɔzum]
mente (f)	**ум** (ч)	[um]
razão (f)	**розум** (ч)	['rɔzum]
consciência (f)	**совість** (ж)	['sɔwistʲ]
hábito, costume (m)	**звичка** (ж)	['zwɨʧka]
habilidade (f)	**здібність** (ж)	['zdibnistʲ]
saber (~ nadar, etc.)	**уміти**	[u'mitɨ]
paciente (adj)	**терплячий**	[tɛrp'lʲaʧɨj]
impaciente (adj)	**нетерплячий**	[nɛtɛr'plʲaʧɨj]
curioso (adj)	**цікавий**	[ʦi'kawɨj]
curiosidade (f)	**цікавість** (ж)	[ʦi'kawistʲ]
modéstia (f)	**скромність** (ж)	['skrɔmnistʲ]
modesto (adj)	**скромний**	['skrɔmnɨj]
imodesto (adj)	**нескромний**	[nɛ'skrɔmnɨj]
preguiça (f)	**лінь** (ж)	[linʲ]
preguiçoso (adj)	**ледачий**	[lɛ'daʧɨj]
preguiçoso (m)	**ледар** (ч)	['lɛdar]
astúcia (f)	**хитрість** (ж)	['hɨtristʲ]
astuto (adj)	**хитрий**	['hɨtrɨj]
desconfiança (f)	**недовіра** (ж)	[nɛdo'wira]
desconfiado (adj)	**недовірливий**	[nɛdo'wirlɨwɨj]
generosidade (f)	**щедрість** (ж)	['ɕɛdristʲ]
generoso (adj)	**щедрий**	['ɕɛdrɨj]
talentoso (adj)	**талановитий**	[talano'wɨtɨj]
talento (m)	**талант** (ч)	[ta'lant]
corajoso (adj)	**сміливий**	[smi'lɨwɨj]
coragem (f)	**сміливість** (ж)	[smi'lɨwistʲ]
honesto (adj)	**чесний**	['ʧɛsnɨj]
honestidade (f)	**чесність** (ж)	['ʧɛsnistʲ]
prudente, cuidadoso (adj)	**обережний**	[obɛ'rɛʒnɨj]
valoroso (adj)	**відважний**	[wid'waʒnɨj]

sério (adj)	**серйозний**	[sɛ'rʲɔznɨj]
severo (adj)	**суворий**	[su'wɔrɨj]
decidido (adj)	**рішучий**	[ri'ʃutʃɨj]
indeciso (adj)	**нерішучий**	[nɛri'ʃutʃɨj]
tímido (adj)	**сором'язливий**	[soro'm'ʲazlɨwɨj]
timidez (f)	**сором'язливість** (ж)	[soro'm'ʲazlɨwistʲ]
confiança (f)	**довіра** (ж)	[do'wira]
confiar (vt)	**вірити**	['wirɨtɨ]
crédulo (adj)	**довірливий**	[do'wirlɨwɨj]
sinceramente	**щиро**	['ɕɨro]
sincero (adj)	**щирий**	['ɕɨrɨj]
sinceridade (f)	**щирість** (ж)	['ɕɨristʲ]
aberto (adj)	**відкритий**	[wid'krɨtɨj]
calmo (adj)	**тихий**	['tɨhɨj]
franco (adj)	**відвертий**	[wid'wɛrtɨj]
ingênuo (adj)	**наївний**	[na'jɨwnɨj]
distraído (adj)	**неуважний**	[nɛu'waʒnɨj]
engraçado (adj)	**кумедний**	[ku'mɛdnɨj]
ganância (f)	**жадібність** (ж)	['ʒadibnistʲ]
ganancioso (adj)	**жадібний**	['ʒadibnɨj]
avarento, sovina (adj)	**скупий**	[sku'pɨj]
mal (adj)	**злий**	['zlɨj]
teimoso (adj)	**впертий**	['wpɛrtɨj]
desagradável (adj)	**неприємний**	[nɛprɨ'ɛmnɨj]
egoísta (m)	**егоїст** (ч)	[ɛɦo'jɨst]
egoísta (adj)	**егоїстичний**	[ɛɦojɨs'tɨtʃnɨj]
covarde (m)	**боягуз** (ч)	[boja'ɦuz]
covarde (adj)	**боягузливий**	[boja'ɦuzlɨwɨj]

63. O sono. Sonhos

dormir (vi)	**спати**	['spatɨ]
sono (m)	**сон** (ч)	[son]
sonho (m)	**сон** (ч)	[son]
sonhar (ver sonhos)	**бачити сни**	['batʃɨtɨ snɨ]
sonolento (adj)	**сонний**	['sɔnɨj]
cama (f)	**ліжко** (с)	['liʒko]
colchão (m)	**матрац** (ч)	[mat'rats]
cobertor (m)	**ковдра** (ж)	['kɔwdra]
travesseiro (m)	**подушка** (ж)	[po'duʃka]
lençol (m)	**простирадло** (с)	[prostɨ'radlo]
insônia (f)	**безсоння** (с)	[bɛz'sɔnʲa]
sem sono (adj)	**безсонний**	[bɛz'sɔnɨj]
sonífero (m)	**снодійне** (с)	[sno'dijnɛ]
tomar um sonífero	**прийняти снодійне**	[prɨj'nʲatɨ sno'dijnɛ]
estar sonolento	**хотіти спати**	[ho'titɨ 'spatɨ]

bocejar (vi)	**позіхати**	[pozi'hatɨ]
ir para a cama	**йти спати**	[jtɨ 'spatɨ]
fazer a cama	**стелити ліжко**	[stɛ'lɨtɨ 'liʒko]
adormecer (vi)	**заснути**	[zas'nutɨ]
pesadelo (m)	**страхіття** (с)	[stra'hittʲa]
ronco (m)	**хропіння** (с)	[hro'pinʲa]
roncar (vi)	**хропіти**	[hro'pitɨ]
despertador (m)	**будильник** (ч)	[bu'dɨlʲnɨk]
acordar, despertar (vt)	**розбудити**	[rozbu'dɨtɨ]
acordar (vi)	**прокидатися**	[prokɨ'datɨsʲa]
levantar-se (vr)	**вставати**	[wsta'watɨ]
lavar-se (vr)	**умитися**	[u'mɨtɨsʲa]

64. Humor. Riso. Alegria

humor (m)	**гумор** (ч)	['ɦumor]
senso (m) de humor	**почуття** (с) **гумору**	[potʃu'tʲa 'ɦumoru]
divertir-se (vr)	**веселитися**	[wɛsɛ'lɨtɨsʲa]
alegre (adj)	**веселий**	[wɛ'sɛlɨj]
diversão (f)	**веселощі** (мн)	[wɛ'sɛloɕi]
sorriso (m)	**посмішка** (ж)	['pɔsmiʃka]
sorrir (vi)	**посміхатися**	[posmi'hatɨsʲa]
começar a rir	**засміятися**	[zasmi'ʲatɨsʲa]
rir (vi)	**сміятися**	[smi'ʲatɨsʲa]
riso (m)	**сміх** (ч)	[smih]
anedota (f)	**анекдот** (ч)	[anɛk'dɔt]
engraçado (adj)	**смішний**	[smiʃ'nɨj]
ridículo, cômico (adj)	**кумедний**	[ku'mɛdnɨj]
brincar (vi)	**жартувати**	[ʒartu'watɨ]
piada (f)	**жарт** (ч)	[ʒart]
alegria (f)	**радість** (ж)	['radistʲ]
regozijar-se (vr)	**радіти**	[ra'ditɨ]
alegre (adj)	**радісний**	['radisnɨj]

65. Discussão, conversação. Parte 1

comunicação (f)	**спілкування** (с)	[spilku'wanʲa]
comunicar-se (vr)	**спілкуватися**	[spilku'watɨsʲa]
conversa (f)	**розмова** (ж)	[roz'mɔwa]
diálogo (m)	**діалог** (ч)	[dia'lɔɦ]
discussão (f)	**дискусія** (ж)	[dɨs'kusiʲa]
debate (m)	**суперечка** (ж)	[supɛ'rɛtʃka]
debater (vt)	**сперечатися**	[spɛrɛ'tʃatɨsʲa]
interlocutor (m)	**співрозмовник** (ч)	[spiwroz'mɔwnɨk]
tema (m)	**тема** (ж)	['tɛma]

ponto (m) de vista	**точка** (ж) **зору**	['tɔʧka 'zɔru]
opinião (f)	**думка** (ж)	['dumka]
discurso (m)	**промова** (ж)	[pro'mɔwa]
discussão (f)	**обговорення** (с)	[obɦo'wɔrɛnʲa]
discutir (vt)	**обговорювати**	[obɦo'wɔrʲuwatɨ]
conversa (f)	**бесіда** (ж)	['bɛsida]
conversar (vi)	**бесідувати**	[bɛ'siduwatɨ]
reunião (f)	**зустріч** (ж)	['zustriʧ]
encontrar-se (vr)	**зустрічатися**	[zustri'ʧatɨsʲa]
provérbio (m)	**прислів'я** (с)	[prɨs'liwˀʲa]
ditado, provérbio (m)	**приказка** (ж)	['prɨkazka]
adivinha (f)	**загадка** (ж)	['zaɦadka]
dizer uma adivinha	**загадувати загадку**	[za'ɦaduwatɨ 'zaɦadku]
senha (f)	**пароль** (ч)	[pa'rɔlʲ]
segredo (m)	**секрет** (ч)	[sɛk'rɛt]
juramento (m)	**клятва** (ж)	['klʲatwa]
jurar (vi)	**клястися**	['klʲastɨsʲa]
promessa (f)	**обіцянка** (ж)	[obi'ʦʲanka]
prometer (vt)	**обіцяти**	[obi'ʦʲatɨ]
conselho (m)	**порада** (ж)	[po'rada]
aconselhar (vt)	**радити**	['radɨtɨ]
seguir o conselho	**дотримуватись поради**	[do'trɨmuwatɨsʲ po'radɨ]
escutar (~ os conselhos)	**слухатись**	['sluhatɨsʲ]
novidade, notícia (f)	**новина** (ж)	[nowɨ'na]
sensação (f)	**сенсація** (ж)	[sɛn'saʦiʲa]
informação (f)	**відомості** (мн)	[wi'dɔmosti]
conclusão (f)	**висновок** (ч)	['wɨsnowok]
voz (f)	**голос** (ч)	['ɦɔlos]
elogio (m)	**комплімент** (ч)	[kompli'mɛnt]
amável, querido (adj)	**люб'язний**	[lʲu'bˀʲaznɨj]
palavra (f)	**слово** (с)	['slɔwo]
frase (f)	**фраза** (ж)	['fraza]
resposta (f)	**відповідь** (ж)	['widpowidʲ]
verdade (f)	**правда** (ж)	['prawda]
mentira (f)	**брехня** (ж)	[brɛh'nʲa]
pensamento (m)	**думка** (ж)	['dumka]
ideia (f)	**думка** (ж)	['dumka]
fantasia (f)	**фантазія** (ж)	[fan'taziʲa]

66. Discussão, conversação. Parte 2

estimado, respeitado (adj)	**шановний**	[ʃa'nɔwnɨj]
respeitar (vt)	**поважати**	[powa'ʒatɨ]
respeito (m)	**повага** (ж)	[po'waɦa]
Estimado ..., Caro ...	**Шановний...**	[ʃa'nɔwnɨj]
apresentar (alguém a alguém)	**познайомити**	[pozna'jɔmɨtɨ]

conhecer (vt)	познайомитися	[pozna'jɔmitisʲa]
intenção (f)	намір (ч)	['namir]
tencionar (~ fazer algo)	мати наміри	['mati 'namiri]
desejo (de boa sorte)	побажання (с)	[poba'ʒanʲa]
desejar (ex. ~ boa sorte)	побажати	[poba'ʒati]

surpresa (f)	здивування (с)	[zdiwu'wanʲa]
surpreender (vt)	дивувати	[diwu'wati]
surpreender-se (vr)	дивуватись	[diwu'watisʲ]

dar (vt)	дати	['dati]
pegar (tomar)	взяти	['wzʲati]
devolver (vt)	повернути	[powɛr'nuti]
retornar (vt)	віддати	[wid'dati]

desculpar-se (vr)	вибачатися	[wiba'tʃatisʲa]
desculpa (f)	вибачення (с)	['wibatʃɛnʲa]
perdoar (vt)	вибачати	[wiba'tʃati]

falar (vi)	розмовляти	[rozmow'lʲati]
escutar (vt)	слухати	['sluhati]
ouvir até o fim	вислухати	['wisluhati]
entender (compreender)	зрозуміти	[zrozu'miti]

mostrar (vt)	показати	[poka'zati]
olhar para ...	дивитися	[di'witisʲa]
chamar (alguém para ...)	покликати	[pok'likati]
perturbar, distrair (vt)	турбувати	[turbu'wati]
perturbar (vt)	заважати	[zawa'ʒati]
entregar (~ em mãos)	передати	[pɛrɛ'dati]

pedido (m)	прохання (с)	[pro'hanʲa]
pedir (ex. ~ ajuda)	просити	[pro'siti]
exigência (f)	вимога (ж)	[wi'mɔɦa]
exigir (vt)	вимагати	[wima'ɦati]

insultar (chamar nomes)	дражнити	[draʒ'niti]
zombar (vt)	насміхатися	[nasmi'hatisʲa]
zombaria (f)	насмішка (ж)	[na'smiʃka]
alcunha (f), apelido (m)	прізвисько (с)	['prizwisʲko]

insinuação (f)	натяк (ч)	['natʲak]
insinuar (vt)	натякати	[natʲa'kati]
querer dizer	мати на увазі	['mati na u'wazi]

descrição (f)	опис (ч)	['ɔpis]
descrever (vt)	описати	[opi'sati]
elogio (m)	похвала (ж)	[pohwa'la]
elogiar (vt)	хвалити	[hwa'liti]

desapontamento (m)	розчарування (с)	[roztʃaru'wanʲa]
desapontar (vt)	розчарувати	[roztʃaru'wati]
desapontar-se (vr)	розчаруватися	[roztʃaru'watisʲa]

| suposição (f) | припущення (с) | [pri'puɕɛnʲa] |
| supor (vt) | припускати | [pripus'kati] |

advertência (f)	**застереження** (c)	[zastɛ'rɛʒɛnʲa]
advertir (vt)	**застерегти**	[zastɛrɛɦ'tɨ]

67. Discussão, conversação. Parte 3

convencer (vt)	**умовити**	[u'mɔwɨtɨ]
acalmar (vt)	**заспокоювати**	[zaspo'kɔʲuwatɨ]
silêncio (o ~ é de ouro)	**мовчання** (c)	[mow'ʧanʲa]
ficar em silêncio	**мовчати**	[mow'ʧatɨ]
sussurrar (vt)	**шепнути**	[ʃɛp'nutɨ]
sussurro (m)	**шепіт** (ч)	['ʃɛpit]
francamente	**відверто**	[wid'wɛrto]
na minha opinião ...	**на мою думку...**	[na mo'ʲu 'dumku]
detalhe (~ da história)	**деталь** (ж)	[dɛ'talʲ]
detalhado (adj)	**детальний**	[dɛ'talʲnɨj]
detalhadamente	**детально**	[dɛ'talʲno]
dica (f)	**підказка** (ж)	[pid'kazka]
dar uma dica	**підказати**	[pidka'zatɨ]
olhar (m)	**погляд** (ч)	['pɔɦlʲad]
dar uma olhada	**поглянути**	[poɦ'lʲanutɨ]
fixo (olhada ~a)	**нерухомий**	[nɛru'hɔmɨj]
piscar (vi)	**кліпати**	['klipatɨ]
piscar (vt)	**підморгнути**	[pidmorɦ'nutɨ]
acenar com a cabeça	**кивнути**	[kɨw'nutɨ]
suspiro (m)	**зітхання** (c)	[zit'hanʲa]
suspirar (vi)	**зітхнути**	[zith'nutɨ]
estremecer (vi)	**здригатися**	[zdrɨ'ɦatɨsʲa]
gesto (m)	**жест** (ч)	[ʒɛst]
tocar (com as mãos)	**доторкнутися**	[dotor'knutɨsʲa]
agarrar (~ pelo braço)	**хапати**	[ha'patɨ]
bater de leve	**плескати**	[plɛs'katɨ]
Cuidado!	**Обережно!**	[obɛ'rɛʒno]
Sério?	**Невже?**	[nɛw'ʒɛ]
Tem certeza?	**Ти впевнений?**	[tɨ 'wpɛwnɛnɨj]
Boa sorte!	**Хай щастить!**	[haj ɕas'tɨtʲ]
Entendi!	**Зрозуміло!**	[zrozu'milo]
Que pena!	**Шкода!**	['ʃkɔda]

68. Acordo. Recusa

consentimento (~ mútuo)	**згода** (ж)	['zɦɔda]
consentir (vi)	**погоджуватися**	[po'ɦɔʤuwatɨsʲa]
aprovação (f)	**схвалення** (c)	[sh'walɛnʲa]
aprovar (vt)	**схвалити**	[shwa'lɨtɨ]
recusa (f)	**відмова** (ж)	[wid'mɔwa]

negar-se a ...	**відмовлятися**	[widmow'lʲatɨsʲa]
Ótimo!	**Чудово!**	[ʧu'dɔwo]
Tudo bem!	**Добре!**	['dɔbrɛ]
Está bem! De acordo!	**Згода!**	['zɦɔda]
proibido (adj)	**заборонений**	[zabo'rɔnɛnɨj]
é proibido	**не можна**	[nɛ 'mɔʒna]
é impossível	**неможливо**	[nɛmoʒ'lɨwo]
incorreto (adj)	**помилковий**	[pomɨl'kɔwɨj]
rejeitar (~ um pedido)	**відхилити**	[widhɨ'lɨtɨ]
apoiar (vt)	**підтримати**	[pid'trɨmatɨ]
aceitar (desculpas, etc.)	**прийняти**	[prɨj'nʲatɨ]
confirmar (vt)	**підтвердити**	[pid'twɛrdɨtɨ]
confirmação (f)	**підтвердження** (с)	[pid'twɛrʤɛnʲa]
permissão (f)	**дозвіл** (ч)	['dɔzwil]
permitir (vt)	**дозволити**	[doz'wɔlɨtɨ]
decisão (f)	**рішення** (с)	['riʃɛnʲa]
não dizer nada	**промовчати**	[promow'ʧatɨ]
condição (com uma ~)	**умова** (ж)	[u'mɔwa]
pretexto (m)	**відмовка** (ж)	[wid'mɔwka]
elogio (m)	**похвала** (ж)	[pohwa'la]
elogiar (vt)	**хвалити**	[hwa'lɨtɨ]

69. Sucesso. Boa sorte. Insucesso

êxito, sucesso (m)	**успіх** (ч)	['uspih]
com êxito	**успішно**	[us'piʃno]
bem sucedido (adj)	**успішний**	[us'piʃnɨj]
sorte (fortuna)	**везіння** (с)	[wɛ'zinʲa]
Boa sorte!	**Хай щастить!**	[haj ɕas'tɨtʲ]
de sorte	**вдалий**	['wdalɨj]
sortudo, felizardo (adj)	**везучий**	[wɛ'zuʧɨj]
fracasso (m)	**невдача** (ж)	[nɛw'daʧa]
pouca sorte (f)	**невдача** (ж)	[nɛw'daʧa]
azar (m), má sorte (f)	**невезіння** (с)	[nɛwɛ'zinʲa]
mal sucedido (adj)	**невдалий**	[nɛw'dalɨj]
catástrofe (f)	**катастрофа** (ж)	[kata'strɔfa]
orgulho (m)	**гордість** (ж)	['ɦɔrdistʲ]
orgulhoso (adj)	**гордовитий**	[ɦordo'wɨtɨj]
estar orgulhoso, -a	**гордитися**	[ɦor'dɨtɨsʲa]
vencedor (m)	**переможець** (ч)	[pɛrɛ'mɔʒɛʦ]
vencer (vi, vt)	**перемогти**	[pɛrɛmoɦ'tɨ]
perder (vt)	**програти**	[proɦ'ratɨ]
tentativa (f)	**спроба** (ж)	['sprɔba]
tentar (vt)	**намагатися**	[nama'ɦatɨsʲa]
chance (m)	**шанс** (ч)	[ʃans]

70. Conflitos. Emoções negativas

grito (m)	крик (ч)	[krik]
gritar (vi)	кричати	[kriˈtʃati]
começar a gritar	закричати	[zakriˈtʃati]
discussão (f)	сварка (ж)	[ˈswarka]
brigar (discutir)	сваритися	[swaˈritisʲa]
escândalo (m)	скандал (ч)	[skanˈdal]
criar escândalo	сваритися	[swaˈritisʲa]
conflito (m)	конфлікт (ч)	[konˈflikt]
mal-entendido (m)	непорозуміння (с)	[nɛporozuˈminʲa]
insulto (m)	приниження (с)	[priˈniʒɛnʲa]
insultar (vt)	принизити	[priˈniziti]
insultado (adj)	принижений	[priˈniʒɛnij]
ofensa (f)	образа (ж)	[obˈraza]
ofender (vt)	образити	[obˈraziti]
ofender-se (vr)	образитись	[obˈrazitisʲ]
indignação (f)	обурення (с)	[oˈburɛnʲa]
indignar-se (vr)	обурюватися	[oˈburʲuwatisʲa]
queixa (f)	скарга (ж)	[ˈskarɦa]
queixar-se (vr)	скаржитися	[ˈskarʒitisʲa]
desculpa (f)	вибачення (с)	[ˈwibatʃɛnʲa]
desculpar-se (vr)	вибачатися	[wibaˈtʃatisʲa]
pedir perdão	просити вибачення	[proˈsiti ˈwibatʃɛnʲa]
crítica (f)	критика (ж)	[ˈkritika]
criticar (vt)	критикувати	[kritikuˈwati]
acusação (f)	обвинувачення (с)	[obwinuˈwatʃɛnʲa]
acusar (vt)	звинувачувати	[zwinuˈwatʃuwati]
vingança (f)	помста (ж)	[ˈpɔmsta]
vingar (vt)	мстити	[ˈmstiti]
vingar-se de	помститися	[pomsˈtitisʲa]
desprezo (m)	зневага (ж)	[znɛˈwaɦa]
desprezar (vt)	зневажати	[znɛwaˈʒati]
ódio (m)	ненависть (ж)	[nɛˈnawistʲ]
odiar (vt)	ненавидіти	[nɛnaˈwiditi]
nervoso (adj)	нервовий	[nɛrˈwɔwij]
estar nervoso	нервувати	[nɛrwuˈwati]
zangado (adj)	сердитий	[sɛrˈditij]
zangar (vt)	розсердити	[rozˈsɛrditi]
humilhação (f)	приниження (с)	[priˈniʒɛnʲa]
humilhar (vt)	принижувати	[priˈniʒuwati]
humilhar-se (vr)	принижуватись	[priˈniʒuwatisʲ]
choque (m)	шок (ч)	[ʃok]
chocar (vt)	шокувати	[ʃokuˈwati]
aborrecimento (m)	неприємність (ж)	[nɛpriˈɛmnistʲ]

desagradável (adj)	**неприємний**	[nɛpri'ɛmnij]
medo (m)	**страх** (ч)	[strah]
terrível (tempestade, etc.)	**страшний**	['straʃnij]
assustador (ex. história ~a)	**страшний**	['straʃnij]
horror (m)	**жах** (ч)	[ʒah]
horrível (crime, etc.)	**жахливий**	[ʒah'liwij]
começar a tremer	**почати тремтіти**	[po'ʧati trɛm'titi]
chorar (vi)	**плакати**	['plakati]
começar a chorar	**заплакати**	[za'plakati]
lágrima (f)	**сльоза** (ж)	[slʲo'za]
falta (f)	**провина** (ж)	[pro'wina]
culpa (f)	**провина** (ж)	[pro'wina]
desonra (f)	**ганьба** (ж)	[ɦanʲ'ba]
protesto (m)	**протест** (ч)	[pro'tɛst]
estresse (m)	**стрес** (ч)	['strɛs]
perturbar (vt)	**заважати**	[zawa'ʒati]
zangar-se com ...	**лютувати**	[lʲutu'wati]
zangado (irritado)	**злий**	['zlij]
terminar (vt)	**припиняти**	[pripi'nʲati]
praguejar	**лаятися**	['laʲatisʲa]
assustar-se	**лякатися**	[lʲa'katisʲa]
golpear (vt)	**ударити**	[u'dariti]
brigar (na rua, etc.)	**битися**	['bitisʲa]
resolver (o conflito)	**урегулювати**	[urɛɦulʲu'wati]
descontente (adj)	**незадоволений**	[nɛzado'wɔlɛnij]
furioso (adj)	**розлючений**	[roz'lʲuʧɛnij]
Não está bem!	**Це недобре!**	[ʦɛ nɛ'dɔbrɛ]
É ruim!	**Це погано!**	[ʦɛ po'ɦano]

Medicina

71. Doenças

doença (f)	хвороба (ж)	[hwo'rɔba]
estar doente	хворіти	[hwo'riti]
saúde (f)	здоров'я (c)	[zdo'rɔwʲa]

nariz (m) escorrendo	нежить (ч)	['nɛʒitʲ]
amigdalite (f)	ангіна (ж)	[an'ɦina]
resfriado (m)	застуда (ж)	[za'studa]
ficar resfriado	застудитися	[zastu'ditisʲa]

bronquite (f)	бронхіт (ч)	[bron'hit]
pneumonia (f)	запалення (c) легенів	[za'palɛnja lɛ'ɦɛniw]
gripe (f)	грип (ч)	[ɦrip]

míope (adj)	короткозорий	[korotko'zɔrij]
presbita (adj)	далекозорий	[dalɛko'zɔrij]
estrabismo (m)	косоокість (ж)	[koso'ɔkistʲ]
estrábico, vesgo (adj)	косоокий	[koso'ɔkij]
catarata (f)	катаракта (ж)	[kata'rakta]
glaucoma (m)	глаукома (ж)	[ɦlau'kɔma]

AVC (m), apoplexia (f)	інсульт (ч)	[in'sulʲt]
ataque (m) cardíaco	інфаркт (ч)	[in'farkt]
enfarte (m) do miocárdio	інфаркт (ч) міокарду	[in'farkt mio'kardu]
paralisia (f)	параліч (ч)	[para'litʃ]
paralisar (vt)	паралізувати	[paralizu'wati]

alergia (f)	алергія (ж)	[alɛr'ɦiʲa]
asma (f)	астма (ж)	['astma]
diabetes (f)	діабет (ч)	[dia'bɛt]

dor (f) de dente	зубний біль (ч)	[zub'nij bilʲ]
cárie (f)	карієс (ч)	['kariɛs]

diarreia (f)	діарея (ж)	[dia'rɛʲa]
prisão (f) de ventre	запор (ч)	[za'pɔr]
desarranjo (m) intestinal	розлад (ч) шлунку	['rɔzlad 'ʃlunku]
intoxicação (f) alimentar	отруєння (c)	[ot'ruɛnʲa]
intoxicar-se	отруїтись	[otru'jitisʲ]

artrite (f)	артрит (ч)	[art'rit]
raquitismo (m)	рахіт (ч)	[ra'hit]
reumatismo (m)	ревматизм (ч)	[rɛwma'tizm]
arteriosclerose (f)	атеросклероз (ч)	[atɛrosklɛ'rɔz]

gastrite (f)	гастрит (ч)	[ɦast'rit]
apendicite (f)	апендицит (ч)	[apɛndi'tsit]

colecistite (f)	**холецистит** (ч)	[holɛʦɨs'tɨt]
úlcera (f)	**виразка** (ж)	['wɨrazka]
sarampo (m)	**кір** (ч)	[kir]
rubéola (f)	**краснуха** (ж)	[kras'nuha]
icterícia (f)	**жовтуха** (ж)	[ʒow'tuha]
hepatite (f)	**гепатит** (ч)	[ɦɛpa'tɨt]
esquizofrenia (f)	**шизофренія** (ж)	[ʃizofrɛ'niʲa]
raiva (f)	**сказ** (ч)	[skaz]
neurose (f)	**невроз** (ч)	[nɛw'rɔz]
contusão (f) cerebral	**струс** (ч) **мозку**	['strus 'mɔzku]
câncer (m)	**рак** (ч)	[rak]
esclerose (f)	**склероз** (ч)	[sklɛ'rɔz]
esclerose (f) múltipla	**розсіяний склероз** (ч)	[roz'siʲanɨj sklɛ'rɔz]
alcoolismo (m)	**алкоголізм** (ч)	[alkoɦo'lizm]
alcoólico (m)	**алкоголік** (ч)	[alko'ɦɔlik]
sífilis (f)	**сифіліс** (ч)	['sɨfilis]
AIDS (f)	**СНІД** (ч)	[snid]
tumor (m)	**пухлина** (ж)	[puh'lɨna]
maligno (adj)	**злоякісна**	[zlo'ʲakisna]
benigno (adj)	**доброякісна**	[dobro'ʲakisna]
febre (f)	**гарячка** (ж)	[ɦa'rʲatʃka]
malária (f)	**малярія** (ж)	[malʲa'riʲa]
gangrena (f)	**гангрена** (ж)	[ɦan'ɦrɛna]
enjoo (m)	**морська хвороба** (ж)	[morsʲ'ka hwo'rɔba]
epilepsia (f)	**епілепсія** (ж)	[ɛpi'lɛpsiʲa]
epidemia (f)	**епідемія** (ж)	[ɛpi'dɛmiʲa]
tifo (m)	**тиф** (ч)	[tɨf]
tuberculose (f)	**туберкульоз** (ч)	[tubɛrku'lʲoz]
cólera (f)	**холера** (ж)	[ho'lɛra]
peste (f) bubônica	**чума** (ж)	[tʃu'ma]

72. Sintomas. Tratamentos. Parte 1

sintoma (m)	**симптом** (ч)	[sɨmp'tɔm]
temperatura (f)	**температура** (ж)	[tɛmpɛra'tura]
febre (f)	**висока температура** (ж)	[wɨ'sɔka tɛmpɛra'tura]
pulso (m)	**пульс** (ч)	[pulʲs]
vertigem (f)	**запаморочення** (с)	[za'pamorotʃɛnʲa]
quente (testa, etc.)	**гарячий**	[ɦa'rʲatʃɨj]
calafrio (m)	**озноб** (ч)	[oz'nɔb]
pálido (adj)	**блідий**	[bli'dɨj]
tosse (f)	**кашель** (ч)	['kaʃɛlʲ]
tossir (vi)	**кашляти**	['kaʃlʲatɨ]
espirrar (vi)	**чхати**	['tʃhatɨ]
desmaio (m)	**непритомність** (ж)	[nɛprɨ'tɔmnistʲ]

desmaiar (vi)	**знепритомніти**	[znɛpri'tɔmniti]
mancha (f) preta	**синець** (ч)	[si'nɛʦ]
galo (m)	**гуля** (ж)	['ɦulʲa]
machucar-se (vr)	**ударитись**	[u'daritisʲ]
contusão (f)	**забите місце** (с)	[za'bitɛ 'misʦɛ]
machucar-se (vr)	**забитися**	[za'bitisʲa]
mancar (vi)	**кульгати**	[kulʲ'ɦati]
deslocamento (f)	**вивих** (ч)	['wiwih]
deslocar (vt)	**вивихнути**	['wiwihnuti]
fratura (f)	**перелом** (ч)	[pɛrɛ'lɔm]
fraturar (vt)	**отримати перелом**	[ot'rimati pɛrɛ'lom]
corte (m)	**поріз** (ч)	[po'riz]
cortar-se (vr)	**порізатися**	[po'rizatisʲa]
hemorragia (f)	**кровотеча** (ж)	[krowo'tɛʧa]
queimadura (f)	**опік** (ч)	['ɔpik]
queimar-se (vr)	**обпектися**	[obpɛk'tisʲa]
picar (vt)	**уколоти**	[uko'lɔti]
picar-se (vr)	**уколотися**	[uko'lɔtisʲa]
lesionar (vt)	**пошкодити**	[poʃ'kɔditi]
lesão (m)	**ушкодження** (с)	[uʃ'kɔʤɛnʲa]
ferida (f), ferimento (m)	**рана** (ж)	['rana]
trauma (m)	**травма** (ж)	['trawma]
delirar (vi)	**марити**	['mariti]
gaguejar (vi)	**заїкатися**	[zaji'katisʲa]
insolação (f)	**сонячний удар** (ч)	['sɔnʲaʧnij u'dar]

73. Sintomas. Tratamentos. Parte 2

dor (f)	**біль** (ч)	[bilʲ]
farpa (no dedo, etc.)	**скалка** (ж)	['skalka]
suor (m)	**піт** (ч)	[pit]
suar (vi)	**спітніти**	[spit'niti]
vômito (m)	**блювота** (ж)	[blʲu'wɔta]
convulsões (f pl)	**судома** (ж)	[su'dɔma]
grávida (adj)	**вагітна**	[wa'ɦitna]
nascer (vi)	**народитися**	[naro'ditisʲa]
parto (m)	**пологи** (мн)	[po'lɔɦi]
dar à luz	**народжувати**	[na'rɔʤuwati]
aborto (m)	**аборт** (ч)	[a'bɔrt]
respiração (f)	**дихання** (с)	['dihanʲa]
inspiração (f)	**вдих** (ч)	[wdih]
expiração (f)	**видих** (ч)	['widih]
expirar (vi)	**видихнути**	['widihnuti]
inspirar (vi)	**зробити вдих**	[zro'biti wdih]
inválido (m)	**інвалід** (ч)	[inwa'lid]
aleijado (m)	**каліка** (ч)	[ka'lika]

drogado (m)	**наркоман** (ч)	[narko'man]
surdo (adj)	**глухий**	[ɦlu'hɨj]
mudo (adj)	**німий**	[ni'mɨj]
surdo-mudo (adj)	**глухонімий**	[ɦluhoni'mɨj]
louco, insano (adj)	**божевільний**	[boʒɛ'wilʲnɨj]
louco (m)	**божевільний** (ч)	[boʒɛ'wilʲnɨj]
louca (f)	**божевільна** (ж)	[boʒɛ'wilʲna]
ficar louco	**збожеволіти**	[zboʒɛ'wɔlitɨ]
gene (m)	**ген** (ч)	[ɦɛn]
imunidade (f)	**імунітет** (ч)	[imuni'tɛt]
hereditário (adj)	**спадковий**	[spad'kɔwɨj]
congênito (adj)	**вроджений**	['wrɔdʒɛnɨj]
vírus (m)	**вірус** (ч)	['wirus]
micróbio (m)	**мікроб** (ч)	[mik'rɔb]
bactéria (f)	**бактерія** (ж)	[bak'tɛriʲa]
infecção (f)	**інфекція** (ж)	[in'fɛktsiʲa]

74. Sintomas. Tratamentos. Parte 3

hospital (m)	**лікарня** (ж)	[li'karnʲa]
paciente (m)	**пацієнт** (ч)	[patsi'ɛnt]
diagnóstico (m)	**діагноз** (ч)	[di'aɦnoz]
cura (f)	**лікування** (с)	[liku'wanʲa]
tratamento (m) médico	**лікування** (с)	[liku'wanʲa]
curar-se (vr)	**лікуватися**	[liku'watɨsʲa]
tratar (vt)	**лікувати**	[liku'watɨ]
cuidar (pessoa)	**доглядати**	[doɦlʲa'datɨ]
cuidado (m)	**догляд** (ч)	['dɔɦlʲad]
operação (f)	**операція** (ж)	[opɛ'ratsiʲa]
enfaixar (vt)	**перев'язати**	[pɛrɛwʔʲa'zatɨ]
enfaixamento (m)	**перев'язка** (ж)	[pɛrɛ'wʔʲazka]
vacinação (f)	**щеплення** (с)	['ɕɛplɛnʲa]
vacinar (vt)	**робити щеплення**	[ro'bɨtɨ 'ɕɛplɛnʲa]
injeção (f)	**ін'єкція** (ж)	[i'nʔɛktsiʲa]
dar uma injeção	**робити укол**	[ro'bɨtɨ u'kɔl]
ataque (~ de asma, etc.)	**напад**	['napad]
amputação (f)	**ампутація** (ж)	[ampu'tatsiʲa]
amputar (vt)	**ампутувати**	[amputu'watɨ]
coma (f)	**кома** (ж)	['kɔma]
estar em coma	**бути в комі**	['butɨ w 'kɔmi]
reanimação (f)	**реанімація** (ж)	[rɛani'matsiʲa]
recuperar-se (vr)	**видужувати**	[wɨ'duʒuwatɨ]
estado (~ de saúde)	**стан** (ч)	['stan]
consciência (perder a ~)	**свідомість** (ж)	[swi'dɔmistʲ]
memória (f)	**пам'ять** (ж)	['pamʔʲatʲ]
tirar (vt)	**видалити**	['wɨdalɨtɨ]

obturação (f)	**пломба** (ж)	['plɔmba]
obturar (vt)	**пломбувати**	[plombu'watɨ]
hipnose (f)	**гіпноз** (ч)	[ɦip'nɔz]
hipnotizar (vt)	**гіпнотизувати**	[ɦipnotɨzu'watɨ]

75. Médicos

médico (m)	**лікар** (ч)	['likar]
enfermeira (f)	**медсестра** (ж)	[mɛdsɛst'ra]
médico (m) pessoal	**особистий лікар** (ч)	[oso'bɨstɨj 'likar]
dentista (m)	**стоматолог** (ч)	[stoma'tɔloɦ]
oculista (m)	**окуліст** (ч)	[oku'list]
terapeuta (m)	**терапевт** (ч)	[tɛra'pɛwt]
cirurgião (m)	**хірург** (ч)	[hi'rurɦ]
psiquiatra (m)	**психіатр** (ч)	[psɨhi'atr]
pediatra (m)	**педіатр** (ч)	[pɛdi'atr]
psicólogo (m)	**психолог** (ч)	[psɨ'hɔloɦ]
ginecologista (m)	**гінеколог** (ч)	[ɦinɛ'kɔloɦ]
cardiologista (m)	**кардіолог** (ч)	[kardi'ɔloɦ]

76. Medicina. Drogas. Acessórios

medicamento (m)	**ліки** (мн)	['likɨ]
remédio (m)	**засіб** (ч)	['zasib]
receitar (vt)	**прописати**	[propɨ'satɨ]
receita (f)	**рецепт** (ч)	[rɛ'ʦɛpt]
comprimido (m)	**пігулка** (ж)	[pi'ɦulka]
unguento (m)	**мазь** (ж)	[mazʲ]
ampola (f)	**ампула** (ж)	['ampula]
solução, preparado (m)	**мікстура** (ж)	[miks'tura]
xarope (m)	**сироп** (ч)	[sɨ'rɔp]
cápsula (f)	**пігулка** (ж)	[pi'ɦulka]
pó (m)	**порошок** (ч)	[poro'ʃɔk]
atadura (f)	**бинт** (ч)	[bɨnt]
algodão (m)	**вата** (ж)	['wata]
iodo (m)	**йод** (ч)	[ʲod]
curativo (m) adesivo	**лейкопластир** (ч)	[lɛjko'plastɨr]
conta-gotas (m)	**піпетка** (ж)	[pi'pɛtka]
termômetro (m)	**градусник** (ч)	['ɦradusnɨk]
seringa (f)	**шприц** (ч)	[ʃprɨʦ]
cadeira (f) de rodas	**інвалідне крісло** (с)	[inwa'lidnɛ 'krislo]
muletas (f pl)	**милиці** (мн)	['mɨlɨʦi]
analgésico (m)	**знеболювальне** (с)	[znɛ'bɔlʲuwalʲnɛ]
laxante (m)	**проносне** (с)	[pronos'nɛ]

álcool (m)	**спирт** (ч)	[spɨrt]
ervas (f pl) medicinais	**лікарська трава** (ж)	['likarsʲka tra'wa]
de ervas (chá ~)	**трав'яний**	[trawˀʲa'nɨj]

77. Fumar. Produtos tabágicos

tabaco (m)	**тютюн** (ч)	[tʲu'tʲun]
cigarro (m)	**цигарка** (ж)	[ʦɨ'ɦarka]
charuto (m)	**сигара** (ж)	[sɨ'ɦara]
cachimbo (m)	**люлька** (ж)	['lʲulʲka]
maço (~ de cigarros)	**пачка** (ж)	['paʧka]
fósforos (m pl)	**сірники** (мн)	[sirnɨ'kɨ]
caixa (f) de fósforos	**сірникова коробка** (ж)	[sirnɨ'kɔwa ko'rɔbka]
isqueiro (m)	**запальничка** (ж)	[zapalʲ'nɨʧka]
cinzeiro (m)	**попільниця** (ж)	[popilʲ'nɨʦʲa]
cigarreira (f)	**портсигар** (ч)	[porʦɨ'ɦar]
piteira (f)	**мундштук** (ч)	[mund'ʃtuk]
filtro (m)	**фільтр** (ч)	['filʲtr]
fumar (vi, vt)	**палити**	[pa'lɨtɨ]
acender um cigarro	**запалити**	[zapa'lɨtɨ]
tabagismo (m)	**паління** (с)	[pa'linʲa]
fumante (m)	**курець** (ч)	[ku'rɛʦ]
bituca (f)	**недопалок** (ч)	[nɛdo'palok]
fumaça (f)	**дим** (ч)	[dɨm]
cinza (f)	**попіл** (ч)	['pɔpil]

HABITAT HUMANO

Cidade

78. Cidade. Vida na cidade

cidade (f)	**місто** (с)	['misto]
capital (f)	**столиця** (ж)	[sto'lits^ja]
aldeia (f)	**село** (с)	[sɛ'lɔ]
mapa (m) da cidade	**план** (ч) **міста**	[plan 'mista]
centro (m) da cidade	**центр** (ч) **міста**	[tsɛntr 'mista]
subúrbio (m)	**передмістя** (с)	[pɛrɛd'mist^ja]
suburbano (adj)	**приміський**	[primis^j'kij]
periferia (f)	**околиця** (ж)	[o'kɔlits^ja]
arredores (m pl)	**околиці** (мн)	[o'kɔlitsi]
quarteirão (m)	**квартал** (ч)	[kwar'tal]
quarteirão (m) residencial	**житловий квартал** (ч)	[ʒitlo'wij kwar'tal]
tráfego (m)	**вуличний рух** (ч)	['wulitʃnij ruh]
semáforo (m)	**світлофор** (ч)	[switlo'fɔr]
transporte (m) público	**міський транспорт** (ч)	[mis^j'kij 'transport]
cruzamento (m)	**перехрестя** (с)	[pɛrɛh'rɛst^ja]
faixa (f)	**пішохідний перехід** (ч)	[piʃo'hidnij pɛrɛ'hid]
túnel (m) subterrâneo	**підземний перехід** (ч)	[pi'dzɛmnij pɛrɛ'hid]
cruzar, atravessar (vt)	**переходити**	[pɛrɛ'hɔditi]
pedestre (m)	**пішохід** (ч)	[piʃo'hid]
calçada (f)	**тротуар** (ч)	[trotu'ar]
ponte (f)	**міст** (ч)	[mist]
margem (f) do rio	**набережна** (ж)	['nabɛrɛʒna]
fonte (f)	**фонтан** (ч)	[fon'tan]
alameda (f)	**алея** (ж)	[a'lɛ^ja]
parque (m)	**парк** (ч)	[park]
bulevar (m)	**бульвар** (ч)	[bul^j'war]
praça (f)	**площа** (ж)	['plɔɕa]
avenida (f)	**проспект** (ч)	[pros'pɛkt]
rua (f)	**вулиця** (ж)	['wulits^ja]
travessa (f)	**провулок** (ч)	[pro'wulok]
beco (m) sem saída	**глухий кут** (ч)	[ɦlu'hij kut]
casa (f)	**будинок** (ч)	[bu'dinok]
edifício, prédio (m)	**споруда** (ж)	[spo'ruda]
arranha-céu (m)	**хмарочос** (ч)	[hmaro'tʃɔs]
fachada (f)	**фасад** (ч)	[fa'sad]
telhado (m)	**дах** (ч)	[dah]

janela (f)	**вікно** (с)	[wik'nɔ]
arco (m)	**арка** (ж)	['arka]
coluna (f)	**колона** (ж)	[ko'lɔna]
esquina (f)	**ріг** (ч)	[riɦ]
vitrine (f)	**вітрина** (ж)	[wi'trɨna]
letreiro (m)	**вивіска** (ж)	['wɨwiska]
cartaz (do filme, etc.)	**афіша** (ж)	[a'fiʃa]
cartaz (m) publicitário	**рекламний плакат** (ч)	[rɛk'lamnɨj pla'kat]
painel (m) publicitário	**рекламний щит** (ч)	[rɛk'lamnɨj ɕɨt]
lixo (m)	**сміття** (с)	[smit'tʲa]
lata (f) de lixo	**урна** (ж)	['urna]
jogar lixo na rua	**смітити**	[smi'tɨtɨ]
aterro (m) sanitário	**смітник** (ч)	[smit'nɨk]
orelhão (m)	**телефонна будка** (ж)	[tɛlɛ'fɔna 'budka]
poste (m) de luz	**ліхтарний стовп** (ч)	[lih'tarnɨj stowp]
banco (m)	**лавка** (ж)	['lawka]
polícia (m)	**поліцейський** (ч)	[poli'ʦɛjsʲkɨj]
polícia (instituição)	**поліція** (ж)	[po'liʦiʲa]
mendigo, pedinte (m)	**жебрак** (ч)	[ʒɛb'rak]
desabrigado (m)	**безпритульний** (ч)	[bɛzprɨ'tulʲnɨj]

79. Instituições urbanas

loja (f)	**магазин** (ч)	[maɦa'zɨn]
drogaria (f)	**аптека** (ж)	[ap'tɛka]
ótica (f)	**оптика** (ж)	['ɔptɨka]
centro (m) comercial	**торгівельний центр** (ч)	[torɦi'wɛlʲnɨj 'ʦɛntr]
supermercado (m)	**супермаркет** (ч)	[supɛr'markɛt]
padaria (f)	**пекарня** (ж)	[pɛ'karnʲa]
padeiro (m)	**пекар** (ч)	['pɛkar]
pastelaria (f)	**кондитерська** (ж)	[kon'dɨtɛrsʲka]
mercearia (f)	**бакалія** (ж)	[baka'liʲa]
açougue (m)	**м'ясний магазин** (ч)	[mʔʲas'nɨj maɦa'zɨn]
fruteira (f)	**овочевий магазин** (ч)	[owo'ʧɛwɨj maɦa'zɨn]
mercado (m)	**ринок** (ч)	['rɨnok]
cafeteria (f)	**кав'ярня** (ж)	[ka'wʔʲarnʲa]
restaurante (m)	**ресторан** (ч)	[rɛsto'ran]
bar (m)	**пивна** (ж)	[pɨw'na]
pizzaria (f)	**піцерія** (ж)	[piʦɛ'riʲa]
salão (m) de cabeleireiro	**перукарня** (ж)	[pɛru'karnʲa]
agência (f) dos correios	**пошта** (ж)	['pɔʃta]
lavanderia (f)	**хімчистка** (ж)	[him'ʧɨstka]
estúdio (m) fotográfico	**фотоательє** (с)	[fotoatɛ'ljɛ]
sapataria (f)	**взуттєвий магазин** (ч)	[wzut'tɛwɨj maɦa'zɨn]
livraria (f)	**книгарня** (ж)	[knɨ'ɦarnʲa]

loja (f) de artigos esportivos	спортивний магазин (ч)	[spor'tiwnij maɦa'zin]
costureira (m)	ремонт (ч) одягу	[rɛ'mɔnt 'ɔdʲaɦu]
aluguel (m) de roupa	прокат (ч) одягу	[pro'kat 'ɔdʲaɦu]
videolocadora (f)	прокат (ч) фільмів	[pro'kat 'filʲmiw]

circo (m)	цирк (ч)	[tsirk]
jardim (m) zoológico	зоопарк (ч)	[zoo'park]
cinema (m)	кінотеатр (ч)	[kinotɛ'atr]
museu (m)	музей (ч)	[mu'zɛj]
biblioteca (f)	бібліотека (ж)	[biblio'tɛka]

teatro (m)	театр (ч)	[tɛ'atr]
ópera (f)	опера (ж)	['ɔpɛra]
boate (casa noturna)	нічний клуб (ч)	[nitʃ'nij klub]
cassino (m)	казино (с)	[kazi'nɔ]

mesquita (f)	мечеть (ж)	[mɛ'tʃɛtʲ]
sinagoga (f)	синагога (ж)	[sina'ɦoɦa]
catedral (f)	собор (ч)	[so'bɔr]
templo (m)	храм (ч)	[hram]
igreja (f)	церква (ж)	['tsɛrkwa]

faculdade (f)	інститут (ч)	[insti'tut]
universidade (f)	університет (ч)	[uniwɛrsi'tɛt]
escola (f)	школа (ж)	['ʃkɔla]

prefeitura (f)	префектура (ж)	[prɛfɛk'tura]
câmara (f) municipal	мерія (ж)	['mɛriʲa]
hotel (m)	готель (ч)	[ɦo'tɛlʲ]
banco (m)	банк (ч)	[bank]

embaixada (f)	посольство (с)	[po'sɔlʲstwo]
agência (f) de viagens	турагентство (с)	[tura'ɦɛntstwo]
agência (f) de informações	довідкове бюро (с)	[dowid'kɔwɛ bʲu'rɔ]
casa (f) de câmbio	обмінний пункт (ч)	[ob'minij punkt]

| metrô (m) | метро (с) | [mɛt'rɔ] |
| hospital (m) | лікарня (ж) | [li'karnʲa] |

| posto (m) de gasolina | автозаправка (ж) | [awtoza'prawka] |
| parque (m) de estacionamento | автостоянка (ж) | [awtostoʲanka] |

80. Sinais

letreiro (m)	вивіска (ж)	['wiwiska]
aviso (m)	напис (ч)	['napis]
cartaz, pôster (m)	плакат (ч)	[pla'kat]
placa (f) de direção	вказівник (ч)	[wkaziw'nik]
seta (f)	стрілка (ж)	['strilka]

aviso (advertência)	застереження (с)	[zastɛ'rɛʒɛnʲa]
sinal (m) de aviso	попередження (с)	[popɛ'rɛdʒɛnʲa]
avisar, advertir (vt)	попереджувати	[popɛ'rɛdʒuwati]
dia (m) de folga	вихідний день (ч)	[wihid'nij dɛnʲ]

horário (~ dos trens, etc.)	**розклад** (ч)	['rɔzklad]
horário (m)	**години** (мн) **роботи**	[ɦo'dɨnɨ ro'bɔtɨ]
BEM-VINDOS!	**ЛАСКАВО ПРОСИМО!**	[las'kawo 'prɔsɨmo]
ENTRADA	**ВХІД**	[whid]
SAÍDA	**ВИХІД**	['wɨhid]
EMPURRE	**ВІД СЕБЕ**	[wid 'sɛbɛ]
PUXE	**ДО СЕБЕ**	[do 'sɛbɛ]
ABERTO	**ВІДЧИНЕНО**	[wid'ʧɨnɛno]
FECHADO	**ЗАЧИНЕНО**	[za'ʧɨnɛno]
MULHER	**ДЛЯ ЖІНОК**	[dlʲa ʒi'nɔk]
HOMEM	**ДЛЯ ЧОЛОВІКІВ**	[dlʲa ʧolowi'kiw]
DESCONTOS	**ЗНИЖКИ**	['znɨʒkɨ]
SALDOS, PROMOÇÃO	**РОЗПРОДАЖ**	[rozp'rɔdaʒ]
NOVIDADE!	**НОВИНКА!**	[no'wɨnka]
GRÁTIS	**БЕЗКОШТОВНО**	[bɛzkoʃ'tɔwno]
ATENÇÃO!	**УВАГА!**	[u'waɦa]
NÃO HÁ VAGAS	**МІСЦЬ НЕМАЄ**	[mists nɛ'maɛ]
RESERVADO	**ЗАРЕЗЕРВОВАНО**	[zarɛzɛr'wɔwano]
ADMINISTRAÇÃO	**АДМІНІСТРАЦІЯ**	[admini'stratsiʲa]
SOMENTE PESSOAL AUTORIZADO	**ТІЛЬКИ ДЛЯ ПЕРСОНАЛУ**	['tilʲkɨ dlʲa pɛrso'nalu]
CUIDADO CÃO FEROZ	**ОБЕРЕЖНО! ЗЛИЙ ПЕС**	[obɛ'rɛʒno! zlɨj pɛs]
PROIBIDO FUMAR!	**ПАЛИТИ ЗАБОРОНЕНО**	[pa'lɨtɨ zabo'rɔnɛno]
NÃO TOCAR	**НЕ ТОРКАТИСЯ!**	[nɛ tor'katɨsʲa]
PERIGOSO	**НЕБЕЗПЕЧНО**	[nɛbɛz'pɛʧno]
PERIGO	**НЕБЕЗПЕКА**	[nɛbɛz'pɛka]
ALTA TENSÃO	**ВИСОКА НАПРУГА**	[wɨ'sɔka na'pruɦa]
PROIBIDO NADAR	**КУПАТИСЯ ЗАБОРОНЕНО**	[ku'patɨsʲa zabo'rɔnɛno]
COM DEFEITO	**НЕ ПРАЦЮЄ**	[nɛ pra'tsʲuɛ]
INFLAMÁVEL	**ВОГНЕНЕБЕЗПЕЧНО**	[woɦnɛnɛbɛz'pɛʧno]
PROIBIDO	**ЗАБОРОНЕНО**	[zabo'rɔnɛno]
ENTRADA PROIBIDA	**ПРОХІД ЗАБОРОНЕНО**	[pro'hid zabo'rɔnɛno]
CUIDADO TINTA FRESCA	**ПОФАРБОВАНО**	[pofar'bɔwano]

81. Transportes urbanos

ônibus (m)	**автобус** (ч)	[aw'tɔbus]
bonde (m) elétrico	**трамвай** (ч)	[tram'waj]
trólebus (m)	**тролейбус** (ч)	[tro'lɛjbus]
rota (f), itinerário (m)	**маршрут** (ч)	[marʃ'rut]
número (m)	**номер** (ч)	['nɔmɛr]
ir de … (carro, etc.)	**їхати на…**	['jɨhatɨ na]
entrar no …	**сісти**	['sistɨ]
descer do …	**вийти**	['wɨjtɨ]

parada (f)	**зупинка** (ж)	[zu'pɨnka]
próxima parada (f)	**наступна зупинка** (ж)	[na'stupna zu'pɨnka]
terminal (m)	**кінцева зупинка** (ж)	[kin'tsɛwa zu'pɨnka]
horário (m)	**розклад** (ч)	['rɔzklad]
esperar (vt)	**чекати**	[ʧɛ'katɨ]
passagem (f)	**квиток** (ч)	[kwɨ'tɔk]
tarifa (f)	**вартість** (ж) **квитка**	['wartistʲ kwɨt'ka]
bilheteiro (m)	**касир** (ч)	[ka'sɨr]
controle (m) de passagens	**контроль** (ч)	[kon'trɔlʲ]
revisor (m)	**контролер** (ч)	[kontro'lɛr]
atrasar-se (vr)	**запізнюватися**	[za'piznʲuwatɨsʲa]
perder (o autocarro, etc.)	**спізнитися**	[spiz'nɨtɨsʲa]
estar com pressa	**поспішати**	[pospi'ʃatɨ]
táxi (m)	**таксі** (с)	[tak'si]
taxista (m)	**таксист** (ч)	[tak'sɨst]
de táxi (ir ~)	**на таксі**	[na tak'si]
ponto (m) de táxis	**стоянка таксі**	[sto'ʲanka tak'si]
chamar um táxi	**викликати таксі**	['wɨklɨkatɨ tak'si]
pegar um táxi	**взяти таксі**	['wzʲatɨ tak'si]
tráfego (m)	**вуличний рух** (ч)	['wulɨʧnɨj ruh]
engarrafamento (m)	**затор** (ч)	[za'tɔr]
horas (f pl) de pico	**години** (мн) **пік**	[ɦo'dɨnɨ pik]
estacionar (vi)	**паркуватися**	[parku'watɨsʲa]
estacionar (vt)	**паркувати**	[parku'watɨ]
parque (m) de estacionamento	**стоянка** (ж)	[sto'ʲanka]
metrô (m)	**метро** (с)	[mɛt'rɔ]
estação (f)	**станція** (ж)	['stantsiʲa]
ir de metrô	**їхати в метро**	['jihatɨ w mɛt'rɔ]
trem (m)	**поїзд** (ч)	['pɔjizd]
estação (f) de trem	**вокзал** (ч)	[wok'zal]

82. Turismo

monumento (m)	**пам'ятник** (ч)	['pamʔʲatnɨk]
fortaleza (f)	**фортеця** (ж)	[for'tɛtsʲa]
palácio (m)	**палац** (ч)	[pa'lats]
castelo (m)	**замок** (ч)	['zamok]
torre (f)	**вежа** (ж)	['wɛʒa]
mausoléu (m)	**мавзолей** (ч)	[mawzo'lɛj]
arquitetura (f)	**архітектура** (ж)	[arhitɛk'tura]
medieval (adj)	**середньовічний**	[sɛrɛdnʲo'wiʧnɨj]
antigo (adj)	**старовинний**	[staro'wɨnɨj]
nacional (adj)	**національний**	[natsio'nalʲnɨj]
famoso, conhecido (adj)	**відомий**	[wi'dɔmɨj]
turista (m)	**турист** (ч)	[tu'rɨst]
guia (pessoa)	**гід** (ч)	[ɦid]

excursão (f)	**екскурсія** (ж)	[ɛks'kursʲa]
mostrar (vt)	**показувати**	[po'kazuwatɨ]
contar (vt)	**розповідати**	[rozpowi'datɨ]
encontrar (vt)	**знайти**	[znaj'tɨ]
perder-se (vr)	**загубитися**	[zaɦu'bɨtɨsʲa]
mapa (~ do metrô)	**схема** (ж)	['shɛma]
mapa (~ da cidade)	**план** (ч)	[plan]
lembrança (f), presente (m)	**сувенір** (ч)	[suwɛ'nir]
loja (f) de presentes	**магазин** (ч) **сувенірів**	[maɦa'zɨn suwɛ'niriw]
tirar fotos, fotografar	**фотографувати**	[fotoɦrafu'watɨ]
fotografar-se (vr)	**фотографуватися**	[fotoɦrafu'watɨsʲa]

83. Compras

comprar (vt)	**купляти**	[kup'lʲatɨ]
compra (f)	**покупка** (ж)	[po'kupka]
fazer compras	**робити покупки**	[ro'bɨtɨ po'kupkɨ]
compras (f pl)	**шопінг** (ч)	['ʃɔpinɦ]
estar aberta (loja)	**працювати**	[praʦʲu'watɨ]
estar fechada	**зачинитися**	[zaʧɨ'nɨtɨsʲa]
calçado (m)	**взуття** (с)	[wzut'tʲa]
roupa (f)	**одяг** (ч)	['ɔdʲaɦ]
cosméticos (m pl)	**косметика** (ж)	[kos'mɛtɨka]
alimentos (m pl)	**продукти** (мн)	[pro'duktɨ]
presente (m)	**подарунок** (ч)	[poda'runok]
vendedor (m)	**продавець** (ч)	[proda'wɛʦ]
vendedora (f)	**продавщиця** (ж)	[prodaw'ɕɨʦʲa]
caixa (f)	**каса** (ж)	['kasa]
espelho (m)	**дзеркало** (с)	['ʣɛrkalo]
balcão (m)	**прилавок** (ч)	[prɨ'lawok]
provador (m)	**примірочна** (ж)	[prɨ'miroʧna]
provar (vt)	**приміряти**	[prɨ'mirʲatɨ]
servir (roupa, caber)	**пасувати**	[pasu'watɨ]
gostar (apreciar)	**подобатися**	[po'dɔbatɨsʲa]
preço (m)	**ціна** (ж)	[ʦi'na]
etiqueta (f) de preço	**цінник** (ч)	['ʦinɨk]
custar (vt)	**коштувати**	['kɔʃtuwatɨ]
Quanto?	**Скільки?**	['skilʲkɨ]
desconto (m)	**знижка** (ж)	['znɨʒka]
não caro (adj)	**недорогий**	[nɛdoro'ɦɨj]
barato (adj)	**дешевий**	[dɛ'ʃɛwɨj]
caro (adj)	**дорогий**	[doro'ɦɨj]
É caro	**Це дорого.**	[ʦɛ 'dɔroɦo]
aluguel (m)	**прокат** (ч)	[pro'kat]
alugar (roupas, etc.)	**взяти напрокат**	['wzʲatɨ napro'kat]

crédito (m)	**кредит** (ч)	[krɛ'dɨt]
a crédito	**в кредит**	[w krɛ'dɨt]

84. Dinheiro

dinheiro (m)	**гроші** (мн)	['ɦrɔʃi]
câmbio (m)	**обмін** (ч)	['ɔbmin]
taxa (f) de câmbio	**курс** (ч)	[kurs]
caixa (m) eletrônico	**банкомат** (ч)	[banko'mat]
moeda (f)	**монета** (ж)	[mo'nɛta]
dólar (m)	**долар** (ч)	['dɔlar]
euro (m)	**євро** (с)	['ɛwro]
lira (f)	**італійська ліра** (ж)	[ita'lijsʲka 'lira]
marco (m)	**марка** (ж)	['marka]
franco (m)	**франк** (ч)	['frank]
libra (f) esterlina	**фунт** (ч)	['funt]
iene (m)	**єна** (ж)	['ɛna]
dívida (f)	**борг** (ч)	['bɔrɦ]
devedor (m)	**боржник** (ч)	[borʒ'nɨk]
emprestar (vt)	**позичити**	[po'zɨʧɨtɨ]
pedir emprestado	**взяти в борг**	['wzʲatɨ w borɦ]
banco (m)	**банк** (ч)	[bank]
conta (f)	**рахунок** (ч)	[ra'hunok]
depositar (vt)	**покласти**	[pok'lastɨ]
depositar na conta	**покласти на рахунок**	[pok'lastɨ na ra'hunok]
sacar (vt)	**зняти з рахунку**	['znʲatɨ z ra'hunku]
cartão (m) de crédito	**кредитна картка** (ж)	[krɛ'dɨtna 'kartka]
dinheiro (m) vivo	**готівка** (ж)	[ɦo'tiwka]
cheque (m)	**чек** (ч)	[ʧɛk]
passar um cheque	**виписати чек**	['wɨpɨsatɨ 'ʧɛk]
talão (m) de cheques	**чекова книжка** (ж)	['ʧɛkowa 'knɨʒka]
carteira (f)	**портмоне** (с)	[portmo'nɛ]
niqueleira (f)	**гаманець** (ч)	[ɦama'nɛʦ]
cofre (m)	**сейф** (ч)	[sɛjf]
herdeiro (m)	**спадкоємець** (ч)	[spadko'ɛmɛʦ]
herança (f)	**спадщина** (ж)	['spadɕɨna]
fortuna (riqueza)	**статок** (ч)	['statok]
arrendamento (m)	**оренда** (ж)	[o'rɛnda]
aluguel (pagar o ~)	**квартирна плата** (ж)	[kwar'tɨrna 'plata]
alugar (vt)	**зняти**	['znʲatɨ]
preço (m)	**ціна** (ж)	[ʦi'na]
custo (m)	**вартість** (ж)	['wartistʲ]
soma (f)	**сума** (ж)	['suma]
gastar (vt)	**витрачати**	[wɨtra'ʧatɨ]
gastos (m pl)	**витрати** (мн)	['wɨtratɨ]

economizar (vi)	**економити**	[ɛko'nɔmɨtɨ]
econômico (adj)	**економний**	[ɛko'nɔmnɨj]
pagar (vt)	**платити**	[pla'tɨtɨ]
pagamento (m)	**оплата** (ж)	[op'lata]
troco (m)	**решта** (ж)	['rɛʃta]
imposto (m)	**податок** (ч)	[po'datok]
multa (f)	**штраф** (ч)	[ʃtraf]
multar (vt)	**штрафувати**	[ʃtrafu'watɨ]

85. Correios. Serviço postal

agência (f) dos correios	**пошта** (ж)	['pɔʃta]
correio (m)	**пошта** (ж)	['pɔʃta]
carteiro (m)	**листоноша** (ч)	[lɨsto'nɔʃa]
horário (m)	**години** (мн) **роботи**	[ɦo'dɨnɨ ro'bɔtɨ]
carta (f)	**лист** (ч)	[lɨst]
carta (f) registada	**рекомендований лист** (ч)	[rɛkomɛn'dɔwanɨj list]
cartão (m) postal	**листівка** (ж)	[lɨs'tiwka]
telegrama (m)	**телеграма** (ж)	[tɛlɛ'ɦrama]
encomenda (f)	**посилка** (ж)	[po'sɨlka]
transferência (f) de dinheiro	**грошовий переказ** (ч)	[ɦroʃo'wɨj pɛ'rɛkaz]
receber (vt)	**отримати**	[ot'rɨmatɨ]
enviar (vt)	**відправити**	[wid'prawɨtɨ]
envio (m)	**відправлення** (с)	[wid'prawlɛnʲa]
endereço (m)	**адреса** (ж)	[ad'rɛsa]
código (m) postal	**індекс** (ч)	['indɛks]
remetente (m)	**відправник** (ч)	[wid'prawnɨk]
destinatário (m)	**одержувач** (ч)	[o'dɛrʒuwatʃ]
nome (m)	**ім'я** (с)	[i'mʔʲa]
sobrenome (m)	**прізвище** (с)	['prizwɨɕɛ]
tarifa (f)	**тариф** (ч)	[ta'rɨf]
ordinário (adj)	**звичайний**	[zwɨ'tʃajnɨj]
econômico (adj)	**економічний**	[ɛkono'mitʃnɨj]
peso (m)	**вага** (ж)	[wa'ɦa]
pesar (estabelecer o peso)	**зважувати**	['zwaʒuwatɨ]
envelope (m)	**конверт** (ч)	[kon'wɛrt]
selo (m) postal	**марка** (ж)	['marka]
colar o selo	**приклеювати марку**	[prɨk'lɛʲuwatɨ 'marku]

Moradia. Casa. Lar

86. Casa. Habitação

casa (f)	будинок (ч)	[buˈdinok]
em casa	вдома	[ˈwdɔma]
pátio (m), quintal (f)	двір (ч)	[dwir]
cerca, grade (f)	огорожа (ж)	[oɦoˈrɔʒa]
tijolo (m)	цегла (ж)	[ˈtsɛɦla]
de tijolos	цегляний	[tsɛɦlʲaˈnij]
pedra (f)	камінь (ч)	[ˈkaminʲ]
de pedra	кам'яний	[kamˀʲaˈnij]
concreto (m)	бетон (ч)	[bɛˈtɔn]
concreto (adj)	бетонний	[bɛˈtɔnij]
novo (adj)	новий	[noˈwij]
velho (adj)	старий	[staˈrij]
decrépito (adj)	обвітшалий	[obwitˈʃalij]
moderno (adj)	сучасний	[suˈʧasnij]
de vários andares	багатоповерховий	[baˈɦato powɛrˈhɔwij]
alto (adj)	високий	[wɨˈsɔkij]
andar (m)	поверх (ч)	[ˈpɔwɛrh]
de um andar	одноповерховий	[odnopowɛrˈhɔwɨj]
térreo (m)	нижній поверх (ч)	[ˈniʒnij ˈpɔwɛrh]
andar (m) de cima	верхній поверх (ч)	[ˈwɛrhnij ˈpɔwɛrh]
telhado (m)	дах (ч)	[dah]
chaminé (f)	труба (ж)	[truˈba]
telha (f)	черепиця (ж)	[ʧɛrɛˈpitsʲa]
de telha	черепичний	[ʧɛrɛˈpiʧnij]
sótão (m)	горище (с)	[ɦoˈriɕɛ]
janela (f)	вікно (с)	[wikˈnɔ]
vidro (m)	скло (с)	[ˈsklo]
parapeito (m)	підвіконня (с)	[pidwiˈkɔnʲa]
persianas (f pl)	віконниці (мн)	[wiˈkɔnitsi]
parede (f)	стіна (ж)	[stiˈna]
varanda (f)	балкон (ч)	[balˈkɔn]
calha (f)	ринва (ж)	[ˈrinwa]
em cima	нагорі	[naɦoˈri]
subir (vi)	підніматися	[pidniˈmatisʲa]
descer (vi)	спускатися	[spusˈkatisʲa]
mudar-se (vr)	переїздити	[pɛrɛjizˈditi]

87. Casa. Entrada. Elevador

entrada (f)	**під'їзд** (ч)	[pid''jizd]
escada (f)	**сходи** (мн)	['shɔdɨ]
degraus (m pl)	**сходинки** (мн)	['shɔdɨnkɨ]
corrimão (m)	**поруччя** (мн)	[po'rutʃʲa]
hall (m) de entrada	**хол** (ч)	[hol]
caixa (f) de correio	**поштова скринька** (ж)	[poʃ'tɔwa sk'rɨnʲka]
lata (f) do lixo	**бак** (ч) **для сміття**	[bak dlʲa smit'tʲa]
calha (f) de lixo	**сміттєпровід** (ч)	[smittɛ'prɔwid]
elevador (m)	**ліфт** (ч)	[lift]
elevador (m) de carga	**вантажний ліфт** (ч)	[wan'taʒnɨj lift]
cabine (f)	**кабіна** (ж)	[ka'bina]
pegar o elevador	**їхати в ліфті**	['jɨhatɨ w 'lifti]
apartamento (m)	**квартира** (ж)	[kwar'tɨra]
residentes (pl)	**мешканці** (мн)	['mɛʃkantsi]
vizinho (m)	**сусід** (ч)	[su'sid]
vizinha (f)	**сусідка** (ж)	[su'sidka]
vizinhos (pl)	**сусіди** (мн)	[su'sidɨ]

88. Casa. Eletricidade

eletricidade (f)	**електрика** (ж)	[ɛ'lɛktrɨka]
lâmpada (f)	**лампочка** (ж)	['lampotʃka]
interruptor (m)	**вимикач** (ч)	[wɨmɨ'katʃ]
fusível, disjuntor (m)	**пробка** (ж)	['prɔbka]
fio, cabo (m)	**провід** (ч)	['prɔwid]
instalação (f) elétrica	**проводка** (ж)	[pro'wɔdka]
medidor (m) de eletricidade	**лічильник** (ч)	[li'tʃilʲnɨk]
indicação (f), registro (m)	**показання** (с)	[poka'zanʲa]

89. Casa. Portas. Fechaduras

porta (f)	**двері** (мн)	['dwɛri]
portão (m)	**брама** (ж)	['brama]
maçaneta (f)	**ручка** (ж)	['rutʃka]
destrancar (vt)	**відкрити**	[wid'krɨtɨ]
abrir (vt)	**відкривати**	[widkrɨ'watɨ]
fechar (vt)	**закривати**	[zakrɨ'watɨ]
chave (f)	**ключ** (ч)	[klʲutʃ]
molho (m)	**в'язка** (ж)	['wʔʲazka]
ranger (vi)	**скрипіти**	[skrɨ'pitɨ]
rangido (m)	**скрипіння** (с)	[skrɨ'pinʲa]
dobradiça (f)	**петля** (ж)	[pɛt'lʲa]
capacho (m)	**килимок** (ч)	[kɨlɨ'mɔk]
fechadura (f)	**замок** (ч)	[za'mɔk]

buraco (m) da fechadura	**замкова щілина** (ж)	[zam'kɔwa ɕi'lɨna]
barra (f)	**засув** (ч)	['zasuw]
fecho (ferrolho pequeno)	**засувка** (ж)	['zasuwka]
cadeado (m)	**навісний замок** (ч)	[nawis'nɨj za'mɔk]
tocar (vt)	**дзвонити**	[ʣwo'nɨtɨ]
toque (m)	**дзвінок** (ч)	[ʣwi'nɔk]
campainha (f)	**дзвінок** (ч)	[ʣwi'nɔk]
botão (m)	**кнопка** (ж)	['knɔpka]
batida (f)	**стукіт** (ч)	['stukit]
bater (vi)	**стукати**	['stukatɨ]
código (m)	**код** (ч)	[kod]
fechadura (f) de código	**кодовий замок** (ч)	['kɔdowɨj za'mɔk]
interfone (m)	**домофон** (ч)	[domo'fɔn]
número (m)	**номер** (ч)	['nɔmɛr]
placa (f) de porta	**табличка** (ж)	[tab'lɨʧka]
olho (m) mágico	**вічко** (с)	['wiʧko]

90. Casa de campo

aldeia (f)	**село** (с)	[sɛ'lɔ]
horta (f)	**город** (ч)	[ɦo'rɔd]
cerca (f)	**паркан** (ч)	[par'kan]
cerca (f) de piquete	**тин** (ч)	[tɨn]
portão (f) do jardim	**хвіртка** (ж)	['hwirtka]
celeiro (m)	**комора** (ж)	[ko'mɔra]
adega (f)	**льох** (ч)	[lʲoh]
galpão, barracão (m)	**сарай** (ч)	[sa'raj]
poço (m)	**криниця** (ж)	[krɨ'nɨtsʲa]
fogão (m)	**піч** (ж)	[piʧ]
atiçar o fogo	**розпалювати піч**	[roz'palʲuwatɨ piʧ]
lenha (carvão ou ~)	**дрова** (мн)	['drɔwa]
acha, lenha (f)	**поліно** (с)	[po'lino]
varanda (f)	**веранда** (ж)	[wɛ'randa]
alpendre (m)	**тераса** (ж)	[tɛ'rasa]
degraus (m pl) de entrada	**ґанок** (ч)	['ɦanok]
balanço (m)	**гойдалка** (ж)	['ɦɔjdalka]

91. Moradia. Mansão

casa (f) de campo	**будинок** (ч) **за містом**	[bu'dɨnok za 'mistom]
vila (f)	**вілла** (ж)	['willa]
ala (~ do edifício)	**крило** (с)	[krɨ'lɔ]
jardim (m)	**сад** (ч)	[sad]
parque (m)	**парк** (ч)	[park]
estufa (f)	**оранжерея** (ж)	[oranʒɛ'rɛʲa]
cuidar de ...	**доглядати**	[doɦlʲa'datɨ]

piscina (f)	**басейн** (ч)	[ba'sɛjn]
academia (f) de ginástica	**спортивний зал** (ч)	[spor'tɨwnɨj 'zal]
quadra (f) de tênis	**тенісний корт** (ч)	['tɛnisnɨj 'kɔrt]
cinema (m)	**кінотеатр** (ч)	[kinotɛ'atr]
garagem (f)	**гараж** (ч)	[ɦa'raʒ]
propriedade (f) privada	**приватна власність** (ж)	[prɨ'watna 'wlasnistʲ]
terreno (m) privado	**приватні володіння** (мн)	[prɨ'watni wolo'dinʲa]
advertência (f)	**попередження** (с)	[popɛ'rɛʤɛnʲa]
sinal (m) de aviso	**попереджувальний напис** (ч)	[popɛ'rɛʤuwalʲnɨj 'napɨs]
guarda (f)	**охорона** (ж)	[oho'rɔna]
guarda (m)	**охоронник** (ч)	[oho'rɔnɨk]
alarme (m)	**сигналізація** (ж)	[sɨɦnali'zaʦiʲa]

92. Castelo. Palácio

castelo (m)	**замок** (ч)	['zamok]
palácio (m)	**палац** (ч)	[pa'laʦ]
fortaleza (f)	**фортеця** (ж)	[for'tɛʦʲa]
muralha (f)	**стіна** (ж)	[sti'na]
torre (f)	**вежа** (ж)	['wɛʒa]
calabouço (m)	**головна вежа** (ж)	[ɦolow'na 'wɛʒa]
grade (f) levadiça	**підйомна брама** (ж)	[pid'jɔmna 'brama]
passagem (f) subterrânea	**підземний хід** (ч)	[pi'ʣɛmnɨj hid]
fosso (m)	**рів** (ч)	[riw]
corrente, cadeia (f)	**ланцюг** (ч)	[lan'ʦʲuɦ]
seteira (f)	**бійниця** (ж)	[bij'nɨʦʲa]
magnífico (adj)	**пишний**	['pɨʃnɨj]
majestoso (adj)	**величний**	[wɛ'liʧnɨj]
inexpugnável (adj)	**неприступний**	[nɛprɨ'stupnɨj]
medieval (adj)	**середньовічний**	[sɛrɛdnʲo'wiʧnɨj]

93. Apartamento

apartamento (m)	**квартира** (ж)	[kwar'tɨra]
quarto, cômodo (m)	**кімната** (ж)	[kim'nata]
quarto (m) de dormir	**спальня** (ж)	['spalʲnʲa]
sala (f) de jantar	**їдальня** (ж)	['jɨdalʲnʲa]
sala (f) de estar	**вітальня** (ж)	[wi'talʲnʲa]
escritório (m)	**кабінет** (ч)	[kabi'nɛt]
sala (f) de entrada	**передпокій** (ч)	[pɛrɛd'pɔkij]
banheiro (m)	**ванна кімната** (ж)	['wana kim'nata]
lavabo (m)	**туалет** (ч)	[tua'lɛt]
teto (m)	**стеля** (ж)	['stɛlʲa]
chão, piso (m)	**підлога** (ж)	[pid'lɔɦa]
canto (m)	**куток** (ч)	[ku'tɔk]

94. Apartamento. Limpeza

arrumar, limpar (vt)	**прибирати**	[pribɨ'ratɨ]
guardar (no armário, etc.)	**прибирати**	[pribɨ'ratɨ]
pó (m)	**пил** (ч)	[pɨl]
empoeirado (adj)	**курний**	[kur'nɨj]
tirar o pó	**витирати пил**	[wɨtɨ'ratɨ pɨl]
aspirador (m)	**пилосос** (ч)	[pɨlo'sɔs]
aspirar (vt)	**пилососити**	[pɨlo'sɔsɨtɨ]
varrer (vt)	**підмітати**	[pidmi'tatɨ]
sujeira (f)	**сміття** (с)	[smit'tʲa]
arrumação, ordem (f)	**лад** (ч)	[lad]
desordem (f)	**безлад** (ч)	['bɛzlad]
esfregão (m)	**швабра** (ж)	['ʃwabra]
pano (m), trapo (m)	**ганчірка** (ж)	[ɦan'ʧirka]
vassoura (f)	**віник** (ч)	['winɨk]
pá (f) de lixo	**совок** (ч) **для сміття**	[so'wɔk dlʲa smit'tʲa]

95. Mobiliário. Interior

mobiliário (m)	**меблі** (мн)	['mɛbli]
mesa (f)	**стіл** (ч)	[stil]
cadeira (f)	**стілець** (ч)	[sti'lɛʦ]
cama (f)	**ліжко** (с)	['liʒko]
sofá, divã (m)	**диван** (ч)	[dɨ'wan]
poltrona (f)	**крісло** (с)	['krislo]
estante (f)	**шафа** (ж)	['ʃafa]
prateleira (f)	**полиця** (ж)	[po'lɨʦʲa]
guarda-roupas (m)	**шафа** (ж)	['ʃafa]
cabide (m) de parede	**вішалка** (ж)	['wiʃalka]
cabideiro (m) de pé	**вішак** (ч)	[wi'ʃak]
cômoda (f)	**комод** (ч)	[ko'mɔd]
mesinha (f) de centro	**журнальний столик** (ч)	[ʒur'nalʲnɨj 'stɔlɨk]
espelho (m)	**дзеркало** (с)	['ʣɛrkalo]
tapete (m)	**килим** (ч)	['kɨlɨm]
tapete (m) pequeno	**килимок** (ч)	[kɨlɨ'mɔk]
lareira (f)	**камін** (ч)	[ka'min]
vela (f)	**свічка** (ж)	['swiʧka]
castiçal (m)	**свічник** (ч)	[swiʧ'nɨk]
cortinas (f pl)	**штори** (мн)	['ʃtorɨ]
papel (m) de parede	**шпалери** (мн)	[ʃpa'lɛrɨ]
persianas (f pl)	**жалюзі** (мн)	['ʒalʲuzi]
luminária (f) de mesa	**настільна лампа** (ж)	[na'stilʲna 'lampa]
luminária (f) de parede	**світильник** (ч)	[swi'tilʲnɨk]

abajur (m) de pé	**торшер** (ч)	[tor'ʃɛr]
lustre (m)	**люстра** (ж)	['lʲustra]
pé (de mesa, etc.)	**ніжка** (ж)	['niʒka]
braço, descanso (m)	**підлокітник** (ч)	[pidlo'kitnɨk]
costas (f pl)	**спинка** (ж)	['spɨnka]
gaveta (f)	**шухляда** (ж)	[ʃuh'lʲada]

96. Quarto de dormir

roupa (f) de cama	**білизна** (ж)	[bi'lɨzna]
travesseiro (m)	**подушка** (ж)	[po'duʃka]
fronha (f)	**наволочка** (ж)	['nawolotʃka]
cobertor (m)	**ковдра** (ж)	['kɔwdra]
lençol (m)	**простирадло** (с)	[prostɨ'radlo]
colcha (f)	**покривало** (с)	[pokrɨ'walo]

97. Cozinha

cozinha (f)	**кухня** (ж)	['kuhnʲa]
gás (m)	**газ** (ч)	[ɦaz]
fogão (m) a gás	**плита** (ж) **газова**	[plɨ'ta 'ɦazowa]
fogão (m) elétrico	**плита** (ж) **електрична**	[plɨ'ta ɛlɛkt'rɨtʃna]
forno (m)	**духовка** (ж)	[du'hɔwka]
forno (m) de micro-ondas	**мікрохвильова піч** (ж)	[mikrohwɨlʲo'wa pitʃ]
geladeira (f)	**холодильник** (ч)	[holo'dɨlʲnɨk]
congelador (m)	**морозильник** (ч)	[moro'zɨlʲnɨk]
máquina (f) de lavar louça	**посудомийна машина** (ж)	[posudo'mɨjna ma'ʃɨna]
moedor (m) de carne	**м'ясорубка** (ж)	[mʔʲaso'rubka]
espremedor (m)	**соковижималка** (ж)	[sokowɨʒɨ'malka]
torradeira (f)	**тостер** (ч)	['tɔstɛr]
batedeira (f)	**міксер** (ч)	['miksɛr]
máquina (f) de café	**кавоварка** (ж)	[kawo'warka]
cafeteira (f)	**кавник** (ч)	[kaw'nɨk]
moedor (m) de café	**кавомолка** (ж)	[kawo'mɔlka]
chaleira (f)	**чайник** (ч)	['tʃajnɨk]
bule (m)	**заварник** (ч)	[za'warnɨk]
tampa (f)	**кришка** (ж)	['krɨʃka]
coador (m) de chá	**ситечко** (с)	['sɨtɛtʃko]
colher (f)	**ложка** (ж)	['lɔʒka]
colher (f) de chá	**чайна ложка** (ж)	['tʃajna 'lɔʒka]
colher (f) de sopa	**столова ложка** (ж)	[sto'lɔwa 'lɔʒka]
garfo (m)	**виделка** (ж)	[wɨ'dɛlka]
faca (f)	**ніж** (ч)	[niʒ]
louça (f)	**посуд** (ч)	['pɔsud]
prato (m)	**тарілка** (ж)	[ta'rilka]

pires (m)	**блюдце** (с)	['blʲudʦɛ]
cálice (m)	**чарка** (ж)	['ʧarka]
copo (m)	**склянка** (ж)	['sklʲanka]
xícara (f)	**чашка** (ж)	['ʧaʃka]
açucareiro (m)	**цукорниця** (ж)	['ʦukornɨʦʲa]
saleiro (m)	**сільничка** (ж)	[silʲ'nɨʧka]
pimenteiro (m)	**перечниця** (ж)	['pɛrɛʧnɨʦʲa]
manteigueira (f)	**маслянка** (ж)	['maslʲanka]
panela (f)	**каструля** (ж)	[kas'trulʲa]
frigideira (f)	**сковорідка** (ж)	[skowo'ridka]
concha (f)	**черпак** (ч)	[ʧɛr'pak]
coador (m)	**друшляк** (ч)	[druʃ'lʲak]
bandeja (f)	**піднос** (ч)	[pid'nɔs]
garrafa (f)	**пляшка** (ж)	['plʲaʃka]
pote (m) de vidro	**банка** (ж)	['banka]
lata (~ de cerveja)	**бляшанка** (ж)	[blʲa'ʃanka]
abridor (m) de garrafa	**відкривачка** (ж)	[widkrɨ'waʧka]
abridor (m) de latas	**відкривачка** (ж)	[widkrɨ'waʧka]
saca-rolhas (m)	**штопор** (ч)	['ʃtɔpor]
filtro (m)	**фільтр** (ч)	['filʲtr]
filtrar (vt)	**фільтрувати**	[filʲtru'watɨ]
lixo (m)	**сміття** (с)	[smit'tʲa]
lixeira (f)	**відро** (с) **для сміття**	[wid'ro dlʲa smit'tʲa]

98. Casa de banho

banheiro (m)	**ванна кімната** (ж)	['wana kim'nata]
água (f)	**вода** (ж)	[wo'da]
torneira (f)	**кран** (ч)	[kran]
água (f) quente	**гаряча вода** (ж)	[ɦa'rʲaʧa wo'da]
água (f) fria	**холодна вода** (ж)	[ho'lɔdna wo'da]
pasta (f) de dente	**зубна паста** (ж)	[zub'na 'pasta]
escovar os dentes	**чистити зуби**	['ʧistɨtɨ 'zubɨ]
escova (f) de dente	**зубна щітка** (ж)	[zub'na 'ɕitka]
barbear-se (vr)	**голитися**	[ɦo'litisʲa]
espuma (f) de barbear	**піна** (ж) **для гоління**	['pina dlʲa ɦo'linʲa]
gilete (f)	**бритва** (ж)	['brɨtwa]
lavar (vt)	**мити**	['mɨtɨ]
tomar banho	**митися**	['mɨtisʲa]
chuveiro (m), ducha (f)	**душ** (ч)	[duʃ]
tomar uma ducha	**приймати душ**	[prɨj'matɨ duʃ]
banheira (f)	**ванна** (ж)	['wana]
vaso (m) sanitário	**унітаз** (ч)	[uni'taz]
pia (f)	**раковина** (ж)	['rakowɨna]
sabonete (m)	**мило** (с)	['mɨlo]

saboneteira (f)	мильниця (ж)	['milʲnitsʲa]
esponja (f)	губка (ж)	['ɦubka]
xampu (m)	шампунь (ч)	[ʃamˈpunʲ]
toalha (f)	рушник (ч)	[ruʃˈnik]
roupão (m) de banho	халат (ч)	[haˈlat]
lavagem (f)	прання (с)	[praˈnʲa]
lavadora (f) de roupas	пральна машина (ж)	[ˈpralʲna maˈʃina]
lavar a roupa	прати білизну	[ˈprati biˈliznu]
detergente (m)	пральний порошок (ч)	[ˈpralʲnij poroˈʃɔk]

99. Eletrodomésticos

televisor (m)	телевізор (ч)	[tɛlɛˈwizor]
gravador (m)	магнітофон (ч)	[maɦnitoˈfɔn]
videogravador (m)	відеомагнітофон (ч)	[ˈwidɛo maɦnitoˈfɔn]
rádio (m)	приймач (ч)	[prijˈmatʃ]
leitor (m)	плеєр (ч)	[ˈplɛɛr]
projetor (m)	відеопроектор (ч)	[ˈwidɛo proˈɛktor]
cinema (m) em casa	домашній кінотеатр (ч)	[doˈmaʃnij kinotɛˈatr]
DVD Player (m)	програвач (ч) DVD	[proɦraˈwatʃ diwiˈdi]
amplificador (m)	підсилювач (ч)	[pidˈsilʲuwatʃ]
console (f) de jogos	гральна приставка (ж)	[ˈɦralʲna priˈstawka]
câmera (f) de vídeo	відеокамера (ж)	[ˈwidɛo ˈkamɛra]
máquina (f) fotográfica	фотоапарат (ч)	[fotoapaˈrat]
câmera (f) digital	цифровий фотоапарат (ч)	[tsifroˈwij fotoapaˈrat]
aspirador (m)	пилосос (ч)	[piloˈsɔs]
ferro (m) de passar	праска (ж)	[ˈpraska]
tábua (f) de passar	дошка (ж) для прасування	[ˈdɔʃka dlʲa prasuˈwanʲa]
telefone (m)	телефон (ч)	[tɛlɛˈfɔn]
celular (m)	мобільний телефон (ч)	[moˈbilʲnij tɛlɛˈfɔn]
máquina (f) de escrever	писемна машинка (ж)	[piˈsɛmna maˈʃinka]
máquina (f) de costura	швейна машинка (ж)	[ˈʃwɛjna maˈʃinka]
microfone (m)	мікрофон (ч)	[mikroˈfɔn]
fone (m) de ouvido	навушники (мн)	[naˈwuʃniki]
controle remoto (m)	пульт (ч)	[pulʲt]
CD (m)	CD-диск (ч)	[siˈdi disk]
fita (f) cassete	касета (ж)	[kaˈsɛta]
disco (m) de vinil	платівка (ж)	[plaˈtiwka]

100. Reparações. Renovação

renovação (f)	ремонт (ч)	[rɛˈmɔnt]
renovar (vt), fazer obras	робити ремонт	[roˈbiti rɛˈmɔnt]
reparar (vt)	ремонтувати	[rɛmontuˈwati]
consertar (vt)	привести до ладу	[priˈwɛsti do ˈladu]

refazer (vt)	**переробляти**	[pɛrɛrob'lʲatɨ]
tinta (f)	**фарба** (ж)	['farba]
pintar (vt)	**фарбувати**	[farbu'watɨ]
pintor (m)	**маляр** (ч)	['malʲar]
pincel (m)	**пензлик** (ч)	['pɛnzlɨk]
cal (f)	**побілка** (ж)	[po'bilka]
caiar (vt)	**білити**	[bi'lɨtɨ]
papel (m) de parede	**шпалери** (мн)	[ʃpa'lɛrɨ]
colocar papel de parede	**поклеїти шпалерами**	[pok'lɛjitɨ ʃpa'lɛramɨ]
verniz (m)	**лак** (ч)	[lak]
envernizar (vt)	**покривати лаком**	[pokrɨ'watɨ 'lakom]

101. Canalizações

água (f)	**вода** (ж)	[wo'da]
água (f) quente	**гаряча вода** (ж)	[ɦa'rʲatʃa wo'da]
água (f) fria	**холодна вода** (ж)	[ho'lɔdna wo'da]
torneira (f)	**кран** (ч)	[kran]
gota (f)	**крапля** (ж)	['kraplʲa]
gotejar (vi)	**крапати**	['krapatɨ]
vazar (vt)	**протікати**	[proti'katɨ]
vazamento (m)	**протікання** (с)	[proti'kanʲa]
poça (f)	**калюжа** (ж)	[ka'lʲuʒa]
tubo (m)	**труба** (ж)	[tru'ba]
válvula (f)	**вентиль** (ч)	['wɛntɨlʲ]
entupir-se (vr)	**засмітитись**	[zasmi'tɨtɨsʲ]
ferramentas (f pl)	**інструменти** (мн)	[instru'mɛntɨ]
chave (f) inglesa	**розвідний ключ** (ч)	[roz'widnɨj klʲutʃ]
desenroscar (vt)	**відкрутити**	[widkru'tɨtɨ]
enroscar (vt)	**закручувати**	[za'krutʃuwatɨ]
desentupir (vt)	**прочищати**	[protʃɨ'ɕatɨ]
encanador (m)	**сантехнік** (ч)	[san'tɛhnik]
porão (m)	**підвал** (ч)	[pid'wal]
rede (f) de esgotos	**каналізація** (ж)	[kanali'zatsiʲa]

102. Fogo. Deflagração

incêndio (m)	**пожежа** (ж)	[po'ʒɛʒa]
chama (f)	**полум'я** (с)	['pɔlumʔa]
faísca (f)	**іскра** (ж)	['iskra]
fumaça (f)	**дим** (ч)	[dɨm]
tocha (f)	**смолоскип** (ч)	[smolos'kɨp]
fogueira (f)	**багаття** (с)	[ba'ɦattʲa]
gasolina (f)	**бензин** (ч)	[bɛn'zɨn]
querosene (m)	**керосин** (ч)	[kɛro'sɨn]

inflamável (adj)	**горючий**	[ɦo'rʲutʃij]
explosivo (adj)	**вибухонебезпечний**	[wɨbuhonɛbɛz'pɛtʃnɨj]
PROIBIDO FUMAR!	**ПАЛИТИ ЗАБОРОНЕНО**	[pa'lɨtɨ zabo'rɔnɛno]
segurança (f)	**безпека** (ж)	[bɛz'pɛka]
perigo (m)	**небезпека** (ж)	[nɛbɛz'pɛka]
perigoso (adj)	**небезпечний**	[nɛbɛz'pɛtʃnɨj]
incendiar-se (vr)	**загорітися**	[zaɦo'ritɨsʲa]
explosão (f)	**вибух** (ч)	['wɨbuh]
incendiar (vt)	**підпалити**	[pidpa'lɨtɨ]
incendiário (m)	**підпалювач** (ч)	[pid'palʲuwatʃ]
incêndio (m) criminoso	**підпал** (ч)	['pidpal]
flamejar (vi)	**палати**	[pa'latɨ]
queimar (vi)	**горіти**	[ɦo'ritɨ]
queimar tudo (vi)	**згоріти**	[zɦo'ritɨ]
chamar os bombeiros	**викликати пожежників**	[wɨklɨ'katɨ po'ʒɛʒnɨkiw]
bombeiro (m)	**пожежник** (ч)	[po'ʒɛʒnɨk]
caminhão (m) de bombeiros	**пожежна машина** (ж)	[po'ʒɛʒna ma'ʃɨna]
corpo (m) de bombeiros	**пожежна команда** (ж)	[po'ʒɛʒna ko'manda]
escada (f) extensível	**висувна драбина** (ж)	[wɨsuw'na dra'bɨna]
mangueira (f)	**шланг** (ч)	[ʃlanɦ]
extintor (m)	**вогнегасник** (ч)	[woɦnɛ'ɦasnɨk]
capacete (m)	**каска** (ж)	['kaska]
sirene (f)	**сирена** (ж)	[sɨ'rɛna]
gritar (vi)	**кричати**	[krɨ'tʃatɨ]
chamar por socorro	**кликати на допомогу**	['klɨkatɨ na dopo'mɔɦu]
socorrista (m)	**рятувальник** (ч)	[rʲatu'walʲnɨk]
salvar, resgatar (vt)	**рятувати**	[rʲatu'watɨ]
chegar (vi)	**приїхати**	[prɨ'jɨhatɨ]
apagar (vt)	**тушити**	[tu'ʃɨtɨ]
água (f)	**вода** (ж)	[wo'da]
areia (f)	**пісок** (ч)	[pi'sɔk]
ruínas (f pl)	**руїни** (мн)	[ru'jɨnɨ]
ruir (vi)	**повалитися**	[powa'lɨtɨsʲa]
desmoronar (vi)	**обвалитися**	[obwalɨtɨsʲa]
desabar (vi)	**завалитися**	[zawa'lɨtɨsʲa]
fragmento (m)	**уламок** (ч)	[u'lamok]
cinza (f)	**попіл** (ч)	['pɔpil]
sufocar (vi)	**задихнутися**	[zadɨh'nutɨsʲa]
perecer (vi)	**загинути**	[za'ɦɨnutɨ]

ATIVIDADES HUMANAS

Emprego. Negócios. Parte 1

103. Escritório. O trabalho no escritório

escritório (~ de advogados)	**офіс** (ч)	['ɔfis]
escritório (do diretor, etc.)	**кабінет** (ч)	[kabi'nɛt]
recepção (f)	**ресепшн** (ч)	[rɛ'sɛpʃn]
secretário (m)	**секретар** (ч)	[sɛkrɛ'tar]
secretária (f)	**секретарка** (ж)	[sɛkrɛ'tarka]
diretor (m)	**директор** (ч)	[dɨ'rɛktor]
gerente (m)	**менеджер** (ч)	['mɛnɛdʒɛr]
contador (m)	**бухгалтер** (ч)	[buh'ɦaltɛr]
empregado (m)	**робітник** (ч)	[ro'bitnɨk]
mobiliário (m)	**меблі** (мн)	['mɛbli]
mesa (f)	**стіл** (ч)	[stil]
cadeira (f)	**крісло** (с)	['krislo]
gaveteiro (m)	**тумбочка** (ж)	['tumbotʃka]
cabideiro (m) de pé	**вішак** (ч)	[wi'ʃak]
computador (m)	**комп'ютер** (ч)	[kom'pʔʲutɛr]
impressora (f)	**принтер** (ч)	['prɨntɛr]
fax (m)	**факс** (ч)	[faks]
fotocopiadora (f)	**копіювальний апарат** (ч)	[kopiʲu'walʲnɨj apa'rat]
papel (m)	**папір** (ч)	[pa'pir]
artigos (m pl) de escritório	**канцелярське приладдя** (с)	[kantsɛ'lʲarsʲkɛ prɨ'laddʲa]
tapete (m) para mouse	**килимок** (ч) **для миші**	[kɨlɨ'mɔk dlʲa 'mɨʃi]
folha (f)	**аркуш** (ч)	['arkuʃ]
pasta (f)	**папка** (ж)	['papka]
catálogo (m)	**каталог** (ч)	[kata'lɔɦ]
lista (f) telefônica	**довідник** (ч)	[do'widnɨk]
documentação (f)	**документація** (ж)	[dokumɛn'tatsiʲa]
brochura (f)	**брошура** (ж)	[bro'ʃura]
panfleto (m)	**листівка** (ж)	[lɨs'tiwka]
amostra (f)	**зразок** (ч)	[zra'zɔk]
formação (f)	**тренінг** (ч)	['trɛninɦ]
reunião (f)	**нарада** (ж)	[na'rada]
hora (f) de almoço	**перерва** (ж) **на обід**	[pɛ'rɛrwa na o'bid]
fazer uma cópia	**робити копію**	[ro'bɨtɨ 'kɔpiʲu]
tirar cópias	**розмножити**	[rozm'nɔʒɨtɨ]
receber um fax	**отримувати факс**	[ot'rɨmuwatɨ faks]
enviar um fax	**відправити факс**	[wid'prawɨtɨ faks]

fazer uma chamada	**зателефонувати**	[zatɛlɛfonu'watɨ]
responder (vt)	**відповісти**	[widpo'wistɨ]
passar (vt)	**з'єднати**	[z'ɛd'natɨ]
marcar (vt)	**призначити**	[prɨz'natʃitɨ]
demonstrar (vt)	**демонструвати**	[dɛmonstru'watɨ]
estar ausente	**бути відсутнім**	['butɨ wid'sutnim]
ausência (f)	**пропуск** (ч)	['prɔpusk]

104. Processos negociais. Parte 1

negócio (m)	**справа** (ж), **бізнес** (ч)	['sprawa], ['biznɛs]
ocupação (f)	**справа** (ж)	['sprawa]
firma, empresa (f)	**фірма** (ж)	['firma]
companhia (f)	**компанія** (ж)	[kom'panʲa]
corporação (f)	**корпорація** (ж)	[korpo'ratsʲa]
empresa (f)	**підприємство** (с)	[pidprɨ'ɛmstwo]
agência (f)	**агентство** (с)	[a'ɦɛntstwo]
acordo (documento)	**договір** (ч)	['dɔɦowir]
contrato (m)	**контракт** (ч)	[kon'trakt]
acordo (transação)	**угода** (ж)	[u'ɦɔda]
pedido (m)	**замовлення** (с)	[za'mɔwlɛnʲa]
termos (m pl)	**умова** (ж)	[u'mɔwa]
por atacado	**оптом**	['ɔptom]
por atacado (adj)	**оптовий**	[op'tɔwɨj]
venda (f) por atacado	**оптова торгівля** (ж)	[op'tɔwa tor'ɦiwlʲa]
a varejo	**роздрібний**	[rozd'ribnɨj]
venda (f) a varejo	**продаж** (ч) **в роздріб**	['prɔdaʒ w 'rɔzdrib]
concorrente (m)	**конкурент** (ч)	[konku'rɛnt]
concorrência (f)	**конкуренція** (ж)	[konku'rɛntsʲa]
competir (vi)	**конкурувати**	[konkuru'watɨ]
sócio (m)	**партнер** (ч)	[part'nɛr]
parceria (f)	**партнерство** (с)	[part'nɛrstwo]
crise (f)	**криза** (ж)	['krɨza]
falência (f)	**банкрутство** (с)	[ban'krutstwo]
entrar em falência	**збанкрутувати**	[zbankrutu'watɨ]
dificuldade (f)	**складність** (ж)	['skladnistʲ]
problema (m)	**проблема** (ж)	[prob'lɛma]
catástrofe (f)	**катастрофа** (ж)	[kata'strɔfa]
economia (f)	**економіка** (ж)	[ɛko'nɔmika]
econômico (adj)	**економічний**	[ɛkono'mitʃnɨj]
recessão (f) econômica	**економічний спад** (ч)	[ɛkono'mitʃnɨj spad]
objetivo (m)	**мета** (ж)	[mɛ'ta]
tarefa (f)	**завдання** (с)	[zaw'danʲa]
comerciar (vi, vt)	**торгувати**	[torɦu'watɨ]
rede (de distribuição)	**мережа** (ж)	[mɛ'rɛʒa]

estoque (m)	**склад** (ч)	['sklad]
sortimento (m)	**асортимент** (ч)	[asortɨ'mɛnt]
líder (m)	**лідер** (ч)	['lidɛr]
grande (~ empresa)	**великий**	[wɛ'lɨkɨj]
monopólio (m)	**монополія** (ж)	[mono'pɔlʲa]
teoria (f)	**теорія** (ж)	[tɛ'ɔrʲa]
prática (f)	**практика** (ж)	['praktɨka]
experiência (f)	**досвід** (ч)	['dɔswid]
tendência (f)	**тенденція** (ж)	[tɛn'dɛntsʲa]
desenvolvimento (m)	**розвиток** (ч)	['rɔzwɨtok]

105. Processos negociais. Parte 2

rentabilidade (f)	**вигода** (ж)	['wɨɦoda]
rentável (adj)	**вигідний**	['wɨɦidnɨj]
delegação (f)	**делегація** (ж)	[dɛlɛ'ɦatsʲa]
salário, ordenado (m)	**заробітна платня** (ж)	[zaro'bitna plat'nʲa]
corrigir (~ um erro)	**виправляти**	[wɨpraw'lʲatɨ]
viagem (f) de negócios	**відрядження** (с)	[wid'rʲadʒɛnʲa]
comissão (f)	**комісія** (ж)	[ko'misʲa]
controlar (vt)	**контролювати**	[kontrolʲu'watɨ]
conferência (f)	**конференція** (ж)	[konfɛ'rɛntsʲa]
licença (f)	**ліцензія** (ж)	[li'tsɛnzʲa]
confiável (adj)	**надійний**	[na'dijnɨj]
empreendimento (m)	**починання** (с)	[potʃɨ'nanʲa]
norma (f)	**норма** (ж)	['nɔrma]
circunstância (f)	**обставина** (ж)	[ob'stawɨna]
dever (do empregado)	**обов'язок** (ч)	[o'bɔwʔʲazok]
empresa (f)	**організація** (ж)	[orɦani'zatsʲa]
organização (f)	**організація** (ж)	[orɦani'zatsʲa]
organizado (adj)	**організований**	[orɦani'zɔwanɨj]
anulação (f)	**скасування** (с)	[skasu'wanʲa]
anular, cancelar (vt)	**скасувати**	[skasu'watɨ]
relatório (m)	**звіт** (ч)	[zwit]
patente (f)	**патент** (ч)	[pa'tɛnt]
patentear (vt)	**патентувати**	[patɛntu'watɨ]
planejar (vt)	**планувати**	[planu'watɨ]
bônus (m)	**премія** (ж)	['prɛmʲa]
profissional (adj)	**професійний**	[profɛ'sijnɨj]
procedimento (m)	**процедура** (ж)	[protsɛ'dura]
examinar (~ a questão)	**розглянути**	[rozɦ'lʲanutɨ]
cálculo (m)	**розрахунок** (ч)	[rozra'hunok]
reputação (f)	**репутація** (ж)	[rɛpu'tatsʲa]
risco (m)	**ризик** (ч)	['rɨzɨk]
dirigir (~ uma empresa)	**керувати**	[kɛru'watɨ]

informação (f)	**відомості** (мн)	[wi'dɔmosti]
propriedade (f)	**власність** (ж)	['wlasnistʲ]
união (f)	**союз** (ч)	[so'ʲuz]
seguro (m) de vida	**страхування** (с) **життя**	[strahu'wanja ʒɨt'tʲa]
fazer um seguro	**страхувати**	[strahu'watɨ]
seguro (m)	**страхування** (с)	[strahu'wanʲa]
leilão (m)	**торги** (мн)	[tor'ɦɨ]
notificar (vt)	**повідомити**	[powi'dɔmɨtɨ]
gestão (f)	**управління** (с)	[upraw'linʲa]
serviço (indústria de ~s)	**послуга** (ж)	['pɔsluɦa]
fórum (m)	**форум** (ч)	['fɔrum]
funcionar (vi)	**функціонувати**	[funktsionu'watɨ]
estágio (m)	**етап** (ч)	[ɛ'tap]
jurídico, legal (adj)	**юридичний**	[ʲurɨ'dɨtʃnɨj]
advogado (m)	**юрист** (ч)	[ʲu'rɨst]

106. Produção. Trabalhos

usina (f)	**завод** (ч)	[za'wɔd]
fábrica (f)	**фабрика** (ж)	['fabrɨka]
oficina (f)	**цех** (ч)	[tsɛh]
local (m) de produção	**виробництво** (с)	[wɨrob'nɨtstwo]
indústria (f)	**промисловість** (ж)	[promɨs'lɔwistʲ]
industrial (adj)	**промисловий**	[promɨs'lɔwɨj]
indústria (f) pesada	**важка промисловість** (ж)	[waʒ'ka promɨs'lɔwistʲ]
indústria (f) ligeira	**легка промисловість** (ж)	[lɛɦ'ka promɨs'lɔwistʲ]
produção (f)	**продукція** (ж)	[pro'duktsiʲa]
produzir (vt)	**виробляти**	[wɨrob'lʲatɨ]
matérias-primas (f pl)	**сировина** (ж)	[sɨrowɨ'na]
chefe (m) de obras	**бригадир** (ч)	[brɨɦa'dɨr]
equipe (f)	**бригада** (ж)	[brɨ'ɦada]
operário (m)	**робітник** (ч)	[robit'nɨk]
dia (m) de trabalho	**робочий день** (ч)	[ro'bɔtʃɨj dɛnʲ]
intervalo (m)	**перерва** (ж)	[pɛ'rɛrwa]
reunião (f)	**збори** (мн)	['zbɔrɨ]
discutir (vt)	**обговорювати**	[obɦo'wɔrʲuwatɨ]
plano (m)	**план** (ч)	[plan]
cumprir o plano	**виконати план**	['wɨkonatɨ plan]
taxa (f) de produção	**норма** (ж) **виробництва**	['nɔrma wɨrob'nɨtstwa]
qualidade (f)	**якість** (ж)	['ʲakistʲ]
controle (m)	**контроль** (ч)	[kon'trɔlʲ]
controle (m) da qualidade	**контроль** (ч) **якості**	[kon'trɔlʲ 'jakosti]
segurança (f) no trabalho	**безпека** (ж) **праці**	[bɛz'pɛka 'pratsi]
disciplina (f)	**дисципліна** (ж)	[dɨstsɨp'lina]
infração (f)	**порушення** (с)	[po'ruʃɛnʲa]

violar (as regras)	**порушувати**	[po'ruʃuwatɨ]
greve (f)	**страйк** (ч)	['strajk]
grevista (m)	**страйкар** (ч)	[straj'kar]
estar em greve	**страйкувати**	[strajku'watɨ]
sindicato (m)	**профспілка** (ж)	[profs'pilka]
inventar (vt)	**винаходити**	[wɨna'hɔdɨtɨ]
invenção (f)	**винахід** (ч)	['wɨnahid]
pesquisa (f)	**дослідження** (с)	[do'slidʒɛnʲa]
melhorar (vt)	**покращувати**	[pok'raɕuwatɨ]
tecnologia (f)	**технологія** (ж)	[tɛhno'lɔɦiʲa]
desenho (m) técnico	**креслення** (с)	['krɛslɛnʲa]
carga (f)	**вантаж** (ч)	[wan'taʒ]
carregador (m)	**вантажник** (ч)	[wan'taʒnɨk]
carregar (o caminhão, etc.)	**вантажити**	[wan'taʒɨtɨ]
carregamento (m)	**завантаження** (с)	[zawan'taʒɛnʲa]
descarregar (vt)	**розвантажувати**	[rozwan'taʒuwatɨ]
descarga (f)	**розвантаження** (с)	[rozwan'taʒɛnʲa]
transporte (m)	**транспорт** (ч)	['transport]
companhia (f) de transporte	**транспортна компанія** (ж)	['transportna kom'paniʲa]
transportar (vt)	**транспортувати**	[transportu'watɨ]
vagão (m) de carga	**товарний вагон** (ч)	[to'warnɨj wa'ɦɔn]
tanque (m)	**цистерна** (ж)	[ʦɨs'tɛrna]
caminhão (m)	**вантажівка** (ж)	[wanta'ʒiwka]
máquina (f) operatriz	**станок** (ч)	[sta'nɔk]
mecanismo (m)	**механізм** (ч)	[mɛha'nizm]
resíduos (m pl) industriais	**відходи** (мн)	[wid'hɔdɨ]
embalagem (f)	**пакування** (с)	[paku'wanʲa]
embalar (vt)	**упакувати**	[upaku'watɨ]

107. Contrato. Acordo

contrato (m)	**контракт** (ч)	[kon'trakt]
acordo (m)	**угода** (ж)	[u'ɦɔda]
adendo, anexo (m)	**додаток** (ч)	[do'datok]
assinar o contrato	**укласти контракт**	[uk'lastɨ kon'trakt]
assinatura (f)	**підпис** (ч)	['pidpɨs]
assinar (vt)	**підписати**	[pidpɨ'satɨ]
carimbo (m)	**печатка** (ж)	[pɛ'ʧatka]
objeto (m) do contrato	**предмет** (ч) **договору**	[prɛd'mɛt 'dɔɦoworu]
cláusula (f)	**пункт** (ч)	[punkt]
partes (f pl)	**сторони** (мн)	['stɔronɨ]
domicílio (m) legal	**юридична адреса** (ж)	[ʲurɨ'dɨʧna ad'rɛsa]
violar o contrato	**порушити контракт**	[po'ruʃɨtɨ kont'rakt]
obrigação (f)	**зобов'язання** (с)	[zobo'wʔʲazanʲa]
responsabilidade (f)	**відповідальність** (ж)	[widpowi'dalʲnistʲ]

força (f) maior	**форс-мажор** (ч)	[fors ma'ʒɔr]
litígio (m), disputa (f)	**суперечка** (ж)	[supɛ'rɛʧka]
multas (f pl)	**штрафні санкції** (мн)	[ʃtraf'ni 'sanktsiji]

108. Importação & Exportação

importação (f)	**імпорт** (ч)	['import]
importador (m)	**імпортер** (ч)	[impor'tɛr]
importar (vt)	**імпортувати**	[importu'wati]
de importação	**імпортний**	['importnij]
exportação (f)	**експорт** (ч)	['ɛksport]
exportador (m)	**експортер** (ч)	[ɛkspor'tɛr]
exportar (vt)	**експортувати**	[ɛksportu'wati]
de exportação	**експортний**	['ɛksportnij]
mercadoria (f)	**товар** (ч)	[to'war]
lote (de mercadorias)	**партія** (ж)	['partiʲa]
peso (m)	**вага** (ж)	[wa'ɦa]
volume (m)	**об'єм** (ч)	[o'bʔɛm]
metro (m) cúbico	**кубічний метр** (ч)	[ku'biʧnij mɛtr]
produtor (m)	**виробник** (ч)	[wirob'nik]
companhia (f) de transporte	**транспортна компанія** (ж)	['transportna kom'paniʲa]
contêiner (m)	**контейнер** (ч)	[kon'tɛjnɛr]
fronteira (f)	**кордон** (ч)	[kor'dɔn]
alfândega (f)	**митниця** (ж)	['mitnitsʲa]
taxa (f) alfandegária	**митний збір** (ч)	['mitnij zbir]
funcionário (m) da alfândega	**митник** (ч)	['mitnik]
contrabando (atividade)	**контрабанда** (ж)	[kontra'banda]
contrabando (produtos)	**контрабанда** (ж)	[kontra'banda]

109. Finanças

ação (f)	**акція** (ж)	['aktsiʲa]
obrigação (f)	**облігація** (ж)	[obli'ɦatsiʲa]
nota (f) promissória	**вексель** (ч)	['wɛksɛlʲ]
bolsa (f) de valores	**біржа** (ж)	['birʒa]
cotação (m) das ações	**курс** (ч) **акцій**	[kurs 'aktsij]
tornar-se mais barato	**подешевшати**	[podɛ'ʃɛwʃati]
tornar-se mais caro	**подорожчати**	[podo'rɔʒʧati]
parte (f)	**частка** (ж), **пай** (ч)	['ʧastka], [paj]
participação (f) majoritária	**контрольний пакет** (ч)	[kon'trɔlʲnij pa'kɛt]
investimento (m)	**інвестиції** (мн)	[inwɛs'titsiji]
investir (vt)	**інвестувати**	[inwɛstu'wati]
porcentagem (f)	**відсоток** (ч)	[wid'sɔtok]
juros (m pl)	**відсотки** (мн)	[wid'sɔtki]

lucro (m)	**прибуток** (ч)	[pri'butok]
lucrativo (adj)	**прибутковий**	[pribut'kɔwij]
imposto (m)	**податок** (ч)	[po'datok]
divisa (f)	**валюта** (ж)	[wa'lʲuta]
nacional (adj)	**національний**	[natsio'nalʲnij]
câmbio (m)	**обмін** (ч)	['ɔbmin]
contador (m)	**бухгалтер** (ч)	[buh'ɦaltɛr]
contabilidade (f)	**бухгалтерія** (ж)	[buhɦal'tɛrʲa]
falência (f)	**банкрутство** (с)	[ban'krutstwo]
falência, quebra (f)	**крах** (ч)	[krah]
ruína (f)	**розорення** (с)	[ro'zɔrɛnʲa]
estar quebrado	**розоритися**	[rozo'ritisʲa]
inflação (f)	**інфляція** (ж)	[inf'lʲatsiʲa]
desvalorização (f)	**девальвація** (ж)	[dɛwalʲ'watsiʲa]
capital (m)	**капітал** (ч)	[kapi'tal]
rendimento (m)	**прибуток** (ч)	[pri'butok]
volume (m) de negócios	**обіг** (ч)	['ɔbiɦ]
recursos (m pl)	**ресурси** (мн)	[rɛ'sursi]
recursos (m pl) financeiros	**кошти** (мн)	['kɔʃti]
despesas (f pl) gerais	**накладні витрати** (мн)	[naklad'ni 'witrati]
reduzir (vt)	**скоротити**	[skoro'titi]

110. Marketing

marketing (m)	**маркетинг** (ч)	[mar'kɛtinɦ]
mercado (m)	**ринок** (ч)	['rinok]
segmento (m) do mercado	**сегмент** (ч) **ринку**	[sɛɦ'mɛnt 'rinku]
produto (m)	**продукт** (ч)	[pro'dukt]
mercadoria (f)	**товар** (ч)	[to'war]
marca (f)	**марка** (ж), **бренд** (ч)	['marka], ['brɛnd]
marca (f) registrada	**торгова марка** (ж)	[tor'ɦowa 'marka]
logotipo (m)	**фірмовий знак** (ч)	['firmowij 'znak]
logo (m)	**логотип** (ч)	[loɦo'tip]
demanda (f)	**попит** (ч)	['pɔpit]
oferta (f)	**пропозиція** (ж)	[propo'zitsiʲa]
necessidade (f)	**потреба** (ж)	[pot'rɛba]
consumidor (m)	**споживач** (ч)	[spoʒi'watʃ]
análise (f)	**аналіз** (ч)	[a'naliz]
analisar (vt)	**аналізувати**	[analizu'wati]
posicionamento (m)	**позиціонування** (с)	[pozitsionu'wanʲa]
posicionar (vt)	**позиціонувати**	[pozitsionu'wati]
preço (m)	**ціна** (ж)	[tsi'na]
política (f) de preços	**цінова політика** (ж)	[tsino'wa po'litika]
formação (f) de preços	**ціноутворення** (с)	[tsinout'wɔrɛnʲa]

111. Publicidade

publicidade (f)	реклама (ж)	[rɛk'lama]
fazer publicidade	рекламувати	[rɛklamu'watɨ]
orçamento (m)	бюджет (ч)	[bʲu'dʒɛt]

anúncio (m)	реклама (ж)	[rɛk'lama]
publicidade (f) na TV	телереклама (ж)	['tɛlɛ rɛk'lama]
publicidade (f) na rádio	реклама (ж) на радіо	[rɛk'lama na 'radio]
publicidade (f) exterior	зовнішня реклама (ж)	['zɔwniʃnʲa rɛklama]

comunicação (f) de massa	засоби масової інформації	['zasobɨ 'masowojɨ infor'matsijɨ]
periódico (m)	періодичне видання (с)	[pɛrio'ditʃnɛ wɨda'nʲa]
imagem (f)	імідж (ч)	['imidʒ]

slogan (m)	гасло (с)	['ɦaslo]
mote (m), lema (f)	девіз (ч)	[dɛ'wiz]

campanha (f)	кампанія (ж)	[kam'panʲia]
campanha (f) publicitária	рекламна кампанія (ж)	[rɛk'lamna kam'panʲia]
grupo (m) alvo	цільова аудиторія (ж)	[tsilʲo'wa audʲi'tɔrʲia]

cartão (m) de visita	візитка (ж)	[wi'zitka]
panfleto (m)	листівка (ж)	[lɨs'tiwka]
brochura (f)	брошура (ж)	[bro'ʃura]
folheto (m)	буклет (ч)	[buk'lɛt]
boletim (~ informativo)	бюлетень (ч)	[bʲulɛ'tɛnʲ]

letreiro (m)	вивіска (ж)	['wiwiska]
cartaz, pôster (m)	плакат (ч)	[pla'kat]
painel (m) publicitário	рекламний щит (ч)	[rɛk'lamnɨj ɕit]

112. Banca

banco (m)	банк (ч)	[bank]
balcão (f)	відділення (с)	[wid'dilɛnʲa]

consultor (m) bancário	консультант (ч)	[konsulʲ'tant]
gerente (m)	керівник (ч)	[kɛriw'nɨk]

conta (f)	рахунок (ч)	[ra'ɦunok]
número (m) da conta	номер (ч) рахунка	['nɔmɛr ra'ɦunka]
conta (f) corrente	поточний рахунок (ч)	[po'tɔtʃnɨj ra'ɦunok]
conta (f) poupança	накопичувальний рахунок (ч)	[nako'pɨtʃuwalʲnɨj ra'ɦunok]

abrir uma conta	відкрити рахунок	[wid'krɨtɨ ra'ɦunok]
fechar uma conta	закрити рахунок	[za'krɨtɨ ra'ɦunok]
depositar na conta	покласти на рахунок	[pok'lastɨ na ra'ɦunok]
sacar (vt)	зняти з рахунку	['znʲatɨ z ra'ɦunku]
depósito (m)	внесок (ч)	['wnɛsok]
fazer um depósito	зробити внесок	[zro'bɨtɨ 'wnɛsok]

transferência (f) bancária	переказ (ч)	[pɛ'rɛkaz]
transferir (vt)	зробити переказ	[zro'bitɨ pɛ'rɛkaz]
soma (f)	сума (ж)	['suma]
Quanto?	Скільки?	['skilʲkɨ]
assinatura (f)	підпис (ч)	['pidpɨs]
assinar (vt)	підписати	[pidpɨ'satɨ]
cartão (m) de crédito	кредитна картка (ж)	[krɛ'dɨtna 'kartka]
senha (f)	код (ч)	[kod]
número (m) do cartão de crédito	номер (ч) кредитної картки	['nɔmɛr krɛ'dɨtnoji 'kartkɨ]
caixa (m) eletrônico	банкомат (ч)	[banko'mat]
cheque (m)	чек (ч)	[tʃɛk]
passar um cheque	виписати чек	['wɨpɨsatɨ 'tʃɛk]
talão (m) de cheques	чекова книжка (ж)	['tʃɛkowa 'knɨʒka]
empréstimo (m)	кредит (ч)	[krɛ'dɨt]
pedir um empréstimo	звертатися за кредитом	[zwɛr'tatɨsʲa za krɛ'dɨtom]
obter empréstimo	брати кредит	['bratɨ krɛ'dɨt]
dar um empréstimo	надавати кредит	[nada'watɨ krɛ'dɨt]
garantia (f)	застава (ж)	[za'stawa]

113. Telefone. Conversação telefônica

telefone (m)	телефон (ч)	[tɛlɛ'fɔn]
celular (m)	мобільний телефон (ч)	[mo'bilʲnɨj tɛlɛ'fɔn]
secretária (f) eletrônica	автовідповідач (ч)	[awtowidpowi'datʃ]
fazer uma chamada	зателефонувати	[zatɛlɛfonu'watɨ]
chamada (f)	дзвінок (ч)	[dzwi'nɔk]
discar um número	набрати номер	[nab'ratɨ 'nɔmɛr]
Alô!	Алло!	[a'lɔ]
perguntar (vt)	запитати	[zapɨ'tatɨ]
responder (vt)	відповісти	[widpo'wistɨ]
ouvir (vt)	чути	['tʃutɨ]
bem	добре	['dɔbrɛ]
mal	погано	[po'ɦano]
ruído (m)	перешкоди (мн)	[pɛrɛʃ'kɔdɨ]
fone (m)	трубка (ж)	['trubka]
pegar o telefone	зняти трубку	['znʲatɨ 'trubku]
desligar (vi)	покласти трубку	[pok'lastɨ t'rubku]
ocupado (adj)	зайнятий	['zajnʲatɨj]
tocar (vi)	дзвонити	[dzwo'nɨtɨ]
lista (f) telefônica	телефонна книга (ж)	[tɛlɛ'fɔna 'knɨɦa]
local (adj)	місцевий	[mis'tsɛwɨj]
chamada (f) local	місцевий зв'язок (ч)	[mis'tsɛwɨj 'zwʲazok]

de longa distância	**міжміський**	[miʒmisʲ'kɨj]
chamada (f) de longa distância	**міжміський зв'язок** (ч)	[miʒmisʲ'kɨj 'zwʲazok]
internacional (adj)	**міжнародний**	[miʒna'rɔdnɨj]
chamada (f) internacional	**міжнародний зв'язок** (ч)	[miʒna'rɔdnɨj 'zwʲazok]

114. Telefone móvel

celular (m)	**мобільний телефон** (ч)	[mo'bilʲnɨj tɛlɛ'fɔn]
tela (f)	**дисплей** (ч)	[dɨs'plɛj]
botão (m)	**кнопка** (ж)	['knɔpka]
cartão SIM (m)	**SIM-карта** (ж)	[sim 'karta]
bateria (f)	**батарея** (ж)	[bata'rɛʲa]
descarregar-se (vr)	**розрядитися**	[rozrʲa'dɨtɨsʲa]
carregador (m)	**зарядний пристрій** (ч)	[za'rʲadnɨj 'prɨstrij]
menu (m)	**меню** (с)	[mɛ'nʲu]
configurações (f pl)	**настройки** (мн)	[na'strɔjki]
melodia (f)	**мелодія** (ж)	[mɛ'lɔdiʲa]
escolher (vt)	**вибрати**	['wɨbratɨ]
calculadora (f)	**калькулятор** (ч)	[kalʲku'lʲator]
correio (m) de voz	**автовідповідач** (ч)	[awtowidpowi'datʃ]
despertador (m)	**будильник** (ч)	[bu'dɨlʲnɨk]
contatos (m pl)	**телефонна книга** (ж)	[tɛlɛ'fɔna 'knɨɦa]
mensagem (f) de texto	**SMS-повідомлення** (с)	[ɛsɛ'mɛs powi'dɔmlɛnʲa]
assinante (m)	**абонент** (ч)	[abo'nɛnt]

115. Estacionário

caneta (f)	**авторучка** (ж)	[awto'rutʃka]
caneta (f) tinteiro	**ручка-перо** (с)	['rutʃka pɛ'rɔ]
lápis (m)	**олівець** (ч)	[oli'wɛts]
marcador (m) de texto	**маркер** (ч)	['markɛr]
caneta (f) hidrográfica	**фломастер** (ч)	[flo'mastɛr]
bloco (m) de notas	**блокнот** (ч)	[blok'nɔt]
agenda (f)	**щоденник** (ч)	[ɕo'dɛnɨk]
régua (f)	**лінійка** (ж)	[li'nijka]
calculadora (f)	**калькулятор** (ч)	[kalʲku'lʲator]
borracha (f)	**гумка** (ж)	['ɦumka]
alfinete (m)	**кнопка** (ж)	['knɔpka]
clipe (m)	**скріпка** (ж)	['skripka]
cola (f)	**клей** (ч)	[klɛj]
grampeador (m)	**степлер** (ч)	['stɛplɛr]
furador (m) de papel	**діркопробивач** (ч)	[dirkoprobɨ'watʃ]
apontador (m)	**стругачка** (ж)	[stru'ɦatʃka]

116. Vários tipos de documentos

relatório (m)	**звіт** (ч)	[zwit]
acordo (m)	**угода** (ж)	[u'ɦɔda]
ficha (f) de inscrição	**заявка** (ж)	[za'ʲawka]
autêntico (adj)	**оригінальний**	[orɨɦi'nalʲnɨj]
crachá (m)	**бейдж** (ч)	[bɛjʤ]
cartão (m) de visita	**візитка** (ж)	[wi'zɨtka]
certificado (m)	**сертифікат** (ч)	[sɛrtɨfi'kat]
cheque (m)	**чек** (ч)	[ʧɛk]
conta (f)	**рахунок** (ч)	[ra'hunok]
constituição (f)	**конституція** (ж)	[konstɨ'tuʦiʲa]
contrato (m)	**договір** (ч)	['dɔɦowir]
cópia (f)	**копія** (ж)	['kɔpiʲa]
exemplar (~ assinado)	**примірник** (ч)	[prɨ'mirnɨk]
declaração (f) alfandegária	**митна декларація** (ж)	['mɨtna dɛkla'raʦiʲa]
documento (m)	**документ** (ч)	[doku'mɛnt]
carteira (f) de motorista	**посвідчення** (с) **водія**	[pos'widʧɛnja wodi'ʲa]
adendo, anexo (m)	**додаток** (ч)	[do'datok]
questionário (m)	**анкета** (ж)	[an'kɛta]
carteira (f) de identidade	**посвідчення** (с)	[pos'widʧɛnʲa]
inquérito (m)	**запит** (ч)	['zapɨt]
convite (m)	**запрошення** (с)	[za'prɔʃɛnʲa]
fatura (f)	**рахунок** (ч)	[ra'hunok]
lei (f)	**закон** (ч)	[za'kɔn]
carta (correio)	**лист** (ч)	[lɨst]
papel (m) timbrado	**бланк** (ч)	[blank]
lista (f)	**список** (ч)	['spɨsok]
manuscrito (m)	**рукопис** (ч)	[ru'kɔpɨs]
boletim (~ informativo)	**бюлетень** (ч)	[bʲulɛ'tɛnʲ]
bilhete (mensagem breve)	**записка** (ж)	[za'pɨska]
passe (m)	**перепустка** (ж)	[pɛ'rɛpustka]
passaporte (m)	**паспорт** (ч)	['pasport]
permissão (f)	**дозвіл** (ч)	['dɔzwil]
currículo (m)	**резюме** (с)	[rɛzʲu'mɛ]
nota (f) promissória	**розписка** (ж)	[roz'pɨska]
recibo (m)	**квитанція** (ж)	[kwɨ'tanʦiʲa]
talão (f)	**чек** (ч)	[ʧɛk]
relatório (m)	**рапорт** (ч)	['raport]
mostrar (vt)	**пред'являти**	[prɛdʔaw'lʲatɨ]
assinar (vt)	**підписати**	[pidpɨ'satɨ]
assinatura (f)	**підпис** (ч)	['pidpɨs]
carimbo (m)	**печатка** (ж)	[pɛ'ʧatka]
texto (m)	**текст** (ч)	[tɛkst]
ingresso (m)	**квиток** (ч)	[kwɨ'tɔk]
riscar (vt)	**закреслити**	[za'krɛslɨtɨ]
preencher (vt)	**заповнити**	[za'pɔwnɨtɨ]

carta (f) de porte	**накладна** (ж)	[naklad'na]
testamento (m)	**заповіт** (ч)	[zapo'wit]

117. Tipos de negócios

serviços (m pl) de contabilidade	**бухгалтерські послуги** (мн)	[buh'ɦaltɛrsʲki 'pɔsluɦɨ]
publicidade (f)	**реклама** (ж)	[rɛk'lama]
agência (f) de publicidade	**рекламне агентство** (с)	[rɛk'lamnɛ a'ɦɛntstwo]
ar (m) condicionado	**кондиціонери** (мн)	[kondɨtsi'ɔnɛrɨ]
companhia (f) aérea	**авіакомпанія** (ж)	[awiakom'paniʲa]
bebidas (f pl) alcoólicas	**спиртні напої** (мн)	[spɨrt'ni na'pɔjɨ]
comércio (m) de antiguidades	**антикваріат** (ч)	[antɨkwari'at]
galeria (f) de arte	**арт-галерея** (ж)	[art ɦalɛ'rɛʲa]
serviços (m pl) de auditoria	**аудиторські послуги** (мн)	[au'dɨtorsʲki 'pɔsluɦɨ]
negócios (m pl) bancários	**банківський бізнес** (ч)	['bankiwsʲkɨj 'biznɛs]
bar (m)	**бар** (ч)	[bar]
salão (m) de beleza	**салон** (ч) **краси**	[sa'lɔn kra'sɨ]
livraria (f)	**книгарня** (ж)	[knɨ'ɦarnʲa]
cervejaria (f)	**броварня** (ж)	[bro'warnʲa]
centro (m) de escritórios	**бізнес-центр** (ч)	['biznɛs 'tsɛntr]
escola (f) de negócios	**бізнес-школа** (ж)	['biznɛs 'ʃkɔla]
cassino (m)	**казино** (с)	[kazɨ'nɔ]
construção (f)	**будівництво** (с)	[budiw'nɨtstwo]
consultoria (f)	**консалтинг** (ч)	[kon'saltɨnɦ]
clínica (f) dentária	**стоматологія** (ж)	[stomato'lɔɦiʲa]
design (m)	**дизайн** (ч)	[dɨ'zajn]
drogaria (f)	**аптека** (ж)	[ap'tɛka]
lavanderia (f)	**хімчистка** (ж)	[him'tʃɨstka]
agência (f) de emprego	**кадрове агентство** (с)	['kadrowɛ a'ɦɛntstwo]
serviços (m pl) financeiros	**фінансові послуги** (мн)	[fi'nansowi 'pɔsluɦɨ]
alimentos (m pl)	**продукти** (мн) **харчування**	[pro'duktɨ hartʃu'wanʲa]
funerária (f)	**похоронне бюро** (с)	[poho'rɔnɛ bʲuro]
mobiliário (m)	**меблі** (мн)	['mɛbli]
roupa (f)	**одяг** (ч)	['ɔdʲaɦ]
hotel (m)	**готель** (ч)	[ɦo'tɛlʲ]
sorvete (m)	**морозиво** (с)	[mo'rɔzɨwo]
indústria (f)	**промисловість** (ж)	[promɨs'lɔwistʲ]
seguro (~ de vida, etc.)	**страхування** (с)	[strahu'wanʲa]
internet (f)	**інтернет** (ч)	[intɛr'nɛt]
investimento (m)	**інвестиції** (мн)	[inwɛs'tɨtsijɨ]
joalheiro (m)	**ювелір** (ч)	[ʲuwɛ'lir]
joias (f pl)	**ювелірні вироби** (мн)	[ʲuwɛ'lirni 'wɨrobɨ]
lavanderia (f)	**пральня** (ж)	['pralʲnʲa]
assessorias (f pl) jurídicas	**юридичні послуги** (мн)	[ʲurɨ'dɨtʃni 'pɔsluɦɨ]
indústria (f) ligeira	**легка промисловість** (ж)	[lɛɦ'ka promɨs'lɔwistʲ]
revista (f)	**журнал** (ч)	[ʒur'nal]

vendas (f pl) por catálogo	**торгівля** (ж) **за каталогом**	[tor'ɦiwlʲa za kata'lɔɦom]
medicina (f)	**медицина** (ж)	[mɛdɨ'ʦɨna]
cinema (m)	**кінотеатр** (ч)	[kinotɛ'atr]
museu (m)	**музей** (ч)	[mu'zɛj]
agência (f) de notícias	**інформаційне агентство** (с)	[informa'ʦijnɛ a'ɦɛnʦtwo]
jornal (m)	**газета** (ж)	[ɦa'zɛta]
boate (casa noturna)	**нічний клуб** (ч)	[niʧ'nɨj klub]
petróleo (m)	**нафта** (ж)	['nafta]
serviços (m pl) de remessa	**кур'єрська служба** (ж)	[ku'rʔɛrsʲka 'sluʒba]
indústria (f) farmacêutica	**фармацевтика** (ж)	[farma'ʦɛwtɨka]
tipografia (f)	**поліграфія** (ж)	[poliɦra'fiʲa]
editora (f)	**видавництво** (с)	[wɨdaw'nɨʦtwo]
rádio (m)	**радіо** (с)	['radio]
imobiliário (m)	**нерухомість** (ж)	[nɛru'ɦɔmistʲ]
restaurante (m)	**ресторан** (ч)	[rɛsto'ran]
empresa (f) de segurança	**охоронне агентство** (с)	[oho'rɔnɛ a'ɦɛnʦtwo]
esporte (m)	**спорт** (ч)	[sport]
bolsa (f) de valores	**біржа** (ж)	['birʒa]
loja (f)	**магазин** (ч)	[maɦa'zɨn]
supermercado (m)	**супермаркет** (ч)	[supɛr'markɛt]
piscina (f)	**басейн** (ч)	[ba'sɛjn]
alfaiataria (f)	**ательє** (с)	[atɛ'ljɛ]
televisão (f)	**телебачення** (с)	[tɛlɛ'baʧɛnʲa]
teatro (m)	**театр** (ч)	[tɛ'atr]
comércio (m)	**торгівля** (ж)	[tor'ɦiwlʲa]
serviços (m pl) de transporte	**перевезення** (с)	[pɛrɛ'wɛzɛnʲa]
viagens (f pl)	**туризм** (ч)	[tu'rɨzm]
veterinário (m)	**ветеринар** (ч)	[wɛtɛrɨ'nar]
armazém (m)	**склад** (ч)	['sklad]
recolha (f) do lixo	**вивіз** (ч) **сміття**	['wɨwiz smit'tʲa]

Emprego. Negócios. Parte 2

118. Espetáculo. Feira

feira, exposição (f)	**виставка** (ж)	['wɨstawka]
feira (f) comercial	**торгівельна виставка** (ж)	[torɦi'wɛlʲna 'wɨstawka]
participação (f)	**участь** (ж)	['uʧastʲ]
participar (vi)	**брати участь**	['bratɨ 'uʧastʲ]
participante (m)	**учасник** (ч)	[u'ʧasnɨk]
diretor (m)	**директор** (ч)	[dɨ'rɛktor]
direção (f)	**дирекція** (ж)	[dɨ'rɛkʦiʲa]
organizador (m)	**організатор** (ч)	[orɦani'zator]
organizar (vt)	**організовувати**	[orɦani'zɔwuwatɨ]
ficha (f) de inscrição	**заявка** (ж) **на участь**	[za'ʲawka na 'uʧastʲ]
preencher (vt)	**заповнити**	[za'pɔwnɨtɨ]
detalhes (m pl)	**деталі** (мн)	[dɛ'tali]
informação (f)	**інформація** (ж)	[infor'maʦiʲa]
preço (m)	**ціна** (ж)	[ʦi'na]
incluindo	**включно**	['wklʲuʧno]
incluir (vt)	**включати**	[wklʲu'ʧatɨ]
pagar (vt)	**платити**	[pla'tɨtɨ]
taxa (f) de inscrição	**реєстраційний внесок** (ч)	[reɛstra'ʦijnɨj 'wnɛsok]
entrada (f)	**вхід** (ч)	[whid]
pavilhão (m), salão (f)	**павільйон** (ч)	[pawilʲ'jɔn]
inscrever (vt)	**реєструвати**	[reɛstru'watɨ]
crachá (m)	**бейдж** (ч)	[bɛjʤ]
stand (m)	**виставковий стенд** (ч)	[wɨstaw'kɔwɨj stɛnd]
reservar (vt)	**резервувати**	[rɛzɛrwu'watɨ]
vitrine (f)	**вітрина** (ж)	[wi'trɨna]
lâmpada (f)	**світильник** (ч)	[swi'tɨlʲnɨk]
design (m)	**дизайн** (ч)	[dɨ'zajn]
pôr (posicionar)	**розташовувати**	[rozta'ʃɔwuwatɨ]
ser colocado, -a	**розташовуватися**	[rozta'ʃowuwatɨsʲa]
distribuidor (m)	**дистриб'ютор** (ч)	[dɨstrɨ'bʔʲutor]
fornecedor (m)	**постачальник** (ч)	[posta'ʧalʲnɨk]
fornecer (vt)	**постачати**	[posta'ʧatɨ]
país (m)	**країна** (ж)	[kra'jɨna]
estrangeiro (adj)	**іноземний**	[ino'zɛmnɨj]
produto (m)	**продукт** (ч)	[pro'dukt]
associação (f)	**асоціація** (ж)	[asoʦi'aʦiʲa]
sala (f) de conferência	**конференц-зал** (ч)	[konfɛ'rɛnʦ zal]

congresso (m)	**конгрес** (ч)	[kon'ɦrɛs]
concurso (m)	**конкурс** (ч)	['kɔnkurs]
visitante (m)	**відвідувач** (ч)	[wid'widuwatʃ]
visitar (vt)	**відвідувати**	[wid'widuwatɨ]
cliente (m)	**замовник** (ч)	[za'mɔwnɨk]

119. Media

jornal (m)	**газета** (ж)	[ɦa'zɛta]
revista (f)	**журнал** (ч)	[ʒur'nal]
imprensa (f)	**преса** (ж)	['prɛsa]
rádio (m)	**радіо** (с)	['radio]
estação (f) de rádio	**радіостанція** (ж)	[radios'tantsʲa]
televisão (f)	**телебачення** (с)	[tɛlɛ'batʃɛnʲa]
apresentador (m)	**ведучий** (ч)	[wɛ'dutʃɨj]
locutor (m)	**диктор** (ч)	['dɨktor]
comentarista (m)	**коментатор** (ч)	[komɛn'tator]
jornalista (m)	**журналіст** (ч)	[ʒurna'list]
correspondente (m)	**кореспондент** (ч)	[korɛspon'dɛnt]
repórter (m) fotográfico	**фотокореспондент** (ч)	['foto korɛspon'dɛnt]
repórter (m)	**репортер** (ч)	[rɛpor'tɛr]
redator (m)	**редактор** (ч)	[rɛ'daktor]
redator-chefe (m)	**головний редактор** (ч)	[ɦolow'nɨj rɛ'daktor]
assinar a ...	**передплатити**	[pɛrɛdpla'tɨtɨ]
assinatura (f)	**передплата** (ж)	[pɛrɛdp'lata]
assinante (m)	**передплатник** (ч)	[pɛrɛdp'latnɨk]
ler (vt)	**читати**	[tʃɨ'tatɨ]
leitor (m)	**читач** (ч)	[tʃɨ'tatʃ]
tiragem (f)	**наклад** (ч)	['naklad]
mensal (adj)	**щомісячний**	[ɕo'misʲatʃnɨj]
semanal (adj)	**щотижневий**	[ɕotɨʒ'nɛwɨj]
número (jornal, revista)	**номер** (ч)	['nɔmɛr]
recente, novo (adj)	**свіжий**	['swiʒɨj]
manchete (f)	**заголовок** (ч)	[zaɦo'lɔwok]
pequeno artigo (m)	**замітка** (ж)	[za'mitka]
coluna (~ semanal)	**рубрика** (ж)	['rubrɨka]
artigo (m)	**стаття** (ж)	[stat'tʲa]
página (f)	**сторінка** (ж)	[sto'rinka]
reportagem (f)	**репортаж** (ч)	[rɛpor'taʒ]
evento (festa, etc.)	**подія** (ж)	[po'dʲa]
sensação (f)	**сенсація** (ж)	[sɛn'satsʲa]
escândalo (m)	**скандал** (ч)	[skan'dal]
escandaloso (adj)	**скандальний**	[skan'dalʲnɨj]
grande (adj)	**гучний**	[ɦutʃ'nɨj]
programa (m)	**передача** (ж)	[pɛrɛ'datʃa]
entrevista (f)	**інтерв'ю** (с)	[intɛr'wʔʲu]

| transmissão (f) ao vivo | пряма трансляція (ж) | [prʲaˈma transˈlʲatsʲɪa] |
| canal (m) | канал (ч) | [kaˈnal] |

120. Agricultura

agricultura (f)	сільське господарство (c)	[silʲsʲˈkɛ ɦospoˈdarstwo]
camponês (m)	селянин (ч)	[sɛlʲaˈnin]
camponesa (f)	селянка (ж)	[sɛˈlʲanka]
agricultor, fazendeiro (m)	фермер (ч)	[ˈfɛrmɛr]

| trator (m) | трактор (ч) | [ˈtraktor] |
| colheitadeira (f) | комбайн (ч) | [komˈbajn] |

arado (m)	плуг (ч)	[pluɦ]
arar (vt)	орати	[oˈrati]
campo (m) lavrado	рілля (ж)	[riˈlʲa]
sulco (m)	борозна (ж)	[borozˈna]

semear (vt)	сіяти	[ˈsiʲati]
plantadeira (f)	сівалка (ж)	[siˈwalka]
semeadura (f)	посів (ч)	[poˈsiw]

| foice (m) | коса (ж) | [koˈsa] |
| cortar com foice | косити | [koˈsiti] |

| pá (f) | лопата (ж) | [loˈpata] |
| cavar (vt) | копати, вскопувати | [koˈpati], [ˈwskɔpuwati] |

enxada (f)	сапка (ж)	[ˈsapka]
capinar (vt)	полоти	[poˈlɔti]
erva (f) daninha	бур'ян (ч)	[buˈrʲjan]

regador (m)	лійка (ж)	[ˈlijka]
regar (plantas)	поливати	[polʲiˈwati]
rega (f)	поливання (c)	[polʲiˈwanʲa]

| forquilha (f) | вила (мн) | [ˈwɨla] |
| ancinho (m) | граблі (мн) | [ɦraˈbli] |

fertilizante (m)	добриво (c)	[ˈdɔbrʲiwo]
fertilizar (vt)	удобрювати	[uˈdɔbrʲuwati]
estrume, esterco (m)	гній (ч)	[ɦnij]

campo (m)	поле (c)	[ˈpɔlɛ]
prado (m)	лука (ж)	[ˈluka]
horta (f)	город (ч)	[ɦoˈrɔd]
pomar (m)	сад (ч)	[sad]

pastar (vt)	пасти	[ˈpasti]
pastor (m)	пастух (ч)	[pasˈtuh]
pastagem (f)	пасовище (c)	[pasoˈwɨɕɛ]

| pecuária (f) | тваринництво (c) | [twaˈrinitstwo] |
| criação (f) de ovelhas | вівчарство (c) | [wiwˈtʃarstwo] |

plantação (f)	**плантація** (ж)	[plan'tatsiʲa]
canteiro (m)	**грядка** (ж)	['ɦrʲadka]
estufa (f)	**парник** (ч)	[par'nɨk]
seca (f)	**посуха** (ж)	['pɔsuha]
seco (verão ~)	**посушливий**	[po'suʃlɨwɨj]
grão (m)	**зерно** (с), **зернові** (мн)	[zɛr'nɔ], [zɛrno'wi]
cereais (m pl)	**зернові** (мн)	[zɛrno'wi]
colher (vt)	**збирати**	[zbɨ'ratɨ]
moleiro (m)	**мірошник** (ч)	[mi'rɔʃnɨk]
moinho (m)	**млин** (ч)	[mlɨn]
moer (vt)	**молотити**	[molo'tɨtɨ]
farinha (f)	**борошно** (с)	['bɔroʃno]
palha (f)	**солома** (ж)	[so'lɔma]

121. Construção. Processo de construção

canteiro (m) de obras	**будівництво** (с)	[budiw'nɨtstwo]
construir (vt)	**будувати**	[budu'watɨ]
construtor (m)	**будівельник** (ч)	[budi'wɛlʲnɨk]
projeto (m)	**проект** (ч)	[pro'ɛkt]
arquiteto (m)	**архітектор** (ч)	[arhi'tɛktor]
operário (m)	**робітник** (ч)	[robit'nɨk]
fundação (f)	**фундамент** (ч)	[fun'damɛnt]
telhado (m)	**дах** (ч)	[dah]
estaca (f)	**паля** (ж)	['palʲa]
parede (f)	**стіна** (ж)	[sti'na]
colunas (f pl) de sustentação	**арматура** (ж)	[arma'tura]
andaime (m)	**риштування** (мн)	[rɨʃtu'wanʲa]
concreto (m)	**бетон** (ч)	[bɛ'tɔn]
granito (m)	**граніт** (ч)	[ɦra'nit]
pedra (f)	**камінь** (ч)	['kaminʲ]
tijolo (m)	**цегла** (ж)	['tsɛɦla]
areia (f)	**пісок** (ч)	[pi'sɔk]
cimento (m)	**цемент** (ч)	[tsɛ'mɛnt]
emboço, reboco (m)	**штукатурка** (ж)	[ʃtuka'turka]
emboçar, rebocar (vt)	**штукатурити**	[ʃtuka'turɨtɨ]
tinta (f)	**фарба** (ж)	['farba]
pintar (vt)	**фарбувати**	[farbu'watɨ]
barril (m)	**бочка** (ж)	['bɔtʃka]
grua (f), guindaste (m)	**кран** (ч)	[kran]
erguer (vt)	**піднімати**	[pidni'matɨ]
baixar (vt)	**опускати**	[opus'katɨ]
buldózer (m)	**бульдозер** (ч)	[bulʲ'dɔzɛr]
escavadora (f)	**екскаватор** (ч)	[ɛkska'wator]

caçamba (f)	**ківш** (ч)	[kiwʃ]
escavar (vt)	**копати**	[ko'patɨ]
capacete (m) de proteção	**каска** (ж)	['kaska]

122. Ciência. Investigação. Cientistas

ciência (f)	**наука** (ж)	[na'uka]
científico (adj)	**науковий**	[nau'kɔwɨj]
cientista (m)	**вчений** (ч)	['wʧɛnɨj]
teoria (f)	**теорія** (ж)	[tɛ'ɔrʲa]
axioma (m)	**аксіома** (ж)	[aksi'ɔma]
análise (f)	**аналіз** (ч)	[a'naliz]
analisar (vt)	**аналізувати**	[analizu'watɨ]
argumento (m)	**аргумент** (ч)	[arɦu'mɛnt]
substância (f)	**речовина** (ж)	[rɛʧowɨ'na]
hipótese (f)	**гіпотеза** (ж)	[ɦi'pɔtɛza]
dilema (m)	**дилема** (ж)	[dɨ'lɛma]
tese (f)	**дисертація** (ж)	[disɛr'tatsʲa]
dogma (m)	**догма** (ж)	['dɔɦma]
doutrina (f)	**доктрина** (ж)	[dok'trɨna]
pesquisa (f)	**дослідження** (с)	[do'slidʒɛnʲa]
pesquisar (vt)	**досліджувати**	[do'slidʒuwatɨ]
testes (m pl)	**випробування** (ч)	[wɨ'probuwanʲa]
laboratório (m)	**лабораторія** (ж)	[labora'tɔrʲa]
método (m)	**метод** (ч)	['mɛtod]
molécula (f)	**молекула** (ж)	[mo'lɛkula]
monitoramento (m)	**моніторинг** (ч)	[moni'tɔrɨnɦ]
descoberta (f)	**відкриття** (с)	[widkrɨt'tʲa]
postulado (m)	**постулат** (ч)	[postu'lat]
princípio (m)	**принцип** (ч)	['prɨntsɨp]
prognóstico (previsão)	**прогноз** (ч)	[proɦ'nɔz]
prognosticar (vt)	**прогнозувати**	[proɦnozu'watɨ]
síntese (f)	**синтез** (ч)	['sɨntɛz]
tendência (f)	**тенденція** (ж)	[tɛn'dɛntsʲa]
teorema (m)	**теорема** (ж)	[tɛo'rɛma]
ensinamentos (m pl)	**вчення** (с)	['wʧɛnʲa]
fato (m)	**факт** (ч)	[fakt]
expedição (f)	**експедиція** (ж)	[ɛkspɛ'dɨtsʲa]
experiência (f)	**експеримент** (ч)	[ɛkspɛrɨ'mɛnt]
acadêmico (m)	**академік** (ч)	[aka'dɛmik]
bacharel (m)	**бакалавр** (ч)	[baka'lawr]
doutor (m)	**доктор** (ч)	['dɔktor]
professor (m) associado	**доцент** (ч)	[do'tsɛnt]
mestrado (m)	**магістр** (ч)	[ma'ɦistr]
professor (m)	**професор** (ч)	[pro'fɛsor]

Profissões e ocupações

123. Procura de emprego. Demissão

trabalho (m)	**робота** (ж)	[ro'bɔta]
equipe (f)	**колектив, штат** (ч)	[kolɛk'tiw], [ʃtat]
pessoal (m)	**персонал** (ч)	[pɛrso'nal]
carreira (f)	**кар'єра** (ж)	[ka'rʔɛra]
perspectivas (f pl)	**перспектива** (ж)	[pɛrspɛk'tɨwa]
habilidades (f pl)	**майстерність** (ж)	[majs'tɛrnistʲ]
seleção (f)	**підбір** (ч)	[pid'bir]
agência (f) de emprego	**кадрове агентство** (с)	['kadrowɛ a'ɦɛnʦtwo]
currículo (m)	**резюме** (с)	[rɛzʲu'mɛ]
entrevista (f) de emprego	**співбесіда** (ж)	[spiw'bɛsida]
vaga (f)	**вакансія** (ж)	[wa'kansiʲa]
salário (m)	**зарплатня** (ж)	[zarplat'nʲa]
salário (m) fixo	**оклад** (ч)	[ok'lad]
pagamento (m)	**оплата** (ж)	[op'lata]
cargo (m)	**посада** (ж)	[po'sada]
dever (do empregado)	**обов'язок** (ч)	[o'bɔwʔʲazok]
gama (f) de deveres	**коло** (с) **обов'язків**	['kɔlo obo'wʔʲazkiw]
ocupado (adj)	**зайнятий**	['zajnʲatɨj]
despedir, demitir (vt)	**звільнити**	[zwilʲ'nɨtɨ]
demissão (f)	**звільнення** (с)	['zwilʲnɛnʲa]
desemprego (m)	**безробіття** (с)	[bɛzro'bittʲa]
desempregado (m)	**безробітний** (ч)	[bɛzro'bitnɨj]
aposentadoria (f)	**пенсія** (ж)	['pɛnsiʲa]
aposentar-se (vr)	**вийти на пенсію**	['wɨjtɨ na 'pɛnsiʲu]

124. Gente de negócios

diretor (m)	**директор** (ч)	[dɨ'rɛktor]
gerente (m)	**керівник** (ч)	[kɛriw'nɨk]
patrão, chefe (m)	**бос** (ч)	[bɔs]
superior (m)	**начальник** (ч)	[na'ʧalʲnɨk]
superiores (m pl)	**керівництво** (с)	[kɛriw'nɨʦtwo]
presidente (m)	**президент** (ч)	[prɛzɨ'dɛnt]
chairman (m)	**голова** (ч)	[ɦolo'wa]
substituto (m)	**заступник** (ч)	[za'stupnɨk]
assistente (m)	**помічник** (ч)	[pomiʧ'nɨk]

secretário (m)	секретар (ч)	[sɛkrɛ'tar]
secretário (m) pessoal	особистий секретар (ч)	[oso'bistij sɛkrɛ'tar]
homem (m) de negócios	бізнесмен (ч)	[biznɛs'mɛn]
empreendedor (m)	підприємець (ч)	[pidpri'ɛmɛts]
fundador (m)	засновник (ч)	[zas'nɔwnik]
fundar (vt)	заснувати	[zasnu'wati]
principiador (m)	основоположник (ч)	[osnowopo'lɔʒnik]
parceiro, sócio (m)	партнер (ч)	[part'nɛr]
acionista (m)	акціонер (ч)	[aktsio'nɛr]
milionário (m)	мільйонер (ч)	[milʲo'nɛr]
bilionário (m)	мільярдер (ч)	[miljar'dɛr]
proprietário (m)	власник (ч)	['wlasnik]
proprietário (m) de terras	землевласник (ч)	[zɛmlɛw'lasnik]
cliente (m)	клієнт (ч)	[kli'ɛnt]
cliente (m) habitual	постійний клієнт (ч)	[pos'tijnij kli'ɛnt]
comprador (m)	покупець (ч)	[poku'pɛts]
visitante (m)	відвідувач (ч)	[wid'widuwatʃ]
profissional (m)	професіонал (ч)	[profɛsio'nal]
perito (m)	експерт (ч)	[ɛks'pɛrt]
especialista (m)	фахівець (ч)	[fahi'wɛts]
banqueiro (m)	банкір (ч)	[ba'nkir]
corretor (m)	брокер (ч)	['brɔkɛr]
caixa (m, f)	касир (ч)	[ka'sir]
contador (m)	бухгалтер (ч)	[buh'ɦaltɛr]
guarda (m)	охоронник (ч)	[oho'rɔnik]
investidor (m)	інвестор (ч)	[in'wɛstor]
devedor (m)	боржник (ч)	[borʒ'nik]
credor (m)	кредитор (ч)	[krɛdi'tɔr]
mutuário (m)	боржник (ч)	[borʒ'nik]
importador (m)	імпортер (ч)	[impor'tɛr]
exportador (m)	експортер (ч)	[ɛkspor'tɛr]
produtor (m)	виробник (ч)	[wirob'nik]
distribuidor (m)	дистриб'ютор (ч)	[distri'bʲutor]
intermediário (m)	посередник (ч)	[posɛ'rɛdnik]
consultor (m)	консультант (ч)	[konsulʲ'tant]
representante comercial	представник (ч)	[prɛdstaw'nik]
agente (m)	агент (ч)	[a'ɦɛnt]
agente (m) de seguros	страховий агент (ч)	[straho'wij a'ɦɛnt]

125. Profissões de serviços

cozinheiro (m)	кухар (ч)	['kuhar]
chefe (m) de cozinha	шеф-кухар (ч)	[ʃɛf 'kuhar]

padeiro (m)	пекар (ч)	['pɛkar]
barman (m)	бармен (ч)	[bar'mɛn]
garçom (m)	офіціант (ч)	[ofitsi'ant]
garçonete (f)	офіціантка (ж)	[ofitsi'antka]
advogado (m)	адвокат (ч)	[adwo'kat]
jurista (m)	юрист (ч)	[ʲu'rist]
notário (m)	нотаріус (ч)	[no'tarius]
eletricista (m)	електрик (ч)	[ɛ'lɛktrik]
encanador (m)	сантехнік (ч)	[san'tɛhnik]
carpinteiro (m)	тесля (ч)	['tɛslʲa]
massagista (m)	масажист (ч)	[masa'ʒist]
massagista (f)	масажистка (ж)	[masa'ʒistka]
médico (m)	лікар (ч)	['likar]
taxista (m)	таксист (ч)	[tak'sist]
condutor (automobilista)	шофер (ч)	[ʃo'fɛr]
entregador (m)	кур'єр (ч)	[ku'rʲɛr]
camareira (f)	покоївка (ж)	[poko'jiwka]
guarda (m)	охоронник (ч)	[oho'rɔnik]
aeromoça (f)	стюардеса (ж)	[stʲuar'dɛsa]
professor (m)	вчитель (ч)	['wtʃitɛlʲ]
bibliotecário (m)	бібліотекар (ч)	[biblio'tɛkar]
tradutor (m)	перекладач (ч)	[pɛrɛkla'datʃ]
intérprete (m)	перекладач (ч)	[pɛrɛkla'datʃ]
guia (m)	гід (ч)	[ɦid]
cabeleireiro (m)	перукар (ч)	[pɛru'kar]
carteiro (m)	листоноша (ч)	[listo'nɔʃa]
vendedor (m)	продавець (ч)	[proda'wɛts]
jardineiro (m)	садівник (ч)	[sadiw'nik]
criado (m)	слуга (ч)	[slu'ɦa]
criada (f)	служниця (ж)	[sluʒ'nitsʲa]
empregada (f) de limpeza	прибиральниця (ж)	[pribi'ralʲnitsʲa]

126. Profissões militares e postos

soldado (m) raso	рядовий (ч)	[rʲado'wij]
sargento (m)	сержант (ч)	[sɛr'ʒant]
tenente (m)	лейтенант (ч)	[lɛjtɛ'nant]
capitão (m)	капітан (ч)	[kapi'tan]
major (m)	майор (ч)	[ma'jɔr]
coronel (m)	полковник (ч)	[pol'kɔwnik]
general (m)	генерал (ч)	[ɦɛnɛ'ral]
marechal (m)	маршал (ч)	['marʃal]
almirante (m)	адмірал (ч)	[admi'ral]
militar (m)	військовий (ч)	[wijsʲ'kɔwij]
soldado (m)	солдат (ч)	[sol'dat]

oficial (m)	**офіцер** (ч)	[ofi'ʦɛr]
comandante (m)	**командир** (ч)	[koman'dɨr]
guarda (m) de fronteira	**прикордонник** (ч)	[prɨkor'dɔnɨk]
operador (m) de rádio	**радист** (ч)	[ra'dɨst]
explorador (m)	**розвідник** (ч)	[roz'widnɨk]
sapador-mineiro (m)	**сапер** (ч)	[sa'pɛr]
atirador (m)	**стрілок** (ч)	[stri'lɔk]
navegador (m)	**штурман** (ч)	['ʃturman]

127. Oficiais. Padres

rei (m)	**король** (ч)	[ko'rɔlʲ]
rainha (f)	**королева** (ж)	[koro'lɛwa]
príncipe (m)	**принц** (ч)	[prɨnʦ]
princesa (f)	**принцеса** (ж)	[prɨn'ʦɛsa]
czar (m)	**цар** (ч)	[ʦar]
czarina (f)	**цариця** (ж)	[ʦa'rɨʦʲa]
presidente (m)	**президент** (ч)	[prɛzɨ'dɛnt]
ministro (m)	**міністр** (ч)	[mi'nistr]
primeiro-ministro (m)	**прем'єр-міністр** (ч)	[prɛ'mʔɛr mi'nistr]
senador (m)	**сенатор** (ч)	[sɛ'nator]
diplomata (m)	**дипломат** (ч)	[dɨplo'mat]
cônsul (m)	**консул** (ч)	['kɔnsul]
embaixador (m)	**посол** (ч)	[po'sɔl]
conselheiro (m)	**радник** (ч)	['radnɨk]
funcionário (m)	**чиновник** (ч)	[ʧɨ'nɔwnɨk]
prefeito (m)	**префект** (ч)	[prɛ'fɛkt]
Presidente (m) da Câmara	**мер** (ч)	[mɛr]
juiz (m)	**суддя** (ч)	[sud'dʲa]
procurador (m)	**прокурор** (ч)	[proku'rɔr]
missionário (m)	**місіонер** (ч)	[misio'nɛr]
monge (m)	**чернець** (ч)	[ʧɛr'nɛʦ]
abade (m)	**абат** (ч)	[a'bat]
rabino (m)	**рабин** (ч)	[ra'bɨn]
vizir (m)	**візир** (ч)	[wi'zɨr]
xá (m)	**шах** (ч)	[ʃah]
xeique (m)	**шейх** (ч)	[ʃɛjh]

128. Profissões agrícolas

abelheiro (m)	**пасічник** (ч)	['pasiʧnɨk]
pastor (m)	**пастух** (ч)	[pas'tuh]
agrônomo (m)	**агроном** (ч)	[aɦro'nɔm]

criador (m) de gado	**тваринник** (ч)	[twa'rɨnɨk]
veterinário (m)	**ветеринар** (ч)	[wɛtɛrɨ'nar]
agricultor, fazendeiro (m)	**фермер** (ч)	['fɛrmɛr]
vinicultor (m)	**винороб** (ч)	[wɨno'rɔb]
zoólogo (m)	**зоолог** (ч)	[zo'ɔloɦ]
vaqueiro (m)	**ковбой** (ч)	[kow'bɔj]

129. Profissões artísticas

ator (m)	**актор** (ч)	[ak'tɔr]
atriz (f)	**акторка** (ж)	[ak'tɔrka]
cantor (m)	**співак** (ч)	[spi'wak]
cantora (f)	**співачка** (ж)	[spi'watʃka]
bailarino (m)	**танцюрист** (ч)	[tants^ju'rɨst]
bailarina (f)	**танцюристка** (ж)	[tants^ju'rɨstka]
artista (m)	**артист** (ч)	[ar'tɨst]
artista (f)	**артистка** (ж)	[ar'tɨstka]
músico (m)	**музикант** (ч)	[muzɨ'kant]
pianista (m)	**піаніст** (ч)	[pia'nist]
guitarrista (m)	**гітарист** (ч)	[ɦita'rɨst]
maestro (m)	**диригент** (ч)	[dɨrɨ'ɦɛnt]
compositor (m)	**композитор** (ч)	[kompo'zɨtor]
empresário (m)	**імпресаріо** (ч)	[imprɛ'sario]
diretor (m) de cinema	**режисер** (ч)	[rɛʒɨ'sɛr]
produtor (m)	**продюсер** (ч)	[pro'd^jusɛr]
roteirista (m)	**сценарист** (ч)	[stsɛna'rɨst]
crítico (m)	**критик** (ч)	['krɨtɨk]
escritor (m)	**письменник** (ч)	[pɨs^j'mɛnɨk]
poeta (m)	**поет** (ч)	[po'ɛt]
escultor (m)	**скульптор** (ч)	['skul^jptor]
pintor (m)	**художник** (ч)	[hu'dɔʒnɨk]
malabarista (m)	**жонглер** (ч)	[ʒonɦ'lɛr]
palhaço (m)	**клоун** (ч)	['klɔun]
acrobata (m)	**акробат** (ч)	[akro'bat]
ilusionista (m)	**фокусник** (ч)	['fɔkusnɨk]

130. Várias profissões

médico (m)	**лікар** (ч)	['likar]
enfermeira (f)	**медсестра** (ж)	[mɛdsɛst'ra]
psiquiatra (m)	**психіатр** (ч)	[psɨhi'atr]
dentista (m)	**стоматолог** (ч)	[stoma'tɔloɦ]
cirurgião (m)	**хірург** (ч)	[hi'rurɦ]

astronauta (m)	астронавт (ч)	[astro'nawt]
astrônomo (m)	астроном (ч)	[astro'nɔm]
piloto (m)	льотчик, пілот (ч)	['lʲɔtʧɪk], [pi'lɔt]
motorista (m)	водій (ч)	[wo'dij]
maquinista (m)	машиніст (ч)	[maʃi'nist]
mecânico (m)	механік (ч)	[mɛ'hanik]
mineiro (m)	шахтар (ч)	[ʃah'tar]
operário (m)	робітник (ч)	[robit'nik]
serralheiro (m)	слюсар (ч)	['slʲusar]
marceneiro (m)	столяр (ч)	['stɔlʲar]
torneiro (m)	токар (ч)	['tɔkar]
construtor (m)	будівельник (ч)	[budi'wɛlʲnik]
soldador (m)	зварювальник (ч)	['zwarʲuwalʲnik]
professor (m)	професор (ч)	[pro'fɛsor]
arquiteto (m)	архітектор (ч)	[arhi'tɛktor]
historiador (m)	історик (ч)	[is'tɔrik]
cientista (m)	вчений (ч)	['wtʃɛnij]
físico (m)	фізик (ч)	['fizik]
químico (m)	хімік (ч)	['himik]
arqueólogo (m)	археолог (ч)	[arhɛ'ɔloɦ]
geólogo (m)	геолог (ч)	[ɦɛ'ɔloɦ]
pesquisador (cientista)	дослідник (ч)	[do'slidnik]
babysitter, babá (f)	няня (ж)	['nʲanʲa]
professor (m)	вчитель, педагог (ч)	['wtʃitɛlʲ], [pɛda'ɦoɦ]
redator (m)	редактор (ч)	[rɛ'daktor]
redator-chefe (m)	головний редактор (ч)	[ɦolow'nij rɛ'daktor]
correspondente (m)	кореспондент (ч)	[korɛspon'dɛnt]
datilógrafa (f)	машиністка (ж)	[maʃi'nistka]
designer (m)	дизайнер (ч)	[di'zajnɛr]
especialista (m) em informática	комп'ютерник (ч)	[kom'pʲutɛrnik]
programador (m)	програміст (ч)	[proɦ'ramist]
engenheiro (m)	інженер (ч)	[inʒɛ'nɛr]
marujo (m)	моряк (ч)	[mo'rʲak]
marinheiro (m)	матрос (ч)	[mat'rɔs]
socorrista (m)	рятувальник (ч)	[rʲatu'walʲnik]
bombeiro (m)	пожежник (ч)	[po'ʒɛʒnik]
polícia (m)	поліцейський (ч)	[poli'tsɛjsʲkij]
guarda-noturno (m)	сторож (ч)	['stɔrɔʒ]
detetive (m)	детектив (ч)	[dɛtɛk'tiw]
funcionário (m) da alfândega	митник (ч)	['mitnik]
guarda-costas (m)	охоронець (ч)	[oho'rɔnɛts]
guarda (m) prisional	охоронець (ч)	[oho'rɔnɛtsʲ]
inspetor (m)	інспектор (ч)	[ins'pɛktor]
esportista (m)	спортсмен (ч)	[sports'mɛn]
treinador (m)	тренер (ч)	['trɛnɛr]

açougueiro (m)	**м'ясник** (ч)	[mˀʲas'nɨk]
sapateiro (m)	**чоботар** (ч)	[ʧobo'tar]
comerciante (m)	**комерсант** (ч)	[komɛr'sant]
carregador (m)	**вантажник** (ч)	[wan'taʒnɨk]
estilista (m)	**модельєр** (ч)	[modɛ'ljɛr]
modelo (f)	**модель** (ж)	[modɛlʲ]

131. Ocupações. Estatuto social

estudante (~ de escola)	**школяр** (ч)	[ʃko'lʲar]
estudante (~ universitária)	**студент** (ч)	[stu'dɛnt]
filósofo (m)	**філософ** (ч)	[fi'lɔsof]
economista (m)	**економіст** (ч)	[ɛkono'mist]
inventor (m)	**винахідник** (ч)	[wɨna'hidnɨk]
desempregado (m)	**безробітний** (ч)	[bɛzro'bitnɨj]
aposentado (m)	**пенсіонер** (ч)	[pɛnsio'nɛr]
espião (m)	**шпигун** (ч)	[ʃpi'ɦun]
preso, prisioneiro (m)	**в'язень** (ч)	['wˀʲazɛnʲ]
grevista (m)	**страйкар** (ч)	[straj'kar]
burocrata (m)	**бюрократ** (ч)	[bʲuro'krat]
viajante (m)	**мандрівник** (ч)	[mandriw'nɨk]
homossexual (m)	**гомосексуаліст** (ч)	[ɦomosɛksua'list]
hacker (m)	**хакер** (ч)	['hakɛr]
hippie (m, f)	**хіпі** (ч)	['hipi]
bandido (m)	**бандит** (ч)	[ban'dɨt]
assassino (m)	**найманий вбивця** (ч)	['najmanɨj 'wbɨwʦʲa]
drogado (m)	**наркоман** (ч)	[narko'man]
traficante (m)	**наркоторговець** (ч)	[narkotor'ɦɔwɛʦ]
prostituta (f)	**проститутка** (ж)	[prostɨ'tutka]
cafetão (m)	**сутенер** (ч)	[sutɛ'nɛr]
bruxo (m)	**чаклун** (ч)	[ʧak'lun]
bruxa (f)	**чаклунка** (ж)	[ʧak'lunka]
pirata (m)	**пірат** (ч)	[pi'rat]
escravo (m)	**раб** (ч)	[rab]
samurai (m)	**самурай** (ч)	[samu'raj]
selvagem (m)	**дикун** (ч)	[dɨ'kun]

Desportos

132. Tipos de desportos. Desportistas

esportista (m)	спортсмен (ч)	[sports'mɛn]
tipo (m) de esporte	вид (ч) спорту	[wɨd 'spɔrtu]
basquete (m)	баскетбол (ч)	[baskɛt'bɔl]
jogador (m) de basquete	баскетболіст (ч)	[baskɛtbo'list]
beisebol (m)	бейсбол (ч)	[bɛjs'bɔl]
jogador (m) de beisebol	бейсболіст (ч)	[bɛjsbo'list]
futebol (m)	футбол (ч)	[fut'bɔl]
jogador (m) de futebol	футболіст (ч)	[futbo'list]
goleiro (m)	воротар (ч)	[woro'tar]
hóquei (m)	хокей (ч)	[ho'kɛj]
jogador (m) de hóquei	хокеїст (ч)	[hokɛ'jist]
vôlei (m)	волейбол (ч)	[wolɛj'bɔl]
jogador (m) de vôlei	волейболіст (ч)	[wolɛjbo'list]
boxe (m)	бокс (ч)	[boks]
boxeador (m)	боксер (ч)	[bok'sɛr]
luta (f)	боротьба (ж)	[borotʲ'ba]
lutador (m)	борець (ч)	[bo'rɛts]
caratê (m)	карате (с)	[kara'tɛ]
carateca (m)	каратист (ч)	[kara'tɨst]
judô (m)	дзюдо (с)	[dzʲu'dɔ]
judoca (m)	дзюдоїст (ч)	[dzʲudo'jɨst]
tênis (m)	теніс (ч)	['tɛnis]
tenista (m)	тенісист (ч)	[tɛni'sɨst]
natação (f)	плавання (с)	['plawanʲa]
nadador (m)	плавець (ч)	[pla'wɛts]
esgrima (f)	фехтування (с)	[fɛhtu'wanʲa]
esgrimista (m)	фехтувальник (ч)	[fɛhtu'walʲnɨk]
xadrez (m)	шахи (мн)	['ʃahɨ]
jogador (m) de xadrez	шахіст (ч)	[ʃa'hist]
alpinismo (m)	альпінізм (ч)	[alʲpi'nizm]
alpinista (m)	альпініст (ч)	[alʲpi'nist]
corrida (f)	біг (ч)	[biɦ]

corredor (m)	бігун (ч)	[bi'ɦun]
atletismo (m)	легка атлетика (ж)	[lɛɦ'ka at'lɛtika]
atleta (m)	атлет (ч)	[at'lɛt]

hipismo (m)	кінний спорт (ч)	['kinij 'spɔrt]
cavaleiro (m)	наїзник (ч)	[na'jiznik]

patinação (f) artística	фігурне катання (с)	[fi'ɦurnɛ ka'tanʲa]
patinador (m)	фігурист (ч)	[fiɦu'rist]
patinadora (f)	фігуристка (ж)	[fiɦu'ristka]

halterofilismo (m)	важка атлетика (ж)	[waʒ'ka at'lɛtika]
halterofilista (m)	важкоатлет (ч)	[waʒkoat'lɛt]
corrida (f) de carros	автогонки (мн)	[awto'ɦɔnki]
piloto (m)	гонщик (ч)	['ɦɔnɕik]

ciclismo (m)	велоспорт (ч)	[wɛlo'spɔrt]
ciclista (m)	велосипедист (ч)	[wɛlosipɛ'dist]

salto (m) em distância	стрибки (мн) в довжину	[strib'ki w dowʒi'nu]
salto (m) com vara	стрибки (мн) з жердиною	[strib'ki z ʒɛr'dinoʲu]
atleta (m) de saltos	стрибун (ч)	[stri'bun]

133. Tipos de desportos. Diversos

futebol (m) americano	американський футбол (ч)	[amɛri'kansʲkij fut'bɔl]
badminton (m)	бадмінтон (ч)	[badmin'tɔn]
biatlo (m)	біатлон (ч)	[biat'lɔn]
bilhar (m)	більярд (ч)	[bi'ljard]

bobsled (m)	бобслей (ч)	[bob'slɛj]
musculação (f)	бодібілдинг (ч)	[bodi'bildinɦ]
polo (m) aquático	водне поло (с)	['wɔdnɛ 'pɔlo]
handebol (m)	гандбол (ч)	[ɦand'bɔl]
golfe (m)	гольф (ч)	[ɦolʲf]

remo (m)	гребля (ч)	['ɦrɛblʲa]
mergulho (m)	дайвінг (ч)	['dajwinɦ]
corrida (f) de esqui	лижні гонки (мн)	['liʒni 'ɦɔnki]
tênis (m) de mesa	настільний теніс (ч)	[na'stilʲnij 'tɛnis]

vela (f)	парусний спорт (ч)	['parusnij sport]
rali (m)	ралі (с)	['rali]
rúgbi (m)	регбі (с)	['rɛɦbi]
snowboard (m)	сноуборд (ч)	[snou'bɔrd]
arco-e-flecha (m)	стрільба (ж) з луку	[strilʲ'ba z 'luku]

134. Ginásio

barra (f)	штанга (ж)	['ʃtanɦa]
halteres (m pl)	гантелі (мн)	[ɦan'tɛli]
aparelho (m) de musculação	тренажер (ч)	[trɛna'ʒɛr]

bicicleta (f) ergométrica	**велотренажер** (ч)	[wɛlotrɛna'ʒɛr]
esteira (f) de corrida	**бігова доріжка** (ж)	[biɦo'wa do'riʒka]
barra (f) fixa	**перекладина** (ж)	[pɛrɛk'ladɨna]
barras (f pl) paralelas	**бруси** (мн)	['brusɨ]
cavalo (m)	**кінь** (ч)	[kinʲ]
tapete (m) de ginástica	**мат** (ч)	[mat]
corda (f) de saltar	**скакалка** (ж)	[ska'kalka]
aeróbica (f)	**аеробіка** (ж)	[aɛ'rɔbika]
ioga, yoga (f)	**йога** (ж)	['jɔɦa]

135. Hóquei

hóquei (m)	**хокей** (ч)	[ho'kɛj]
jogador (m) de hóquei	**хокеїст** (ч)	[hokɛ'jist]
jogar hóquei	**грати в хокей**	['ɦratɨ w ho'kɛj]
gelo (m)	**лід** (ч), **крига** (ж)	[lid], ['krɨɦa]
disco (m)	**шайба** (ж)	['ʃajba]
taco (m) de hóquei	**ключка** (ж)	['klʲutʃka]
patins (m pl) de gelo	**ковзани** (мн)	[kowza'nɨ]
muro (m)	**борт** (ч)	[bort]
tiro (m)	**кидок** (ч)	[kɨ'dɔk]
goleiro (m)	**воротар** (ч)	[woro'tar]
gol (m)	**гол** (ч)	[ɦol]
marcar um gol	**забити гол**	[za'bɨtɨ ɦol]
tempo (m)	**період** (ч)	[pɛ'riod]
segundo tempo (m)	**другий період**	['druɦɨj pɛ'riod]
banco (m) de reservas	**лава** (ж) **запасних**	['lawa zapas'nɨh]

136. Futebol

futebol (m)	**футбол** (ч)	[fut'bɔl]
jogador (m) de futebol	**футболіст** (ч)	[futbo'list]
jogar futebol	**грати в футбол**	['ɦratɨ w fut'bɔl]
Time (m) Principal	**вища ліга** (ж)	['wɨɕa 'liɦa]
time (m) de futebol	**футбольний клуб** (ч)	[fut'bɔlʲnɨj klub]
treinador (m)	**тренер** (ч)	['trɛnɛr]
proprietário (m)	**власник** (ч)	['wlasnɨk]
equipe (f)	**команда** (ж)	[ko'manda]
capitão (m)	**капітан** (ч) **команди**	[kapi'tan ko'mandɨ]
jogador (m)	**гравець** (ч)	[ɦra'wɛʦ]
jogador (m) reserva	**запасний гравець** (ч)	[zapas'nɨj ɦra'wɛʦ]
atacante (m)	**нападаючий** (ч)	[napa'daʲutʃɨj]
centroavante (m)	**центральний нападаючий** (ч)	[ʦɛn'tralʲnɨj napa'daʲutʃɨj]

marcador (m)	**бомбардир** (ч)	[bombar'dɨr]
defesa (m)	**захисник** (ч)	[zahɨs'nɨk]
meio-campo (m)	**півзахисник** (ч)	[piwzahɨs'nɨk]

jogo (m), partida (f)	**матч** (ч)	[maʧ]
encontrar-se (vr)	**зустрічатися**	[zustri'ʧatɨsʲa]
final (m)	**фінал** (ч)	[fi'nal]
semifinal (f)	**півфінал** (ч)	[napiwfi'nal]
campeonato (m)	**чемпіонат** (ч)	[ʧɛmpio'nat]

tempo (m)	**тайм** (ч)	[tajm]
primeiro tempo (m)	**перший тайм** (ч)	['pɛrʃɨj tajm]
intervalo (m)	**перерва** (ж)	[pɛ'rɛrwa]

goleira (f)	**ворота** (мн)	[wo'rɔta]
goleiro (m)	**воротар** (ч)	[woro'tar]
trave (f)	**штанга** (ж)	['ʃtanɦa]
travessão (m)	**перекладина** (ж)	[pɛrɛk'ladɨna]
rede (f)	**сітка** (ж)	['sitka]
tomar um gol	**пропустити гол**	[propus'tɨtɨ ɦol]

bola (f)	**м'яч** (ч)	[mʔʲaʧ]
passe (m)	**пас** (ч)	[pas]
chute (m)	**удар** (ч)	[u'dar]
chutar (vt)	**нанести удар**	[na'nɛstɨ u'dar]
pontapé (m)	**штрафний удар** (ч)	[ʃtraf'nɨj u'dar]
escanteio (m)	**кутовий удар** (ч)	[ku'tɔwɨj u'dar]

ataque (m)	**атака** (ж)	[a'taka]
contra-ataque (m)	**контратака** (ж)	[kontra'taka]
combinação (f)	**комбінація** (ж)	[kombi'natsiʲa]

árbitro (m)	**арбітр** (ч)	[ar'bitr]
apitar (vi)	**свистіти**	[swɨs'titɨ]
apito (m)	**свисток** (ч)	[swɨs'tɔk]

falta (f)	**порушення** (с)	[po'ruʃɛnʲa]
cometer a falta	**порушувати**	[po'ruʃuwatɨ]
expulsar (vt)	**видалити з поля**	['wɨdalɨtɨ z 'pɔlʲa]

cartão (m) amarelo	**жовта картка** (ж)	['ʒɔwta 'kartka]
cartão (m) vermelho	**червона картка** (ж)	[ʧɛr'wɔna 'kartka]
desqualificação (f)	**дискваліфікація** (ж)	[dɨskwalifi'katsiʲa]
desqualificar (vt)	**дискваліфікувати**	[dɨskwalifiku'watɨ]

pênalti (m)	**пенальті** (с)	[pɛ'nalʲti]
barreira (f)	**стінка** (ж)	['stinka]
marcar (vt)	**забити**	[za'bɨtɨ]
gol (m)	**гол** (ч)	[ɦol]
marcar um gol	**забити гол**	[za'bɨtɨ ɦol]

substituição (f)	**заміна** (ж)	[za'mina]
substituir (vt)	**замінити**	[zami'nɨtɨ]
regras (f pl)	**правила** (мн)	['prawɨla]
tática (f)	**тактика** (ж)	['taktɨka]
estádio (m)	**стадіон** (ч)	[stadi'ɔn]

arquibancadas (f pl)	**трибуна** (ж)	[tri'buna]
fã, torcedor (m)	**фан, вболівальник** (ч)	[fan], [wboli'walʲnɨk]
gritar (vi)	**кричати**	[krɨ'ʧatɨ]
placar (m)	**табло** (с)	[tab'lɔ]
resultado (m)	**рахунок** (ч)	[ra'hunok]
derrota (f)	**поразка** (ж)	[po'razka]
perder (vt)	**програти**	[proɦ'ratɨ]
empate (m)	**нічия** (ж)	[niʧɨ'ʲa]
empatar (vi)	**зіграти внічию**	[zi'ɦratɨ wniʧɨ'ʲu]
vitória (f)	**перемога** (ж)	[pɛrɛ'mɔɦa]
vencer (vi, vt)	**перемогти**	[pɛrɛmoɦ'tɨ]
campeão (m)	**чемпіон** (ч)	[ʧɛmpi'ɔn]
melhor (adj)	**кращий**	['kraɕɨj]
felicitar (vt)	**вітати**	[wi'tatɨ]
comentarista (m)	**коментатор** (ч)	[komɛn'tator]
comentar (vt)	**коментувати**	[komɛntu'watɨ]
transmissão (f)	**трансляція** (ж)	[trans'lʲatsiʲa]

137. Esqui alpino

esqui (m)	**лижі** (мн)	['lɨʒi]
esquiar (vi)	**кататися на лижах**	[ka'tatisʲa na 'lɨʒah]
estação (f) de esqui	**гірськолижний курорт** (ч)	[ɦirsʲko'lɨʒnij ku'rɔrt]
teleférico (m)	**підйомник** (ч)	[pid'jɔmnɨk]
bastões (m pl) de esqui	**палиці** (мн)	['palɨtsi]
declive (m)	**схил** (ч)	[shɨl]
slalom (m)	**слалом** (ч)	['slalom]

138. Tênis. Golfe

golfe (m)	**гольф** (ч)	[ɦolʲf]
clube (m) de golfe	**гольф-клуб** (ч)	[ɦolʲf klub]
jogador (m) de golfe	**гравець** (ч) **в гольф**	[ɦra'wɛts w ɦolʲf]
buraco (m)	**лунка** (ж)	['lunka]
taco (m)	**ключка** (ж)	['klʲuʧka]
trolley (m)	**візок** (ч) **для ключок**	[wi'zɔk dlʲa 'klʲuʧok]
tênis (m)	**теніс** (ч)	['tɛnis]
quadra (f) de tênis	**тенісний корт** (ч)	['tɛnisnɨj kɔrt]
saque (m)	**подача** (ж)	[po'daʧa]
sacar (vi)	**подавати**	[poda'watɨ]
raquete (f)	**ракетка** (ж)	[ra'kɛtka]
rede (f)	**сітка** (ж)	['sitka]
bola (f)	**м'яч** (ч)	[mˀʲaʧ]

139. Xadrez

xadrez (m)	**шахи** (мн)	['ʃahɨ]
peças (f pl) de xadrez	**шахи** (мн)	['ʃahɨ]
jogador (m) de xadrez	**шахіст** (ч)	[ʃa'hist]
tabuleiro (m) de xadrez	**шахова дошка** (ж)	['ʃahowa 'dɔʃka]
peça (f)	**фігура** (ж)	[fi'ɦura]
brancas (f pl)	**білі** (мн)	['bili]
pretas (f pl)	**чорні** (мн)	['ʧɔrni]
peão (m)	**пішак** (ч)	[pi'ʃak]
bispo (m)	**слон** (ч)	[slon]
cavalo (m)	**кінь** (ч)	[kinʲ]
torre (f)	**тура** (ж)	[tu'ra]
dama (f)	**ферзь** (ч)	[fɛrzʲ]
rei (m)	**король** (ч)	[ko'rɔlʲ]
vez (f)	**хід** (ч)	[hid]
mover (vt)	**ходити**	[ho'ditɨ]
sacrificar (vt)	**пожертвувати**	[po'ʒɛrtwuwatɨ]
roque (m)	**рокірування** (с)	[rokiru'wanʲa]
xeque (m)	**шах** (ч)	[ʃah]
xeque-mate (m)	**мат** (ч)	[mat]
torneio (m) de xadrez	**шаховий турнір** (ч)	['ʃahowɨj tur'nir]
grão-mestre (m)	**гросмейстер** (ч)	[ɦros'mɛjstɛr]
combinação (f)	**комбінація** (ж)	[kombi'naʦiʲa]
partida (f)	**партія** (ж)	['partiʲa]
jogo (m) de damas	**шашки** (мн)	['ʃaʃkɨ]

140. Boxe

boxe (m)	**бокс** (ч)	[boks]
combate (m)	**бій** (ч)	[bij]
luta (f) de boxe	**двобій** (ч)	[dwo'bij]
round (m)	**раунд** (ч)	['raund]
ringue (m)	**ринг** (ч)	[rɨnɦ]
gongo (m)	**гонг** (ч)	[ɦonɦ]
murro, soco (m)	**удар** (ч)	[u'dar]
derrubada (f)	**нокдаун** (ч)	[nok'daun]
nocaute (m)	**нокаут** (ч)	[no'kaut]
nocautear (vt)	**нокаутувати**	[nokautu'watɨ]
luva (f) de boxe	**боксерська рукавичка** (ж)	[bok'sɛrsʲka ruka'wɨʧka]
juiz (m)	**рефері** (ч)	['rɛfɛri]
peso-pena (m)	**легка вага** (ж)	['lɛɦka wa'ɦa]
peso-médio (m)	**середня вага** (ж)	[sɛ'rɛdnʲa wa'ɦa]
peso-pesado (m)	**важка вага** (ж)	[waʒ'ka wa'ɦa]

141. Desportos. Diversos

Jogos (m pl) Olímpicos	**Олімпійські ігри** (мн)	[olim'pijsʲki 'iɦrɨ]
vencedor (m)	**переможець** (ч)	[pɛrɛ'mɔʒɛʦ]
vencer (vi)	**перемагати**	[pɛrɛma'ɦatɨ]
vencer (vi, vt)	**виграти**	['wɨɦratɨ]
líder (m)	**лідер** (ч)	['lidɛr]
liderar (vt)	**лідирувати**	[li'dɨruwatɨ]
primeiro lugar (m)	**перше місце** (с)	['pɛrʃɛ 'misʦɛ]
segundo lugar (m)	**друге місце** (с)	['druɦɛ 'misʦɛ]
terceiro lugar (m)	**третє місце** (с)	['trɛtɛ 'misʦɛ]
medalha (f)	**медаль** (ж)	[mɛ'dalʲ]
troféu (m)	**трофей** (ч)	[tro'fɛj]
taça (f)	**кубок** (ч)	['kubok]
prêmio (m)	**приз** (ч)	[prɨz]
prêmio (m) principal	**головний приз** (ч)	[ɦolow'nɨj prɨz]
recorde (m)	**рекорд** (ч)	[rɛ'kɔrd]
estabelecer um recorde	**встановлювати рекорд**	[wsta'nɔwlʲuwatɨ rɛ'kɔrd]
final (m)	**фінал** (ч)	[fi'nal]
final (adj)	**фінальний**	[fi'nalʲnɨj]
campeão (m)	**чемпіон** (ч)	[ʧɛmpi'ɔn]
campeonato (m)	**чемпіонат** (ч)	[ʧɛmpio'nat]
estádio (m)	**стадіон** (ч)	[stadi'ɔn]
arquibancadas (f pl)	**трибуна** (ж)	[trɨ'buna]
fã, torcedor (m)	**фан, вболівальник** (ч)	[fan], [wboli'walʲnɨk]
adversário (m)	**супротивник** (ч)	[supro'tɨwnɨk]
partida (f)	**старт** (ч)	[start]
linha (f) de chegada	**фініш** (ч)	['finiʃ]
derrota (f)	**поразка** (ж)	[po'razka]
perder (vt)	**програти**	[proɦ'ratɨ]
árbitro, juiz (m)	**суддя** (ч)	[sud'dʲa]
júri (m)	**журі** (с)	[ʒu'ri]
resultado (m)	**рахунок** (ч)	[ra'hunok]
empate (m)	**нічия** (ж)	[niʧɨ'ʲa]
empatar (vi)	**зіграти внічию**	[zi'ɦratɨ wniʧɨ'ʲu]
ponto (m)	**очко** (с)	[oʧ'kɔ]
resultado (m) final	**результат** (ч)	[rɛzulʲ'tat]
tempo (m)	**тайм** (ч), **період** (ч)	[tajm], [pɛ'riod]
intervalo (m)	**перерва** (ж)	[pɛ'rɛrwa]
doping (m)	**допінг** (ч)	['dɔpinɦ]
penalizar (vt)	**штрафувати**	[ʃtrafu'watɨ]
desqualificar (vt)	**дискваліфікувати**	[dɨskwalifiku'watɨ]
aparelho, aparato (m)	**снаряд** (ч)	[sna'rʲad]
dardo (m)	**спис** (ч)	[spɨs]

peso (m)	**ядро** (с)	[jad'rɔ]
bola (f)	**куля** (ж)	['kulʲa]
alvo, objetivo (m)	**ціль** (ж)	[ʦilʲ]
alvo (~ de papel)	**мішень** (ж)	[mi'ʃɛnʲ]
disparar, atirar (vi)	**стріляти**	[stri'lʲatɨ]
preciso (tiro ~)	**влучний**	['wluʧnɨj]
treinador (m)	**тренер** (ч)	['trɛnɛr]
treinar (vt)	**тренувати**	[trɛnu'watɨ]
treinar-se (vr)	**тренуватися**	[trɛnu'watɨsʲa]
treino (m)	**тренування** (с)	[trɛnu'wanʲa]
academia (f) de ginástica	**спортзал** (ч)	[sport'zal]
exercício (m)	**вправа** (ж)	['wprawa]
aquecimento (m)	**розминка** (ж)	[roz'mɨnka]

Educação

142. Escola

escola (f)	школа (ж)	['ʃkɔla]
diretor (m) de escola	директор (ч) школи	[diˈrɛktor ˈʃkɔlʲi]
aluno (m)	учень (ч)	[ˈutʃɛnʲ]
aluna (f)	учениця (ж)	[utʃɛˈnʲitsʲa]
estudante (m)	школяр (ч)	[ʃkoˈlʲar]
estudante (f)	школярка (ж)	[ʃkoˈlʲarka]
ensinar (vt)	вчити	[ˈwtʃiti]
aprender (vt)	вивчати	[wiwˈtʃati]
decorar (vt)	вчити напам'ять	[ˈwtʃiti naˈpamʲʲatʲ]
estudar (vi)	вчитися	[ˈwtʃitisʲa]
estar na escola	вчитися	[ˈwtʃitisʲa]
ir à escola	йти до школи	[jtɨ do ˈʃkɔlʲi]
alfabeto (m)	алфавіт (ч)	[alfaˈwit]
disciplina (f)	предмет (ч)	[prɛdˈmɛt]
sala (f) de aula	клас (ч)	[klas]
lição, aula (f)	урок (ч)	[uˈrɔk]
recreio (m)	перерва (ж)	[pɛˈrɛrwa]
toque (m)	дзвінок (ч)	[dzwiˈnɔk]
classe (f)	парта (ж)	[ˈparta]
quadro (m) negro	дошка (ж)	[ˈdɔʃka]
nota (f)	оцінка (ж)	[oˈtsinka]
boa nota (f)	добра оцінка (ж)	[ˈdɔbra oˈtsinka]
nota (f) baixa	погана оцінка (ж)	[poˈɦana oˈtsinka]
dar uma nota	ставити оцінку	[ˈstawitɨ oˈtsinku]
erro (m)	помилка (ж)	[poˈmɨlka]
errar (vi)	робити помилки	[roˈbiti ˈpɔmɨlki]
corrigir (~ um erro)	виправляти	[wiprawˈlʲati]
cola (f)	шпаргалка (ж)	[ʃparˈɦalka]
dever (m) de casa	домашнє завдання (с)	[doˈmaʃnɛ zawˈdanʲa]
exercício (m)	вправа (ж)	[ˈwprawa]
estar presente	бути присутнім	[ˈbutɨ priˈsutnim]
estar ausente	бути відсутнім	[ˈbutɨ widˈsutnim]
faltar às aulas	пропускати уроки	[propusˈkatɨ uˈrɔkɨ]
punir (vt)	покарати	[pokaˈratɨ]
punição (f)	покарання (с)	[pokaˈranʲa]
comportamento (m)	поведінка (ж)	[powɛˈdinka]

boletim (m) escolar	**щоденник** (ч)	[ɕo'dɛnɨk]
lápis (m)	**олівець** (ч)	[oli'wɛʦ]
borracha (f)	**гумка** (ж)	['ɦumka]
giz (m)	**крейда** (ж)	['krɛjda]
porta-lápis (m)	**пенал** (ч)	[pɛ'nal]
mala, pasta, mochila (f)	**портфель** (ч)	[port'fɛlʲ]
caneta (f)	**ручка** (ж)	['ruʧka]
caderno (m)	**зошит** (ч)	['zɔʃɨt]
livro (m) didático	**підручник** (ч)	[pid'ruʧnɨk]
compasso (m)	**циркуль** (ч)	['ʦɨrkulʲ]
traçar (vt)	**креслити**	['krɛslɨtɨ]
desenho (m) técnico	**креслення** (с)	['krɛslɛnʲa]
poesia (f)	**вірш** (ч)	[wirʃ]
de cor	**напам'ять**	[na'pamˀʲatʲ]
decorar (vt)	**вчити напам'ять**	['wʧɨtɨ na'pamˀʲatʲ]
férias (f pl)	**канікули** (мн)	[ka'nikulɨ]
estar de férias	**бути на канікулах**	['butɨ na ka'nikulah]
passar as férias	**провести канікули**	[prowɛs'tɨ ka'nikulɨ]
teste (m), prova (f)	**контрольна робота** (ж)	[kon'trɔlʲna ro'bɔta]
redação (f)	**твір** (ч)	[twir]
ditado (m)	**диктант** (ч)	[dɨk'tant]
exame (m), prova (f)	**іспит** (ч)	['ispɨt]
fazer prova	**складати іспити**	[skla'datɨ 'ispɨtɨ]
experiência (~ química)	**дослід** (ч)	['dɔslid]

143. Colégio. Universidade

academia (f)	**академія** (ж)	[aka'dɛmiʲa]
universidade (f)	**університет** (ч)	[uniwɛrsɨ'tɛt]
faculdade (f)	**факультет** (ч)	[fakulʲ'tɛt]
estudante (m)	**студент** (ч)	[stu'dɛnt]
estudante (f)	**студентка** (ж)	[stu'dɛntka]
professor (m)	**викладач** (ч)	[wɨkla'daʧ]
auditório (m)	**аудиторія** (ж)	[audɨ'tɔriʲa]
graduado (m)	**випускник** (ч)	[wɨpusk'nɨk]
diploma (m)	**диплом** (ч)	[dɨp'lɔm]
tese (f)	**дисертація** (ж)	[disɛr'taʦiʲa]
estudo (obra)	**дослідження** (с)	[do'slidʒɛnʲa]
laboratório (m)	**лабораторія** (ж)	[labora'tɔriʲa]
palestra (f)	**лекція** (ж)	['lɛkʦiʲa]
colega (m) de curso	**однокурсник** (ч)	[odno'kursnɨk]
bolsa (f) de estudos	**стипендія** (ж)	[stɨ'pɛndiʲa]
grau (m) acadêmico	**вчений ступінь** (ч)	['wʧɛnɨj 'stupinʲ]

144. Ciências. Disciplinas

matemática (f)	**математика** (ж)	[matɛ'matɨka]
álgebra (f)	**алгебра** (ж)	['alɦɛbra]
geometria (f)	**геометрія** (ж)	[ɦɛo'mɛtrʲa]
astronomia (f)	**астрономія** (ж)	[astro'nɔmiʲa]
biologia (f)	**біологія** (ж)	[bio'lɔɦiʲa]
geografia (f)	**географія** (ж)	[ɦɛo'ɦrafiʲa]
geologia (f)	**геологія** (ж)	[ɦɛo'lɔɦiʲa]
história (f)	**історія** (ж)	[is'tɔriʲa]
medicina (f)	**медицина** (ж)	[mɛdɨ'ʦɨna]
pedagogia (f)	**педагогіка** (ж)	[pɛda'ɦɔɦika]
direito (m)	**право** (с)	['prawo]
física (f)	**фізика** (ж)	['fizɨka]
química (f)	**хімія** (ж)	['himiʲa]
filosofia (f)	**філософія** (ж)	[filo'sɔfiʲa]
psicologia (f)	**психологія** (ж)	[psɨho'lɔɦiʲa]

145. Sistema de escrita. Ortografia

gramática (f)	**граматика** (ж)	[ɦra'matɨka]
vocabulário (m)	**лексика** (ж)	['lɛksɨka]
fonética (f)	**фонетика** (ж)	[fo'nɛtɨka]
substantivo (m)	**іменник** (ч)	[i'mɛnɨk]
adjetivo (m)	**прикметник** (ч)	[prɨk'mɛtnɨk]
verbo (m)	**дієслово** (с)	[diɛ'slɔwo]
advérbio (m)	**прислівник** (ч)	[prɨs'liwnɨk]
pronome (m)	**займенник** (ч)	[zaj'mɛnɨk]
interjeição (f)	**вигук** (ч)	['wɨɦuk]
preposição (f)	**прийменник** (ч)	[prɨj'mɛnɨk]
raiz (f)	**корінь** (ч) **слова**	['kɔrinʲ 'slɔwa]
terminação (f)	**закінчення** (с)	[za'kinʧɛnʲa]
prefixo (m)	**префікс** (ч)	['prɛfiks]
sílaba (f)	**склад** (ч)	['sklad]
sufixo (m)	**суфікс** (ч)	['sufiks]
acento (m)	**наголос** (ч)	['naɦolos]
apóstrofo (f)	**апостроф** (ч)	[a'pɔstrof]
ponto (m)	**крапка** (ж)	['krapka]
vírgula (f)	**кома** (ж)	['kɔma]
ponto e vírgula (m)	**крапка** (ж) **з комою**	['krapka z 'kɔmoʲu]
dois pontos (m pl)	**двокрапка** (ж)	[dwo'krapka]
reticências (f pl)	**три крапки** (мн)	[trɨ 'krapkɨ]
ponto (m) de interrogação	**знак** (ч) **питання**	[znak pɨ'tanʲa]
ponto (m) de exclamação	**знак** (ч) **оклику**	[znak 'ɔklɨku]

aspas (f pl)	**лапки** (мн)	[lap'kɨ]
entre aspas	**в лапках**	[w lap'kah]
parênteses (m pl)	**дужки** (мн)	[duʒ'kɨ]
entre parênteses	**в дужках**	[w duʒ'kah]
hífen (m)	**дефіс** (ч)	[dɛ'fis]
travessão (m)	**тире** (с)	[tɨ'rɛ]
espaço (m)	**пробіл** (ч)	[pro'bil]
letra (f)	**літера** (ж)	['litɛra]
letra (f) maiúscula	**велика літера** (ж)	[wɛ'lɨka 'litɛra]
vogal (f)	**голосний звук** (ч)	[ɦolos'nɨj zwuk]
consoante (f)	**приголосний** (ч)	['prɨɦolosnɨj]
frase (f)	**речення** (с)	['rɛʧɛnʲa]
sujeito (m)	**підмет** (ч)	['pidmɛt]
predicado (m)	**присудок** (ч)	['prɨsudok]
linha (f)	**рядок** (ч)	[rʲa'dɔk]
em uma nova linha	**з нового рядка**	[z no'wɔɦo rʲad'ka]
parágrafo (m)	**абзац** (ч)	[ab'zaʦ]
palavra (f)	**слово** (с)	['slɔwo]
grupo (m) de palavras	**словосполучення** (с)	[slowospo'luʧɛnʲa]
expressão (f)	**вислів** (ч)	['wɨsliw]
sinônimo (m)	**синонім** (ч)	[sɨ'nɔnim]
antônimo (m)	**антонім** (ч)	[an'tɔnim]
regra (f)	**правило** (с)	['prawɨlo]
exceção (f)	**виняток** (ч)	['wɨnʲatok]
correto (adj)	**правильний**	['prawɨlʲnɨj]
conjugação (f)	**дієвідміна** (ж)	[diɛwid'mina]
declinação (f)	**відмінювання** (с)	[wid'minʲuwanʲa]
caso (m)	**відмінок** (ч)	[wid'minok]
pergunta (f)	**питання** (с)	[pɨ'tanʲa]
sublinhar (vt)	**підкреслити**	[pid'krɛslɨtɨ]
linha (f) pontilhada	**пунктир** (ч)	[punk'tɨr]

146. Línguas estrangeiras

língua (f)	**мова** (ж)	['mɔwa]
estrangeiro (adj)	**іноземний**	[ino'zɛmnɨj]
língua (f) estrangeira	**іноземна мова** (ж)	[ino'zɛmna 'mɔwa]
estudar (vt)	**вивчати**	[wɨw'ʧatɨ]
aprender (vt)	**вчити**	['wʧitɨ]
ler (vt)	**читати**	[ʧɨ'tatɨ]
falar (vi)	**говорити**	[ɦowo'rɨtɨ]
entender (vt)	**розуміти**	[rozu'mitɨ]
escrever (vt)	**писати**	[pɨ'satɨ]
rapidamente	**швидко**	['ʃwɨdko]
devagar, lentamente	**повільно**	[po'wilʲno]

fluentemente	**вільно**	['wilʲno]
regras (f pl)	**правила** (мн)	['prawɨla]
gramática (f)	**граматика** (ж)	[ɦra'matɨka]
vocabulário (m)	**лексика** (ж)	['lɛksɨka]
fonética (f)	**фонетика** (ж)	[fo'nɛtɨka]
livro (m) didático	**підручник** (ч)	[pid'rutʃnɨk]
dicionário (m)	**словник** (ч)	[slow'nɨk]
manual (m) autodidático	**самовчитель** (ч)	[samow'tʃitɛlʲ]
guia (m) de conversação	**розмовник** (ч)	[roz'mɔwnɨk]
fita (f) cassete	**касета** (ж)	[ka'sɛta]
videoteipe (m)	**відеокасета** (ж)	['widɛo ka'sɛta]
CD (m)	**CD-диск** (ч)	[si'di dɨsk]
DVD (m)	**DVD** (ч)	[dɨwi'di]
alfabeto (m)	**алфавіт** (ч)	[alfa'wit]
soletrar (vt)	**говорити по буквах**	[ɦowo'rɨtɨ po 'bukwah]
pronúncia (f)	**вимова** (ж)	[wɨ'mɔwa]
sotaque (m)	**акцент** (ч)	[ak'tsɛnt]
com sotaque	**з акцентом**	[z ak'tsɛntom]
sem sotaque	**без акценту**	[bɛz ak'tsɛntu]
palavra (f)	**слово** (с)	['slɔwo]
sentido (m)	**сенс** (ч)	[sɛns]
curso (m)	**курси** (мн)	['kursɨ]
inscrever-se (vr)	**записатися**	[zapɨ'satɨsʲa]
professor (m)	**викладач** (ч)	[wɨkla'datʃ]
tradução (processo)	**переклад** (ч)	[pɛ'rɛklad]
tradução (texto)	**переклад** (ч)	[pɛ'rɛklad]
tradutor (m)	**перекладач** (ч)	[pɛrɛkla'datʃ]
intérprete (m)	**перекладач** (ч)	[pɛrɛkla'datʃ]
poliglota (m)	**поліглот** (ч)	[poliɦ'lɔt]
memória (f)	**пам'ять** (ж)	['pamʔatʲ]

147. Personagens de contos de fadas

Papai Noel (m)	**Санта Клаус** (ч)	['santa 'klaus]
Cinderela (f)	**Попелюшка** (ж)	[popɛ'lʲuʃka]
sereia (f)	**русалка** (ж)	[ru'salka]
Netuno (m)	**Нептун**	[nɛp'tun]
bruxo, feiticeiro (m)	**чарівник** (ч)	[tʃariw'nɨk]
fada (f)	**чарівниця** (ж)	[tʃariw'nɨtsʲa]
mágico (adj)	**чарівний**	[tʃariw'nɨj]
varinha (f) mágica	**чарівна паличка** (ж)	[tʃa'riwna 'palɨtʃka]
conto (m) de fadas	**казка** (ж)	['kazka]
milagre (m)	**диво** (с)	['dɨwo]
anão (m)	**гном** (ч)	[ɦnom]

transformar-se em ...	перетворитися на	[pɛrɛtwoˈritisʲa na]
fantasma (m)	примара (ж)	[priˈmara]
fantasma (m)	привид (ч)	[ˈpriwid]
monstro (m)	чудовисько (с)	[ʧuˈdɔwisko]
dragão (m)	дракон (ч)	[draˈkɔn]
gigante (m)	велетень (ч)	[ˈwɛlɛtɛnʲ]

148. Signos do Zodíaco

Áries (f)	Овен (ч)	[ˈɔwɛn]
Touro (m)	Телець (ч)	[tɛˈlɛʦ]
Gêmeos (m pl)	Близнюки (мн)	[blizˈnʲuˈki]
Câncer (m)	Рак (ч)	[rak]
Leão (m)	Лев (ч)	[lɛw]
Virgem (f)	Діва (ж)	[ˈdiwa]

Libra (f)	Терези (мн)	[tɛrɛˈzi]
Escorpião (m)	Скорпіон (ч)	[skorpiˈɔn]
Sagitário (m)	Стрілець (ч)	[striˈlɛʦ]
Capricórnio (m)	Козеріг (ч)	[kozɛˈriɦ]
Aquário (m)	Водолій (ч)	[wodoˈlij]
Peixes (pl)	Риби (мн)	[ˈribi]

caráter (m)	характер (ч)	[haˈraktɛr]
traços (m pl) do caráter	риси (мн) характеру	[ˈrisi haˈraktɛru]
comportamento (m)	поведінка (ж)	[powɛˈdinka]
prever a sorte	ворожити	[woroˈʒiti]
adivinha (f)	гадалка (ж)	[ɦaˈdalka]
horóscopo (m)	гороскоп (ч)	[ɦoroˈskɔp]

Artes

149. Teatro

teatro (m)	**театр** (ч)	[tɛ'atr]
ópera (f)	**опера** (ж)	['ɔpɛra]
opereta (f)	**оперета** (ж)	[opɛ'rɛta]
balé (m)	**балет** (ч)	[ba'lɛt]
cartaz (m)	**афіша** (ж)	[a'fiʃa]
companhia (f) de teatro	**трупа** (ж)	['trupa]
turnê (f)	**гастролі** (мн)	[ɦa'strɔli]
estar em turnê	**гастролювати**	[ɦastrolʲu'watɨ]
ensaiar (vt)	**репетирувати**	[rɛpɛ'tɨruwatɨ]
ensaio (m)	**репетиція** (ж)	[rɛpɛ'tɨtsiʲa]
repertório (m)	**репертуар** (ч)	[rɛpɛrtu'ar]
apresentação (f)	**вистава** (ж)	[wɨs'tawa]
espetáculo (m)	**спектакль** (ч)	[spɛk'taklʲ]
peça (f)	**п'єса** (ж)	['pˀɛsa]
entrada (m)	**квиток** (ч)	[kwɨ'tɔk]
bilheteira (f)	**квиткова каса** (ж)	[kwɨt'kɔwa 'kasa]
hall (m)	**хол** (ч)	[hol]
vestiário (m)	**гардероб** (ч)	[ɦardɛ'rɔb]
senha (f) numerada	**номерок** (ч)	[nomɛ'rɔk]
binóculo (m)	**бінокль** (ч)	[bi'nɔklʲ]
lanterninha (m)	**контролер** (ч)	[kontro'lɛr]
plateia (f)	**партер** (ч)	[par'tɛr]
balcão (m)	**балкон** (ч)	[bal'kɔn]
primeiro balcão (m)	**бельетаж** (ч)	[bɛlʲjɛ'taʒ]
camarote (m)	**ложа** (ж)	['lɔʒa]
fila (f)	**ряд** (ч)	[rʲad]
assento (m)	**місце** (с)	['mistsɛ]
público (m)	**публіка** (ж)	['publika]
espectador (m)	**глядач** (ч)	[ɦlʲa'datʃ]
aplaudir (vt)	**плескати**	[plɛs'katɨ]
aplauso (m)	**аплодисменти** (мн)	[aplodɨs'mɛntɨ]
ovação (f)	**овації** (мн)	[o'watsijɨ]
palco (m)	**сцена** (ж)	['stsɛna]
cortina (f)	**завіса** (ж)	[za'wisa]
cenário (m)	**декорація** (ж)	[dɛko'ratsiʲa]
bastidores (m pl)	**куліси** (мн)	[ku'lisɨ]
cena (f)	**дія** (ж)	['diʲa]
ato (m)	**акт** (ч)	[akt]
intervalo (m)	**антракт** (ч)	[an'trakt]

150. Cinema

ator (m)	**актор** (ч)	[ak'tɔr]
atriz (f)	**акторка** (ж)	[ak'tɔrka]
cinema (m)	**кіно**	[ki'nɔ]
filme (m)	**кіно** (с)	[ki'nɔ]
episódio (m)	**серія** (ж)	['sɛriʲa]
filme (m) policial	**детектив** (ч)	[dɛtɛk'tɨw]
filme (m) de ação	**бойовик** (ч)	[boʲo'wɨk]
filme (m) de aventuras	**пригодницький фільм** (ч)	[prɨ'ɦɔdnɨʦkɨj filʲm]
filme (m) de ficção científica	**фантастичний фільм** (ч)	[fantas'tɨʧnɨj filʲm]
filme (m) de horror	**фільм** (ч) **жахів**	[filʲm 'ʒahiw]
comédia (f)	**кінокомедія** (ж)	[kinoko'mɛdiʲa]
melodrama (m)	**мелодрама** (ж)	[mɛlod'rama]
drama (m)	**драма** (ж)	['drama]
filme (m) de ficção	**художній фільм** (ч)	[hu'dɔʒnij filʲm]
documentário (m)	**документальний фільм** (ч)	[dokumɛn'talʲnɨj filʲm]
desenho (m) animado	**мультфільм** (ч)	[mulʲt'filʲm]
cinema (m) mudo	**німе кіно** (с)	[ni'mɛ ki'nɔ]
papel (m)	**роль** (ж)	[rolʲ]
papel (m) principal	**головна роль** (ж)	[ɦolow'na rolʲ]
representar (vt)	**грати**	['ɦratɨ]
estrela (f) de cinema	**кінозірка** (ж)	[kino'zirka]
conhecido (adj)	**відомий**	[wi'dɔmɨj]
famoso (adj)	**знаменитий**	[znamɛ'nɨtɨj]
popular (adj)	**популярний**	[popu'lʲarnɨj]
roteiro (m)	**сценарій** (ч)	[sʦɛ'narij]
roteirista (m)	**сценарист** (ч)	[sʦɛna'rɨst]
diretor (m) de cinema	**режисер** (ч)	[rɛʒɨ'sɛr]
produtor (m)	**продюсер** (ч)	[pro'dʲusɛr]
assistente (m)	**асистент** (ч)	[asɨs'tɛnt]
diretor (m) de fotografia	**оператор** (ч)	[opɛ'rator]
dublê (m)	**каскадер** (ч)	[kaska'dɛr]
dublê (m) de corpo	**дублер** (ч)	[dub'lɛr]
filmar (vt)	**знімати фільм**	[zni'matɨ filʲm]
audição (f)	**проби** (мн)	['prɔbɨ]
filmagem (f)	**зйомки** (мн)	['zʔɔmkɨ]
equipe (f) de filmagem	**знімальна група** (ж)	[zni'malʲna 'ɦrupa]
set (m) de filmagem	**знімальний майданчик** (ч)	[zni'malʲnɨj maj'danʧɨk]
câmera (f)	**кінокамера** (ж)	[kino'kamɛra]
cinema (m)	**кінотеатр** (ч)	[kinotɛ'atr]
tela (f)	**екран** (ч)	[ɛk'ran]
exibir um filme	**показувати фільм**	[po'kazuwatɨ filʲm]
trilha (f) sonora	**звукова доріжка** (ж)	[zwuko'wa do'riʒka]
efeitos (m pl) especiais	**спеціальні ефекти** (мн)	[spɛʦi'alʲni ɛ'fɛktɨ]

legendas (f pl)	субтитри (мн)	[sub'titri]
crédito (m)	титри (мн)	['titri]
tradução (f)	переклад (ч)	[pɛ'rɛklad]

151. Pintura

arte (f)	мистецтво (с)	[mis'tɛtstwo]
belas-artes (f pl)	образотворчі мистецтва (мн)	[obrazot'wortʃi mis'tɛtstwa]
galeria (f) de arte	арт-галерея (ж)	[art ɦalɛ'rɛʲa]
exibição (f) de arte	виставка (ж) картин	['wistawka kar'tin]

pintura (f)	живопис (ч)	[ʒi'wɔpis]
arte (f) gráfica	графіка (ж)	['ɦrafika]
arte (f) abstrata	абстракціонізм (ч)	[abstraktsio'nizm]
impressionismo (m)	імпресіонізм (ч)	[imprɛsio'nizm]

pintura (f), quadro (m)	картина (ж)	[kar'tina]
desenho (m)	малюнок (ч)	[ma'lʲunok]
cartaz, pôster (m)	плакат (ч)	[pla'kat]

ilustração (f)	ілюстрація (ж)	[ilʲust'ratsiʲa]
miniatura (f)	мініатюра (ж)	[minia'tʲura]
cópia (f)	копія (ж)	['kɔpiʲa]
reprodução (f)	репродукція (ж)	[rɛpro'duktsiʲa]

mosaico (m)	мозаїка (ж)	[mo'zajika]
vitral (m)	вітраж (ч)	[wit'raʒ]
afresco (m)	фреска (ж)	['frɛska]
gravura (f)	гравюра (ж)	[ɦra'wʲura]

busto (m)	бюст (ч)	[bʲust]
escultura (f)	скульптура (ж)	[skulʲp'tura]
estátua (f)	статуя (ж)	['statuʲa]
gesso (m)	гіпс (ч)	[ɦips]
em gesso (adj)	з гіпсу	[z 'ɦipsu]

retrato (m)	портрет (ч)	[port'rɛt]
autorretrato (m)	автопортрет (ч)	[awtopor'trɛt]
paisagem (f)	пейзаж (ч)	[pɛj'zaʒ]
natureza (f) morta	натюрморт (ч)	[natʲur'mɔrt]
caricatura (f)	карикатура (ж)	[karika'tura]
esboço (m)	нарис (ч)	['naris]

tinta (f)	фарба (ж)	['farba]
aquarela (f)	акварель (ж)	[akwa'rɛlʲ]
tinta (f) a óleo	масло (с)	['maslo]
lápis (m)	олівець (ч)	[oli'wɛts]
tinta (f) nanquim	туш (ж)	[tuʃ]
carvão (m)	вугілля (с)	[wu'ɦilʲa]

desenhar (vt)	малювати	[malʲu'wati]
pintar (vt)	малювати	[malʲu'wati]
posar (vi)	позувати	[pozu'wati]

modelo (m)	**натурник** (ч)	[na'turnɨk]
modelo (f)	**натурниця** (ж)	[na'turnɨtsʲa]
pintor (m)	**художник** (ч)	[hu'dɔʒnɨk]
obra (f)	**витвір** (ч) **мистецтва**	['wɨtwir mɨs'tɛtstwa]
obra-prima (f)	**шедевр** (ч)	[ʃɛ'dɛwr]
estúdio (m)	**майстерня** (ж)	[majs'tɛrnʲa]
tela (f)	**полотно** (с)	[polot'nɔ]
cavalete (m)	**мольберт** (ч)	[molʲ'bɛrt]
paleta (f)	**палітра** (ж)	[pa'litra]
moldura (f)	**рама** (ж)	['rama]
restauração (f)	**реставрація** (ж)	[rɛstaw'ratsʲa]
restaurar (vt)	**реставрувати**	[rɛstawru'watɨ]

152. Literatura & Poesia

literatura (f)	**література** (ж)	[litɛra'tura]
autor (m)	**автор** (ч)	['awtor]
pseudônimo (m)	**псевдонім** (ч)	[psɛwdo'nim]
livro (m)	**книга** (ж)	['knɨɦa]
volume (m)	**том** (ч)	[tɔm]
índice (m)	**зміст** (ч)	[zmist]
página (f)	**сторінка** (ж)	[sto'rinka]
protagonista (m)	**головний герой** (ч)	[ɦolow'nɨj ɦɛ'rɔj]
autógrafo (m)	**автограф** (ч)	[aw'tɔɦraf]
conto (m)	**оповідання** (с)	[opowi'danʲa]
novela (f)	**повість** (ж)	['pɔwistʲ]
romance (m)	**роман** (ч)	[ro'man]
obra (f)	**твір** (ч)	[twir]
fábula (m)	**байка** (ж)	['bajka]
romance (m) policial	**детектив** (ч)	[dɛtɛk'tɨw]
verso (m)	**вірш** (ч)	[wirʃ]
poesia (f)	**поезія** (ж)	[po'ɛzʲa]
poema (m)	**поема** (ж)	[po'ɛma]
poeta (m)	**поет** (ч)	[po'ɛt]
ficção (f)	**белетристика** (ж)	[bɛlɛt'rɨstɨka]
ficção (f) científica	**наукова фантастика** (ж)	[nau'kɔwa fan'tastɨka]
aventuras (f pl)	**пригоди** (мн)	[prɨ'ɦɔdɨ]
literatura (f) didática	**учбова література** (ж)	[utʃ'bɔwa litɛra'tura]
literatura (f) infantil	**дитяча література** (ж)	[dɨ'tʲatʃa litɛra'tura]

153. Circo

circo (m)	**цирк** (ч)	[tsɨrk]
circo (m) ambulante	**цирк-шапіто** (ч)	[tsɨrk ʃapi'tɔ]
programa (m)	**програма** (ж)	[proɦ'rama]

apresentação (f)	**вистава** (ж)	[wɨs'tawa]
número (m)	**номер** (ч)	['nɔmɛr]
picadeiro (f)	**арена** (ж)	[a'rɛna]
pantomima (f)	**пантоміма** (ж)	[panto'mima]
palhaço (m)	**клоун** (ч)	['klɔun]
acrobata (m)	**акробат** (ч)	[akro'bat]
acrobacia (f)	**акробатика** (ж)	[akro'batɨka]
ginasta (m)	**гімнаст** (ч)	[ɦim'nast]
ginástica (f)	**гімнастика** (ж)	[ɦim'nastɨka]
salto (m) mortal	**сальто** (с)	['salʲto]
homem (m) forte	**атлет** (ч)	[at'lɛt]
domador (m)	**приборкувач** (ч)	[prɨ'bɔrkuwatʃ]
cavaleiro (m) equilibrista	**наїзник** (ч)	[na'jiznɨk]
assistente (m)	**асистент** (ч)	[asɨs'tɛnt]
truque (m)	**трюк** (ч)	[trʲuk]
truque (m) de mágica	**фокус** (ч)	['fɔkus]
ilusionista (m)	**фокусник** (ч)	['fɔkusnɨk]
malabarista (m)	**жонглер** (ч)	[ʒonɦ'lɛr]
fazer malabarismos	**жонглювати**	[ʒonɦlʲu'watɨ]
adestrador (m)	**дресирувальник** (ч)	[drɛsɨru'walʲnɨk]
adestramento (m)	**дресура** (ж)	[drɛ'sura]
adestrar (vt)	**дресирувати**	[drɛsɨru'watɨ]

154. Música. Música popular

música (f)	**музика** (ж)	['muzɨka]
músico (m)	**музикант** (ч)	[muzɨ'kant]
instrumento (m) musical	**музичний інструмент** (ч)	[mu'zɨtʃnɨj instru'mɛnt]
tocar ...	**грати на...**	['ɦratɨ na]
guitarra (f)	**гітара** (ж)	[ɦi'tara]
violino (m)	**скрипка** (ж)	['skrɨpka]
violoncelo (m)	**віолончель** (ж)	[wiolon'tʃɛlʲ]
contrabaixo (m)	**контрабас** (ч)	[kontra'bas]
harpa (f)	**арфа** (ж)	['arfa]
piano (m)	**піаніно** (с)	[pia'nino]
piano (m) de cauda	**рояль** (ч)	[ro'ʲalʲ]
órgão (m)	**орган** (ч)	[or'ɦan]
instrumentos (m pl) de sopro	**духові інструменти** (мн)	[duho'wi instru'mɛntɨ]
oboé (m)	**гобой** (ч)	[ɦo'bɔj]
saxofone (m)	**саксофон** (ч)	[sakso'fɔn]
clarinete (m)	**кларнет** (ч)	[klar'nɛt]
flauta (f)	**флейта** (ж)	['flɛjta]
trompete (m)	**труба** (ж)	[tru'ba]
acordeão (m)	**акордеон** (ч)	[akordɛ'ɔn]
tambor (m)	**барабан** (ч)	[bara'ban]

dueto (m)	**дует** (ч)	[du'ɛt]
trio (m)	**тріо** (с)	['trio]
quarteto (m)	**квартет** (ч)	[kwar'tɛt]
coro (m)	**хор** (ч)	[hor]
orquestra (f)	**оркестр** (ч)	[or'kɛstr]
música (f) pop	**поп-музика** (ж)	[pop 'muzɨka]
música (f) rock	**рок-музика** (ж)	[rok 'muzɨka]
grupo (m) de rock	**рок-група** (ж)	[rok 'ɦrupa]
jazz (m)	**джаз** (ч)	[ʤaz]
ídolo (m)	**кумир** (ч)	[ku'mɨr]
fã, admirador (m)	**шанувальник** (ч)	[ʃanu'walʲnɨk]
concerto (m)	**концерт** (ч)	[kon'ʦɛrt]
sinfonia (f)	**симфонія** (ж)	[sɨm'fɔniʲa]
composição (f)	**твір** (ч)	[twir]
compor (vt)	**створити**	[stwo'rɨtɨ]
canto (m)	**спів** (ч)	[spiw]
canção (f)	**пісня** (ж)	['pisnʲa]
melodia (f)	**мелодія** (ж)	[mɛ'lɔdiʲa]
ritmo (m)	**ритм** (ч)	[rɨtm]
blues (m)	**блюз** (ч)	[blʲuz]
notas (f pl)	**ноти** (мн)	['nɔtɨ]
batuta (f)	**паличка** (ж)	['palɨʧka]
arco (m)	**смичок** (ч)	[smɨ'ʧɔk]
corda (f)	**струна** (ж)	[stru'na]
estojo (m)	**футляр** (ч)	[fut'lʲar]

Descanso. Entretenimento. Viagens

155. Viagens

turismo (m)	**туризм** (ч)	[tu'rɨzm]
turista (m)	**турист** (ч)	[tu'rɨst]
viagem (f)	**мандрівка** (ж)	[mand'riwka]
aventura (f)	**пригода** (ж)	[prɨ'ɦɔda]
percurso (curta viagem)	**поїздка** (ж)	[po'jizdka]
férias (f pl)	**відпустка** (ж)	[wid'pustka]
estar de férias	**бути у відпустці**	['butɨ u wid'pustʦi]
descanso (m)	**відпочинок** (ч)	[widpo'ʧɨnok]
trem (m)	**поїзд** (ч)	['pɔjɨzd]
de trem (chegar ~)	**поїздом**	['pɔjɨzdom]
avião (m)	**літак** (ч)	[li'tak]
de avião	**літаком**	[lita'kɔm]
de carro	**автомобілем**	[awtomo'bilɛm]
de navio	**кораблем**	[korab'lɛm]
bagagem (f)	**багаж** (ч)	[ba'ɦaʒ]
mala (f)	**валіза** (ж)	[wa'liza]
carrinho (m)	**візок** (ч) **для багажу**	[wi'zɔk dlʲa baɦa'ʒu]
passaporte (m)	**паспорт** (ч)	['pasport]
visto (m)	**віза** (ж)	['wiza]
passagem (f)	**квиток** (ч)	[kwɨ'tɔk]
passagem (f) aérea	**авіаквиток** (ч)	[awiakwɨ'tɔk]
guia (m) de viagem	**путівник** (ч)	[putiw'nɨk]
mapa (m)	**карта** (ж)	['karta]
área (f)	**місцевість** (ж)	[mis'ʦɛwistʲ]
lugar (m)	**місце** (с)	['misʦɛ]
exotismo (m)	**екзотика** (ж)	[ɛk'zɔtɨka]
exótico (adj)	**екзотичний**	[ɛkzo'tɨʧnɨj]
surpreendente (adj)	**дивовижний**	['dɨwowɨʒnɨj]
grupo (m)	**група** (ж)	['ɦrupa]
excursão (f)	**екскурсія** (ж)	[ɛks'kursiʲa]
guia (m)	**екскурсовод** (ч)	[ɛkskurso'wɔd]

156. Hotel

hotel (m), hospedaria (f)	**готель** (ч)	[ɦo'tɛlʲ]
motel (m)	**мотель** (ч)	[mo'tɛlʲ]
três estrelas	**три зірки**	[trɨ 'zirkɨ]

cinco estrelas	**п'ять зірок**	[pʔatʲ zi'rɔk]
ficar (vi, vt)	**зупинитися**	[zupɨ'nɨtɨsʲa]
quarto (m)	**номер** (ч)	['nɔmɛr]
quarto (m) individual	**одномісний номер** (ч)	[odno'misnɨj nomɛr]
quarto (m) duplo	**двомісний номер** (ч)	[dwo'misnɨj 'nɔmɛr]
reservar um quarto	**бронювати номер**	[bronʲu'watɨ 'nɔmɛr]
meia pensão (f)	**напівпансіон** (ч)	[napiwpansi'ɔn]
pensão (f) completa	**повний пансіон** (ч)	['pɔwnɨj pansi'ɔn]
com banheira	**з ванною**	[z 'wanoʲu]
com chuveiro	**з душем**	[z 'duʃɛm]
televisão (m) por satélite	**супутникове телебачення** (с)	[su'putnɨkowɛ tɛlɛ'batʃɛnʲa]
ar (m) condicionado	**кондиціонер** (ч)	[kondɨtsio'nɛr]
toalha (f)	**рушник** (ч)	[ruʃ'nɨk]
chave (f)	**ключ** (ч)	[klʲutʃ]
administrador (m)	**адміністратор** (ч)	[admini'strator]
camareira (f)	**покоївка** (ж)	[poko'jiwka]
bagageiro (m)	**носильник** (ч)	[no'sɨlʲnɨk]
porteiro (m)	**портьє** (ч)	[por'tʲɛ]
restaurante (m)	**ресторан** (ч)	[rɛsto'ran]
bar (m)	**бар** (ч)	[bar]
café (m) da manhã	**сніданок** (ч)	[sni'danok]
jantar (m)	**вечеря** (ж)	[wɛ'tʃɛrʲa]
bufê (m)	**шведський стіл** (ч)	['ʃwɛdsʲkɨj stil]
saguão (m)	**вестибюль** (ч)	[wɛstɨ'bʲulʲ]
elevador (m)	**ліфт** (ч)	[lift]
NÃO PERTURBE	**НЕ ТУРБУВАТИ**	[nɛ turbu'watɨ]
PROIBIDO FUMAR!	**ПАЛИТИ ЗАБОРОНЕНО**	[pa'lɨtɨ zabo'rɔnɛno]

157. Livros. Leitura

livro (m)	**книга** (ж)	['knɨɦa]
autor (m)	**автор** (ч)	['awtor]
escritor (m)	**письменник** (ч)	[pɨsʲ'mɛnɨk]
escrever (~ um livro)	**написати**	[napɨ'satɨ]
leitor (m)	**читач** (ч)	[tʃɨ'tatʃ]
ler (vt)	**читати**	[tʃɨ'tatɨ]
leitura (f)	**читання** (с)	[tʃɨ'tanʲa]
para si	**про себе**	[pro 'sɛbɛ]
em voz alta	**вголос**	['wɦɔlos]
publicar (vt)	**видавати**	[wɨda'watɨ]
publicação (f)	**примірник** (ч)	[prɨ'mirnɨk]
editor (m)	**видавець** (ч)	[wɨda'wɛts]
editora (f)	**видавництво** (с)	[wɨdaw'nɨtstwo]

sair (vi)	**вийти**	['wɨjtɨ]
lançamento (m)	**вихід** (ч)	['wɨhid]
tiragem (f)	**наклад** (ч)	['naklad]
livraria (f)	**книгарня** (ж)	[knɨ'ɦarnʲa]
biblioteca (f)	**бібліотека** (ж)	[biblio'tɛka]
novela (f)	**повість** (ж)	['pɔwistʲ]
conto (m)	**оповідання** (с)	[opowi'danʲa]
romance (m)	**роман** (ч)	[ro'man]
romance (m) policial	**детектив** (ч)	[dɛtɛk'tɨw]
memórias (f pl)	**мемуари** (мн)	[mɛmu'arɨ]
lenda (f)	**легенда** (ж)	[lɛ'ɦɛnda]
mito (m)	**міф** (ч)	[mif]
poesia (f)	**вірші** (мн)	['wirʃi]
autobiografia (f)	**автобіографія** (ж)	[awtobio'ɦrafiʲa]
obras (f pl) escolhidas	**вибрані роботи** (мн)	['wɨbrani ro'bɔtɨ]
ficção (f) científica	**наукова фантастика** (ж)	[nau'kɔwa fan'tastɨka]
título (m)	**назва** (ж)	['nazwa]
introdução (f)	**вступ** (ч)	[wstup]
folha (f) de rosto	**титульна сторінка** (ж)	['tɨtulʲna sto'rinka]
capítulo (m)	**розділ** (ч)	['rɔzdil]
excerto (m)	**уривок** (ч)	[u'rɨwok]
episódio (m)	**епізод** (ч)	[ɛpi'zɔd]
enredo (m)	**сюжет** (ч)	[sʲu'ʒɛt]
conteúdo (m)	**вміст** (ч)	[wmist]
índice (m)	**зміст** (ч)	[zmist]
protagonista (m)	**головний герой** (ч)	[ɦolow'nɨj ɦɛ'rɔj]
volume (m)	**том** (ч)	[tom]
capa (f)	**обкладинка** (ж)	[ob'kladɨnka]
encadernação (f)	**палітура** (ж)	[pali'tura]
marcador (m) de página	**закладка** (ж)	[za'kladka]
página (f)	**сторінка** (ж)	[sto'rinka]
folhear (vt)	**гортати**	[ɦor'tatɨ]
margem (f)	**поля** (мн)	[po'lʲa]
anotação (f)	**позначка** (ж)	['pɔznatʃka]
nota (f) de rodapé	**примітка** (ж)	[prɨ'mitka]
texto (m)	**текст** (ч)	[tɛkst]
fonte (f)	**шрифт** (ч)	[ʃrift]
falha (f) de impressão	**помилка** (ж)	[po'mɨlka]
tradução (f)	**переклад** (ч)	[pɛ'rɛklad]
traduzir (vt)	**перекладати**	[pɛrɛkla'datɨ]
original (m)	**оригінал** (ч)	[orɨɦi'nal]
famoso (adj)	**відомий**	[wi'dɔmɨj]
desconhecido (adj)	**невідомий**	[nɛwi'dɔmɨj]
interessante (adj)	**цікавий**	[ʦi'kawɨj]

best-seller (m)	**бестселер** (ч)	[bɛst'sɛlɛr]
dicionário (m)	**словник** (ч)	[slow'nɨk]
livro (m) didático	**підручник** (ч)	[pid'rutʃnɨk]
enciclopédia (f)	**енциклопедія** (ж)	[ɛntsɨklo'pɛdiʲa]

158. Caça. Pesca

caça (f)	**полювання** (с)	[polʲu'wanʲa]
caçar (vi)	**полювати**	[polʲu'watɨ]
caçador (m)	**мисливець** (ч)	[mɨs'lɨwɛts]
disparar, atirar (vi)	**стріляти**	[stri'lʲatɨ]
rifle (m)	**рушниця** (ж)	[ruʃ'nɨtsʲa]
cartucho (m)	**патрон** (ч)	[pat'rɔn]
chumbo (m) de caça	**шріт** (ч)	[ʃrit]
armadilha (f)	**капкан** (ч)	[kap'kan]
armadilha (com corda)	**пастка** (ж)	['pastka]
cair na armadilha	**потрапити в капкан**	[pot'rapɨtɨ w kap'kan]
pôr a armadilha	**ставити капкан**	['stawɨtɨ kap'kan]
caçador (m) furtivo	**браконьєр** (ч)	[brako'nʲɛr]
caça (animais)	**дичина** (ж)	[dɨtʃɨ'na]
cão (m) de caça	**мисливський пес** (ч)	[mɨs'lɨwsʲkɨj pɛs]
safári (m)	**сафарі** (с)	[sa'fari]
animal (m) empalhado	**опудало** (с)	[o'pudalo]
pescador (m)	**рибалка** (ч)	[rɨ'balka]
pesca (f)	**риболовля** (ж)	[rɨbo'lɔwlʲa]
pescar (vt)	**ловити рибу**	[lo'wɨtɨ 'rɨbu]
vara (f) de pesca	**вудочка** (ж)	['wudotʃka]
linha (f) de pesca	**волосінь** (ж)	[wolo'sinʲ]
anzol (m)	**гачок** (ч)	[ɦa'tʃɔk]
boia (f), flutuador (m)	**поплавець** (ч)	[popla'wɛts]
isca (f)	**наживка** (ж)	[na'ʒɨwka]
lançar a linha	**закинути вудочку**	[za'kɨnutɨ 'wudotʃku]
morder (peixe)	**клювати**	[klʲu'watɨ]
pesca (f)	**улов** (ч)	[u'lɔw]
buraco (m) no gelo	**ополонка** (ж)	[opo'lɔnka]
rede (f)	**сітка** (ж)	['sitka]
barco (m)	**човен** (ч)	['tʃɔwɛn]
pescar com rede	**ловити**	[lo'wɨtɨ]
lançar a rede	**закидати сіті**	[zakɨ'datɨ 'siti]
puxar a rede	**витягати сіті**	[wɨtʲa'ɦatɨ 'siti]
cair na rede	**потрапити у сіті**	[pot'rapɨtɨ u 'siti]
baleeiro (m)	**китобій** (ч)	[kɨto'bij]
baleeira (f)	**китобійне судно** (с)	[kɨto'bijnɛ 'sudno]
arpão (m)	**гарпун** (ч)	[ɦar'pun]

159. Jogos. Bilhar

bilhar (m)	**більярд** (ч)	[bi'ljard]
sala (f) de bilhar	**більярдна** (ж)	[bi'ljardna]
bola (f) de bilhar	**більярдна куля** (ж)	[bi'ljardna 'kulʲa]
embolsar uma bola	**загнати кулю**	[za'ɦnatɨ 'kulʲu]
taco (m)	**кий** (ч)	[kɨj]
caçapa (f)	**луза** (ж)	['luza]

160. Jogos. Jogar cartas

carta (f) de jogar	**карта** (ж)	['karta]
cartas (f pl)	**карти** (мн)	['kartɨ]
baralho (m)	**колода** (ж)	[ko'lɔda]
trunfo (m)	**козир** (ч)	['kɔzɨr]
ouros (m pl)	**бубни** (мн)	['bubnɨ]
espadas (f pl)	**піки** (мн)	['pikɨ]
copas (f pl)	**черви** (мн)	['ʧɛrwɨ]
paus (m pl)	**трефи** (мн)	['trɛfɨ]
ás (m)	**туз** (ч)	[tuz]
rei (m)	**король** (ч)	[ko'rɔlʲ]
dama (f), rainha (f)	**дама** (ж)	['dama]
valete (m)	**валет** (ч)	[wa'lɛt]
dar, distribuir (vt)	**здавати**	[zda'watɨ]
embaralhar (vt)	**тасувати**	[tasu'watɨ]
vez, jogada (f)	**хід** (ч)	[hid]
ponto (m)	**очко** (с)	[oʧ'kɔ]
trapaceiro (m)	**шулер** (ч)	['ʃulɛr]

161. Casino. Roleta

cassino (m)	**казино** (с)	[kazɨ'nɔ]
roleta (f)	**рулетка** (ж)	[ru'lɛtka]
aposta (f)	**ставка** (ж)	['stawka]
apostar (vt)	**робити ставки**	[ro'bɨtɨ 'stawkɨ]
vermelho (m)	**червоне** (с)	[ʧɛr'wɔnɛ]
preto (m)	**чорне** (с)	['ʧɔrnɛ]
apostar no vermelho	**ставити на червоне**	['stawɨtɨ na ʧɛr'wɔnɛ]
apostar no preto	**ставити на чорне**	['stawɨtɨ na 'ʧɔrnɛ]
croupier (m, f)	**круп'є** (ч)	[kru'pʔɛ]
girar da roleta	**крутити барабан**	[kru'tɨtɨ bara'ban]
regras (f pl) do jogo	**правила** (мн) **гри**	['prawɨla ɦrɨ]
ficha (f)	**фішка** (ж)	['fiʃka]
ganhar (vi, vt)	**виграти**	['wɨɦratɨ]
ganho (m)	**виграш** (ч)	['wɨɦraʃ]

perder (dinheiro)	програти	[proɦ'rati]
perda (f)	програш (ч)	['prɔɦraʃ]
jogador (m)	гравець (ч)	[ɦra'wɛts]
blackjack, vinte-e-um (m)	блекджек (ч)	[blɛk'dʒɛk]
jogo (m) de dados	гра (ж) в кості	[ɦra w 'kɔsti]
dados (m pl)	гральні кості (мн)	['ɦralʲni 'kɔsti]
caça-níqueis (m)	гральний автомат (ч)	['ɦralʲnij awto'mat]

162. Descanso. Jogos. Diversos

passear (vi)	прогулюватися	[pro'ɦulʲuwatisʲa]
passeio (m)	прогулянка (ж)	[pro'ɦulʲanka]
viagem (f) de carro	поїздка (ж)	[po'jizdka]
aventura (f)	пригода (ж)	[pri'ɦɔda]
piquenique (m)	пікнік (ч)	[pik'nik]
jogo (m)	гра (ж)	[ɦra]
jogador (m)	гравець (ч)	[ɦra'wɛts]
partida (f)	партія (ж)	['partiʲa]
colecionador (m)	колекціонер (ч)	[kolɛktsio'nɛr]
colecionar (vt)	колекціонувати	[kolɛktsionu'wati]
coleção (f)	колекція (ж)	[ko'lɛktsiʲa]
palavras (f pl) cruzadas	кросворд (ч)	[kros'wɔrd]
hipódromo (m)	іподром (ч)	[ipod'rɔm]
discoteca (f)	дискотека (ж)	[disko'tɛka]
sauna (f)	сауна (ж)	['sauna]
loteria (f)	лотерея (ж)	[lotɛ'rɛʲa]
campismo (m)	похід (ч)	[po'hid]
acampamento (m)	табір (ч)	['tabir]
campista (m)	турист (ч)	[tu'rist]
barraca (f)	намет (ч)	[na'mɛt]
bússola (f)	компас (ч)	['kɔmpas]
ver (vt), assistir à ...	дивитися	[di'witisʲa]
telespectador (m)	телеглядач (ч)	[tɛlɛɦlʲa'datʃ]
programa (m) de TV	телепередача (ж)	['tɛlɛ pɛrɛ'datʃa]

163. Fotografia

máquina (f) fotográfica	фотоапарат (ч)	[fotoapa'rat]
foto, fotografia (f)	фото (c)	['fɔto]
fotógrafo (m)	фотограф (ч)	[fo'tɔɦraf]
estúdio (m) fotográfico	фотостудія (ж)	[foto'studiʲa]
álbum (m) de fotografias	фотоальбом (ч)	[fotoalʲ'bɔm]
lente (f) fotográfica	об'єктив (ч)	[ob'ʲɛk'tiw]
lente (f) teleobjetiva	телеоб'єктив (ч)	[tɛlɛob'ʲɛk'tiw]

filtro (m)	**фільтр** (ч)	['filʲtr]
lente (f)	**лінза** (ж)	['linza]
ótica (f)	**оптика** (ж)	['ɔptɨka]
abertura (f)	**діафрагма** (ж)	[dia'fraɦma]
exposição (f)	**витримка** (ж)	['wɨtrɨmka]
visor (m)	**видошукач** (ч)	[wɨdoʃu'katʃ]
câmera (f) digital	**цифрова камера** (ж)	[ʦɨfro'wa 'kamɛra]
tripé (m)	**штатив** (ч)	[ʃta'tɨw]
flash (m)	**спалах** (ч)	['spalah]
fotografar (vt)	**фотографувати**	[fotoɦrafu'watɨ]
tirar fotos	**знімати**	[zni'matɨ]
fotografar-se (vr)	**фотографуватися**	[fotoɦrafu'watɨsʲa]
foco (m)	**різкість** (ж)	['rizkistʲ]
focar (vt)	**наводити різкість**	[na'wɔdɨtɨ 'rizkistʲ]
nítido (adj)	**різкий**	[riz'kɨj]
nitidez (f)	**різкість** (ж)	['rizkistʲ]
contraste (m)	**контраст** (ч)	[kon'trast]
contrastante (adj)	**контрастний**	[kon'trastnɨj]
retrato (m)	**знімок** (ч)	['znimok]
negativo (m)	**негатив** (ч)	[nɛɦa'tɨw]
filme (m)	**фотоплівка** (ж)	[foto'pliwka]
fotograma (m)	**кадр** (ч)	[kadr]
imprimir (vt)	**друкувати**	[druku'watɨ]

164. Praia. Natação

praia (f)	**пляж** (ч)	[plʲaʒ]
areia (f)	**пісок** (ч)	[pi'sɔk]
deserto (adj)	**пустельний**	[pus'tɛlʲnɨj]
bronzeado (m)	**засмага** (ж)	[zas'maɦa]
bronzear-se (vr)	**засмагати**	[zasma'ɦatɨ]
bronzeado (adj)	**засмаглий**	[zas'maɦlɨj]
protetor (m) solar	**крем** (ч) **для засмаги**	[krɛm dlʲa zas'maɦɨ]
biquíni (m)	**бікіні** (мн)	[bi'kini]
maiô (m)	**купальник** (ч)	[ku'palʲnɨk]
calção (m) de banho	**плавки** (мн)	['plawkɨ]
piscina (f)	**басейн** (ч)	[ba'sɛjn]
nadar (vi)	**плавати**	['plawatɨ]
chuveiro (m), ducha (f)	**душ** (ч)	[duʃ]
mudar, trocar (vt)	**перевдягатися**	[pɛrɛwdʲa'ɦatɨsʲa]
toalha (f)	**рушник** (ч)	[ruʃ'nɨk]
barco (m)	**човен** (ч)	['ʧɔwɛn]
lancha (f)	**катер** (ч)	['katɛr]
esqui (m) aquático	**водяні лижі** (мн)	[wodʲa'ni 'liʒi]

barco (m) de pedais	**водяний велосипед** (ч)	[wodʲa'nɨj wɛlosɨ'pɛd]
surf, surfe (m)	**серфінг** (ч)	['sɛrfinɦ]
surfista (m)	**серфінгіст** (ч)	[sɛrfi'nɦist]
equipamento (m) de mergulho	**акваланг** (ч)	[akwa'lanɦ]
pé (m pl) de pato	**ласти** (мн)	['lastɨ]
máscara (f)	**маска** (ж)	['maska]
mergulhador (m)	**нирець** (ч)	[nɨ'rɛʦ]
mergulhar (vi)	**пірнати**	[pir'natɨ]
debaixo d'água	**під водою**	[pid wo'dɔʲu]
guarda-sol (m)	**парасолька** (ж)	[para'sɔlʲka]
espreguiçadeira (f)	**шезлонг** (ч)	[ʃɛz'lɔnɦ]
óculos (m pl) de sol	**окуляри** (мн)	[oku'lʲarɨ]
colchão (m) de ar	**плавальний матрац** (ч)	['plawalʲnɨj mat'raʦ]
brincar (vi)	**грати**	['ɦratɨ]
ir nadar	**купатися**	[ku'patɨsʲa]
bola (f) de praia	**м'яч** (ч)	[mʔʲaʧ]
encher (vt)	**надувати**	[nadu'watɨ]
inflável (adj)	**надувний**	[naduw'nɨj]
onda (f)	**хвиля** (ж)	['hwɨlʲa]
boia (f)	**буй** (ч)	[buj]
afogar-se (vr)	**тонути**	[to'nutɨ]
salvar (vt)	**рятувати**	[rʲatu'watɨ]
colete (m) salva-vidas	**рятувальний жилет** (ч)	[rʲatu'walʲnɨj ʒɨ'lɛt]
observar (vt)	**спостерігати**	[spostɛri'ɦatɨ]
salva-vidas (pessoa)	**рятувальник** (ч)	[rʲatu'walʲnɨk]

EQUIPAMENTO TÉCNICO. TRANSPORTES

Equipamento técnico

165. Computador

computador (m)	**комп'ютер** (ч)	[kom'pˀʲutɛr]
computador (m) portátil	**ноутбук** (ч)	[nout'buk]
ligar (vt)	**увімкнути**	[uwimk'nutɨ]
desligar (vt)	**вимкнути**	['wɨmknutɨ]
teclado (m)	**клавіатура** (ж)	[klawia'tura]
tecla (f)	**клавіша** (ж)	['klawiʃa]
mouse (m)	**миша** (ж)	['mɨʃa]
tapete (m) para mouse	**килимок** (ч) **для миші**	[kɨlɨ'mok dlʲa 'mɨʃi]
botão (m)	**кнопка** (ж)	['knɔpka]
cursor (m)	**курсор** (ч)	[kur'sɔr]
monitor (m)	**монітор** (ч)	[moni'tɔr]
tela (f)	**екран** (ч)	[ɛk'ran]
disco (m) rígido	**жорсткий диск** (ч)	[ʒor'stkɨj dɨsk]
capacidade (f) do disco rígido	**об'єм** (ч) **жорсткого диска**	[ob'ˀɛm ʒorst'kɔɦo 'dɨska]
memória (f)	**пам'ять** (ж)	['pamˀʲatʲ]
memória RAM (f)	**оперативна пам'ять** (ж)	[opɛra'tɨwna 'pamˀʲatʲ]
arquivo (m)	**файл** (ч)	[fajl]
pasta (f)	**папка** (ж)	['papka]
abrir (vt)	**відкрити**	[wid'krɨtɨ]
fechar (vt)	**закрити**	[za'krɨtɨ]
salvar (vt)	**зберегти**	[zbɛrɛɦ'tɨ]
deletar (vt)	**видалити**	['wɨdalɨtɨ]
copiar (vt)	**скопіювати**	[skopiʲu'watɨ]
ordenar (vt)	**сортувати**	[sortu'watɨ]
copiar (vt)	**переписати**	[pɛrɛpɨ'satɨ]
programa (m)	**програма** (ж)	[proɦ'rama]
software (m)	**програмне забезпечення** (с)	[proɦ'ramnɛ zabɛz'pɛʧɛnʲa]
programador (m)	**програміст** (ч)	[proɦ'ramist]
programar (vt)	**програмувати**	[proɦramu'watɨ]
hacker (m)	**хакер** (ч)	['hakɛr]
senha (f)	**пароль** (ч)	[pa'rɔlʲ]
vírus (m)	**вірус** (ч)	['wirus]
detectar (vt)	**виявити**	['wɨjawɨtɨ]

byte (m)	**байт** (ч)	[bajt]
megabyte (m)	**мегабайт** (ч)	[mɛɦa'bajt]
dados (m pl)	**дані** (мн)	['dani]
base (f) de dados	**база** (ж) **даних**	['baza 'danɨh]
cabo (m)	**кабель** (ч)	['kabɛlʲ]
desconectar (vt)	**від'єднати**	[wid'ʔɛd'natɨ]
conectar (vt)	**під'єднати**	[pid'ʔɛd'natɨ]

166. Internet. E-mail

internet (f)	**інтернет** (ч)	[intɛr'nɛt]
browser (m)	**браузер** (ч)	['brauzɛr]
motor (m) de busca	**пошуковий ресурс** (ч)	[poʃu'kɔwɨj rɛ'surs]
provedor (m)	**провайдер** (ч)	[pro'wajdɛr]
webmaster (m)	**веб-майстер** (ч)	[wɛb 'majstɛr]
website (m)	**веб-сайт** (ч)	[wɛb 'sajt]
web page (f)	**веб-сторінка** (ж)	[wɛb sto'rinka]
endereço (m)	**адреса** (ж)	[ad'rɛsa]
livro (m) de endereços	**адресна книга** (ж)	['adrɛsna 'knɨɦa]
caixa (f) de correio	**поштова скринька** (ж)	[poʃ'tɔwa sk'rɨnʲka]
correio (m)	**пошта** (ж)	['pɔʃta]
cheia (caixa de correio)	**переповнена**	[pɛrɛ'pɔwnɛna]
mensagem (f)	**повідомлення** (с)	[powi'dɔmlɛnʲa]
mensagens (f pl) recebidas	**вхідні повідомлення**	[whid'ni powi'dɔmlɛnʲa]
mensagens (f pl) enviadas	**вихідні повідомлення**	[wɨhidni powi'dɔmlɛnʲa]
remetente (m)	**відправник** (ч)	[wid'prawnɨk]
enviar (vt)	**відправити**	[wid'prawɨtɨ]
envio (m)	**відправлення** (с)	[wid'prawlɛnʲa]
destinatário (m)	**одержувач** (ч)	[o'dɛrʒuwatʃ]
receber (vt)	**отримати**	[ot'rɨmatɨ]
correspondência (f)	**листування** (с)	[lɨstu'wanʲa]
corresponder-se (vr)	**листуватися**	[lɨstu'watɨsʲa]
arquivo (m)	**файл** (ч)	[fajl]
fazer download, baixar (vt)	**скачати**	[ska'tʃatɨ]
criar (vt)	**створити**	[stwo'rɨtɨ]
deletar (vt)	**видалити**	['wɨdalɨtɨ]
deletado (adj)	**видалений**	['wɨdalɛnɨj]
conexão (f)	**зв'язок** (ч)	[zwʔʲa'zɔk]
velocidade (f)	**швидкість** (ж)	['ʃwɨdkistʲ]
modem (m)	**модем** (ч)	[mo'dɛm]
acesso (m)	**доступ** (ч)	['dɔstup]
porta (f)	**порт** (ч)	[port]
conexão (f)	**підключення** (с)	[pid'klʲutʃɛnʲa]
conectar (vi)	**підключитися**	[pidklʲu'tʃɨtɨsʲa]

escolher (vt)	**вибрати**	['wɨbratɨ]
buscar (vt)	**шукати**	[ʃu'katɨ]

167. Eletricidade

eletricidade (f)	**електрика** (ж)	[ɛ'lɛktrɨka]
elétrico (adj)	**електричний**	[ɛlɛkt'rɨʧnɨj]
planta (f) elétrica	**електростанція** (ж)	[ɛlɛktro'stantsʲa]
energia (f)	**енергія** (ж)	[ɛ'nɛrɦiʲa]
energia (f) elétrica	**електроенергія** (ж)	[ɛlɛktroɛ'nɛrɦiʲa]
lâmpada (f)	**лампочка** (ж)	['lampoʧka]
lanterna (f)	**ліхтар** (ч)	[lih'tar]
poste (m) de iluminação	**ліхтар** (ч)	[lih'tar]
luz (f)	**світло** (с)	['switlo]
ligar (vt)	**вмикати**	[wmɨ'katɨ]
desligar (vt)	**вимикати**	[wɨmɨ'katɨ]
apagar a luz	**вимикати світло**	[wɨmɨ'katɨ 'switlo]
queimar (vi)	**перегоріти**	[pɛrɛɦo'ritɨ]
curto-circuito (m)	**коротке замикання** (с)	[ko'rɔtkɛ zamɨ'kanʲa]
ruptura (f)	**обрив** (ч)	[ob'rɨw]
contato (m)	**контакт** (ч)	[kon'takt]
interruptor (m)	**вимикач** (ч)	[wɨmɨ'katʃ]
tomada (de parede)	**розетка** (ж)	[ro'zɛtka]
plugue (m)	**штепсель** (ч)	['ʃtɛpsɛlʲ]
extensão (f)	**подовжувач** (ч)	[po'dɔwʒuwatʃ]
fusível (m)	**запобіжник** (ч)	[zapo'biʒnɨk]
fio, cabo (m)	**провід** (ч)	['prɔwid]
instalação (f) elétrica	**проводка** (ж)	[pro'wɔdka]
ampère (m)	**ампер** (ч)	[am'pɛr]
amperagem (f)	**сила** (ж) **струму**	['sɨla st'rumu]
volt (m)	**вольт** (ч)	[wolʲt]
voltagem (f)	**напруга** (ж)	[na'pruɦa]
aparelho (m) elétrico	**електроприлад** (ч)	[ɛlɛktro'prɨlad]
indicador (m)	**індикатор** (ч)	[indɨ'kator]
eletricista (m)	**електрик** (ч)	[ɛ'lɛktrɨk]
soldar (vt)	**паяти**	[pa'ʲatɨ]
soldador (m)	**паяльник** (ч)	[pa'ʲalʲnɨk]
corrente (f) elétrica	**струм** (ч)	[strum]

168. Ferramentas

ferramenta (f)	**інструмент** (ч)	[instru'mɛnt]
ferramentas (f pl)	**інструменти** (мн)	[instru'mɛntɨ]
equipamento (m)	**обладнання** (с)	[ob'ladnanʲa]

martelo (m)	**молоток** (ч)	[molo'tɔk]
chave (f) de fenda	**викрутка** (ж)	['wɨkrutka]
machado (m)	**сокира** (ж)	[so'kɨra]

serra (f)	**пила** (ж)	['pɨla]
serrar (vt)	**пиляти**	[pɨ'lʲatɨ]
plaina (f)	**рубанок** (ч)	[ru'banok]
aplainar (vt)	**стругати**	[stru'ɦatɨ]
soldador (m)	**паяльник** (ч)	[pa'ʲalʲnɨk]
soldar (vt)	**паяти**	[pa'ʲatɨ]

lima (f)	**терпуг** (ч)	[tɛr'puɦ]
tenaz (f)	**обценьки** (мн)	[ob'ʦɛnʲkɨ]
alicate (m)	**плоскогубці** (мн)	[plosko'ɦubʦi]
formão (m)	**стамеска** (ж)	[sta'mɛska]

broca (f)	**свердло** (с)	[swɛr'lɔ]
furadeira (f) elétrica	**дриль** (ч)	[drɨlʲ]
furar (vt)	**свердлити**	[swɛr'lɨtɨ]

faca (f)	**ніж** (ч)	[niʒ]
canivete (m)	**кишеньковий ніж** (ч)	[kɨʃɛnʲ'kɔwɨj niʒ]
lâmina (f)	**лезо** (с)	['lɛzo]

afiado (adj)	**гострий**	['ɦɔstrɨj]
cego (adj)	**тупий**	[tu'pɨj]
embotar-se (vr)	**затупитися**	[zatu'pɨtɨsʲa]
afiar, amolar (vt)	**точити**	[to'ʧɨtɨ]

parafuso (m)	**болт** (ч)	[bolt]
porca (f)	**гайка** (ж)	['ɦajka]
rosca (f)	**різьба** (ж)	[rizʲ'ba]
parafuso (para madeira)	**шуруп** (ч)	[ʃu'rup]

prego (m)	**цвях** (ч)	[ʦwʲah]
cabeça (f) do prego	**головка** (ж)	[ɦo'lɔwka]

régua (f)	**лінійка** (ж)	[li'nijka]
fita (f) métrica	**рулетка** (ж)	[ru'lɛtka]
nível (m)	**рівень** (ч)	['riwɛnʲ]
lupa (f)	**лупа** (ж)	['lupa]

medidor (m)	**вимірювальний прилад** (ч)	[wɨ'mirʲuwalʲnɨj 'prɨlad]
medir (vt)	**вимірювати**	[wɨ'mirʲuwatɨ]
escala (f)	**шкала** (ж)	[ʃka'la]
indicação (f), registro (m)	**показання** (с)	[poka'zanʲa]

compressor (m)	**компресор** (ч)	[kom'prɛsor]
microscópio (m)	**мікроскоп** (ч)	[mikro'skɔp]

bomba (f)	**насос** (ч)	[na'sɔs]
robô (m)	**робот** (ч)	['rɔbot]
laser (m)	**лазер** (ч)	['lazɛr]
chave (f) de boca	**гайковий ключ** (ч)	['ɦajkowɨj klʲuʧ]
fita (f) adesiva	**стрічка-скотч** (ч)	['striʧka skoʧ]

cola (f)	**клей** (ч)	[klɛj]
lixa (f)	**наждачний папір** (ч)	[naʒ'datʃnɨj pa'pir]
mola (f)	**пружина** (ж)	[pru'ʒɨna]
ímã (m)	**магніт** (ч)	[maɦ'nit]
luva (f)	**рукавички** (мн)	[ruka'wɨtʃkɨ]

corda (f)	**мотузка** (ж)	[mo'tuzka]
cabo (~ de nylon, etc.)	**шнур** (ч)	[ʃnur]
fio (m)	**провід** (ч)	['prɔwid]
cabo (~ elétrico)	**кабель** (ч)	['kabɛlʲ]

marreta (f)	**кувалда** (ж)	[ku'walda]
pé de cabra (m)	**лом** (ч)	[lom]
escada (f) de mão	**драбина** (ж)	[dra'bɨna]
escada (m)	**стрем'янка** (ж)	[strɛ'mʔʲanka]

enroscar (vt)	**закручувати**	[za'krutʃuwatɨ]
desenroscar (vt)	**відкручувати**	[wid'krutʃuwatɨ]
apertar (vt)	**затискати**	[zatɨs'katɨ]
colar (vt)	**приклеїти**	[prɨk'lɛjitɨ]
cortar (vt)	**різати**	['rizatɨ]

falha (f)	**несправність** (ж)	[nɛ'sprawnistʲ]
conserto (m)	**ремонт** (ч)	[rɛ'mɔnt]
consertar, reparar (vt)	**ремонтувати**	[rɛmontu'watɨ]
regular, ajustar (vt)	**регулювати**	[rɛɦulʲu'watɨ]

verificar (vt)	**перевіряти**	[pɛrɛwi'rʲatɨ]
verificação (f)	**перевірка** (ж)	[pɛrɛ'wirka]
indicação (f), registro (m)	**показання** (с)	[poka'zanʲa]

seguro (adj)	**надійний**	[na'dijnɨj]
complicado (adj)	**складний**	[sklad'nɨj]

enferrujar (vi)	**іржавіти**	[irʒa'witɨ]
enferrujado (adj)	**іржавий**	[ir'ʒawɨj]
ferrugem (f)	**іржа** (ж)	[ir'ʒa]

Transportes

169. Avião

avião (m)	літак (ч)	[li'tak]
passagem (f) aérea	авіаквиток (ч)	[awiakwi'tɔk]
companhia (f) aérea	авіакомпанія (ж)	[awiakom'paniʲa]
aeroporto (m)	аеропорт (ч)	[aɛro'pɔrt]
supersônico (adj)	надзвуковий	[nadzwuko'wij]

comandante (m) do avião	командир (ч) корабля	[koman'dir korab'lʲa]
tripulação (f)	екіпаж (ч)	[ɛki'paʒ]
piloto (m)	пілот (ч)	[pi'lɔt]
aeromoça (f)	стюардеса (ж)	[stʲuar'dɛsa]
copiloto (m)	штурман (ч)	['ʃturman]

asas (f pl)	крила (мн)	['kriła]
cauda (f)	хвіст (ч)	[hwist]
cabine (f)	кабіна (ж)	[ka'bina]
motor (m)	двигун (ч)	[dwi'ɦun]
trem (m) de pouso	шасі (с)	[ʃa'si]
turbina (f)	турбіна (ж)	[tur'bina]

hélice (f)	пропелер (ч)	[pro'pɛlɛr]
caixa-preta (f)	чорна скринька (ж)	['tʃɔrna 'skrinʲka]
coluna (f) de controle	штурвал (ч)	[ʃtur'wal]
combustível (m)	пальне (с)	[palʲ'nɛ]

instruções (f pl) de segurança	інструкція (ж) з безпеки	[in'struktsiʲa z bɛz'pɛki]
máscara (f) de oxigênio	киснева маска (ж)	['kisnɛwa 'maska]
uniforme (m)	уніформа (ж)	[uni'fɔrma]

colete (m) salva-vidas	рятувальний жилет (ч)	[rʲatu'walʲnij ʒi'lɛt]
paraquedas (m)	парашут (ч)	[para'ʃut]

decolagem (f)	зліт (ч)	[zlit]
descolar (vi)	злітати	[zli'tati]
pista (f) de decolagem	злітна смуга (ж)	['zlitna 'smuɦa]

visibilidade (f)	видимість (ж)	['widimistʲ]
voo (m)	політ (ч)	[po'lit]

altura (f)	висота (ж)	[wiso'ta]
poço (m) de ar	повітряна яма (ж)	[po'witrʲana 'jama]

assento (m)	місце (с)	['mistsɛ]
fone (m) de ouvido	навушники (мн)	[na'wuʃniki]
mesa (f) retrátil	відкидний столик (ч)	[widkid'nij 'stɔlik]
janela (f)	ілюмінатор (ч)	[ilʲumi'nator]
corredor (m)	прохід (ч)	[pro'hid]

170. Comboio

trem (m)	поїзд (ч)	['pɔjɨzd]
trem (m) elétrico	електропоїзд (ч)	[ɛlɛktro'pɔjɨzd]
trem (m)	швидкий поїзд (ч)	[ʃwid'kij 'pɔjɨzd]
locomotiva (f) diesel	тепловоз (ч)	[tɛplo'wɔz]
locomotiva (f) a vapor	паровоз (ч)	[paro'wɔz]

vagão (f) de passageiros	вагон (ч)	[wa'hɔn]
vagão-restaurante (m)	вагон-ресторан (ч)	[wa'hɔn rɛsto'ran]

carris (m pl)	рейки (мн)	['rɛjki]
estrada (f) de ferro	залізниця (ж)	[zaliz'nitsʲa]
travessa (f)	шпала (ж)	['ʃpala]

plataforma (f)	платформа (ж)	[plat'fɔrma]
linha (f)	колія (ж)	['kolʲia]
semáforo (m)	семафор (ч)	[sɛma'fɔr]
estação (f)	станція (ж)	['stantsʲia]

maquinista (m)	машиніст (ч)	[maʃi'nist]
bagageiro (m)	носильник (ч)	[no'silʲnik]
hospedeiro, -a (m, f)	провідник (ч)	[prowid'nik]
passageiro (m)	пасажир (ч)	[pasa'ʒir]
revisor (m)	контролер (ч)	[kontro'lɛr]

corredor (m)	коридор (ч)	[kori'dɔr]
freio (m) de emergência	стоп-кран (ч)	[stop kran]

compartimento (m)	купе (с)	[ku'pɛ]
cama (f)	полиця (ж)	[po'litsʲa]
cama (f) de cima	полиця (ж) верхня	[po'litsʲa 'wɛrhnʲa]
cama (f) de baixo	полиця (ж) нижня	[po'litsʲa 'niʒnʲa]
roupa (f) de cama	білизна (ж)	[bi'lizna]

passagem (f)	квиток (ч)	[kwi'tɔk]
horário (m)	розклад (ч)	['rɔzklad]
painel (m) de informação	табло (с)	[tab'lɔ]

partir (vt)	від'їжджати	[widʲjɨz'ʑati]
partida (f)	відправлення (с)	[wid'prawlɛnʲa]

chegar (vi)	прибувати	[pribu'wati]
chegada (f)	прибуття (с)	[pribut'tʲa]

chegar de trem	приїхати поїздом	[pri'jihati 'pɔjɨzdom]
pegar o trem	сісти на поїзд	['sisti na 'pɔjɨzd]
descer de trem	зійти з поїзду	[zij'tɨ z 'pɔjɨzdu]

acidente (m) ferroviário	катастрофа (ж)	[kata'strɔfa]
descarrilar (vi)	зійти з рейок	[zij'tɨ z 'rɛjok]
locomotiva (f) a vapor	паровоз (ч)	[paro'wɔz]
foguista (m)	кочегар (ч)	[kotʃɛ'har]
fornalha (f)	топка (ж)	['tɔpka]
carvão (m)	вугілля (с)	[wu'hilʲa]

171. Barco

navio (m)	корабель (ч)	[koraˈbɛlʲ]
embarcação (f)	судно (с)	[ˈsudno]
barco (m) a vapor	пароплав (ч)	[paroˈplaw]
barco (m) fluvial	теплохід (ч)	[tɛploˈhid]
transatlântico (m)	лайнер (ч)	[ˈlajnɛr]
cruzeiro (m)	крейсер (ч)	[ˈkrɛjsɛr]
iate (m)	яхта (ж)	[ˈʲahta]
rebocador (m)	буксир (ч)	[bukˈsir]
barcaça (f)	баржа (ж)	[ˈbarʒa]
ferry (m)	паром (ч)	[paˈrɔm]
veleiro (m)	вітрильник (ч)	[wiˈtrilʲnik]
bergantim (m)	бригантина (ж)	[briɦanˈtina]
quebra-gelo (m)	криголам (ч)	[kriɦoˈlam]
submarino (m)	підводний човен (ч)	[pidˈwɔdnij ˈt͡ʃɔwɛn]
bote, barco (m)	човен (ч)	[ˈt͡ʃɔwɛn]
baleeira (bote salva-vidas)	шлюпка (ж)	[ˈʃlʲupka]
bote (m) salva-vidas	шлюпка (ж) рятувальна	[ˈʃlʲupka rʲatuˈwalʲna]
lancha (f)	катер (ч)	[ˈkatɛr]
capitão (m)	капітан (ч)	[kapiˈtan]
marinheiro (m)	матрос (ч)	[matˈrɔs]
marujo (m)	моряк (ч)	[moˈrʲak]
tripulação (f)	екіпаж (ч)	[ɛkiˈpaʒ]
contramestre (m)	боцман (ч)	[ˈbɔtsman]
grumete (m)	юнга (ч)	[ˈʲunɦa]
cozinheiro (m) de bordo	кок (ч)	[kok]
médico (m) de bordo	судновий лікар (ч)	[ˈsudnowɨj ˈlikar]
convés (m)	палуба (ж)	[ˈpaluba]
mastro (m)	щогла (ж)	[ˈɕɔɦla]
vela (f)	вітрило (с)	[wiˈtrilo]
porão (m)	трюм (ч)	[trʲum]
proa (f)	ніс (ч)	[nis]
popa (f)	корма (ж)	[korˈma]
remo (m)	весло (с)	[wɛsˈlɔ]
hélice (f)	гвинт (ч)	[ɦwɨnt]
cabine (m)	каюта (ж)	[kaˈʲuta]
sala (f) dos oficiais	кают-компанія (ж)	[kaˈʲut komˈpaniʲa]
sala (f) das máquinas	машинне відділення (с)	[maˈʃɨnɛ widˈdilɛnʲa]
ponte (m) de comando	капітанський місток (ч)	[kapiˈtansʲkij misˈtɔk]
sala (f) de comunicações	радіорубка (ж)	[radioˈrubka]
onda (f)	хвиля (ж)	[ˈhwɨlʲa]
diário (m) de bordo	судновий журнал (ч)	[ˈsudnowɨj ʒurˈnal]
luneta (f)	підзорна труба (ж)	[piˈdzɔrna truˈba]
sino (m)	дзвін (ч)	[dzwin]

bandeira (f)	**прапор** (ч)	['prapor]
cabo (m)	**канат** (ч)	[ka'nat]
nó (m)	**вузол** (ч)	['wuzol]
corrimão (m)	**поручень** (ч)	['pɔrutʃɛnʲ]
prancha (f) de embarque	**трап** (ч)	[trap]
âncora (f)	**якір** (ч)	['ʲakir]
recolher a âncora	**підняти якір**	[pid'nʲatɨ 'jakir]
jogar a âncora	**кинути якір**	['kɨnutɨ 'jakir]
amarra (corrente de âncora)	**якірний ланцюг** (ч)	['ʲakirnɨj lan'tsʲuɦ]
porto (m)	**порт** (ч)	[port]
cais, amarradouro (m)	**причал** (ч)	[prɨ'tʃal]
atracar (vi)	**причалювати**	[prɨ'tʃalʲuwatɨ]
desatracar (vi)	**відчалювати**	[wid'tʃalʲuwatɨ]
viagem (f)	**подорож** (ж)	['pɔdoroʒ]
cruzeiro (m)	**круїз** (ч)	[kru'jɨz]
rumo (m)	**курс** (ч)	[kurs]
itinerário (m)	**маршрут** (ч)	[marʃ'rut]
canal (m) de navegação	**фарватер** (ч)	[far'watɛr]
banco (m) de areia	**мілина** (ж)	[milɨ'na]
encalhar (vt)	**сісти на мілину**	['sistɨ na milɨ'nu]
tempestade (f)	**буря** (ж)	['burʲa]
sinal (m)	**сигнал** (ч)	[sɨɦ'nal]
afundar-se (vr)	**тонути**	[to'nutɨ]
Homem ao mar!	**Людина за бортом!**	[lʲu'dɨna za 'bɔrtom!]
SOS	**SOS**	[sos]
boia (f) salva-vidas	**рятувальний круг** (ч)	[rʲatu'walʲnɨj 'kruɦ]

172. Aeroporto

aeroporto (m)	**аеропорт** (ч)	[aɛro'pɔrt]
avião (m)	**літак** (ч)	[li'tak]
companhia (f) aérea	**авіакомпанія** (ж)	[awiakom'panʲia]
controlador (m) de tráfego aéreo	**авіадиспетчер** (ч)	[awiadɨs'pɛtʃɛr]
partida (f)	**виліт** (ч)	['wɨlit]
chegada (f)	**приліт** (ч), **прибуття** (с)	[prɨ'lit], [pribu'tʲa]
chegar (vi)	**прилетіти**	[prɨ'lɛtitɨ]
hora (f) de partida	**час** (ч) **вильоту**	[tʃas 'wɨlʲotu]
hora (f) de chegada	**час** (ч) **прильоту**	[tʃas prɨlʲotu]
estar atrasado	**затримуватися**	[za'trɨmuwatɨsʲa]
atraso (m) de voo	**затримка** (ж) **вильоту**	[za'trɨmka 'wɨlʲotu]
painel (m) de informação	**інформаційне табло** (с)	[informa'tsijnɛ tab'lɔ]
informação (f)	**інформація** (ж)	[infor'matsiʲa]
anunciar (vt)	**оголошувати**	[oɦo'lɔʃuwatɨ]

voo (m)	**рейс** (ч)	[rɛjs]
alfândega (f)	**митниця** (ж)	['mɨtnɨtsʲa]
funcionário (m) da alfândega	**митник** (ч)	['mɨtnɨk]
declaração (f) alfandegária	**митна декларація** (ж)	['mɨtna dɛkla'ratsiʲa]
preencher (vt)	**заповнити**	[za'pɔwnɨtɨ]
preencher a declaração	**заповнити декларацію**	[za'pɔwnɨtɨ dɛkla'ratsiʲu]
controle (m) de passaporte	**паспортний контроль** (ч)	['pasportnɨj kon'trɔlʲ]
bagagem (f)	**багаж** (ч)	[ba'ɦaʒ]
bagagem (f) de mão	**ручний вантаж** (ж)	[rutʃ'nɨj wan'taʒ]
carrinho (m)	**візок** (ч) **для багажу**	[wi'zɔk dlʲa baɦa'ʒu]
pouso (m)	**посадка** (ж)	[po'sadka]
pista (f) de pouso	**посадкова смуга** (ж)	[po'sadkowa 'smuɦa]
aterrissar (vi)	**сідати**	[si'datɨ]
escada (f) de avião	**трап** (ч)	[trap]
check-in (m)	**реєстрація** (ж)	[reɛ'stratsiʲa]
balcão (m) do check-in	**стійка** (ж) **реєстрації**	['stijka rɛɛ'stratsiji]
fazer o check-in	**зареєструватися**	[zarɛestru'watɨsʲa]
cartão (m) de embarque	**посадковий талон** (ч)	[po'sadkowɨj ta'lɔn]
portão (m) de embarque	**вихід** (ч)	['wɨhid]
trânsito (m)	**транзит** (ч)	[tran'zɨt]
esperar (vi, vt)	**чекати**	[tʃɛ'katɨ]
sala (f) de espera	**зал** (ч) **очікування**	['zal o'tʃikuwanʲa]
despedir-se (acompanhar)	**проводжати**	[prowo'dʒatɨ]
despedir-se (dizer adeus)	**прощатися**	[pro'ɕatɨsʲa]

173. Bicicleta. Motocicleta

bicicleta (f)	**велосипед** (ч)	[wɛlosɨ'pɛd]
lambreta (f)	**моторолер** (ч)	[moto'rɔlɛr]
moto (f)	**мотоцикл** (ч)	[moto'tsɨkl]
ir de bicicleta	**їхати на велосипеді**	['jɨhatɨ na wɛlosɨ'pɛdi]
guidão (m)	**кермо** (с)	[kɛr'mɔ]
pedal (m)	**педаль** (ж)	[pɛ'dalʲ]
freios (m pl)	**гальма** (мн)	['ɦalʲma]
banco, selim (m)	**сідло** (с)	[sid'lɔ]
bomba (f)	**насос** (ч)	[na'sɔs]
bagageiro (m) de teto	**багажник** (ч)	[ba'ɦaʒnɨk]
lanterna (f)	**ліхтар** (ч)	[lih'tar]
capacete (m)	**шолом** (ч)	[ʃo'lɔm]
roda (f)	**колесо** (с)	['kɔlɛso]
para-choque (m)	**крило** (с)	[krɨ'lɔ]
aro (m)	**обвід** (ч)	['ɔbwid]
raio (m)	**спиця** (ж)	['spɨtsʲa]

Carros

174. Tipos de carros

carro, automóvel (m)	**автомобіль** (ч), **машина** (ж)	[awtomo'bilʲ], [ma'ʃɨna]
carro (m) esportivo	**спортивний автомобіль** (ч)	[spor'tɨwnɨj awtomo'bilʲ]
limusine (f)	**лімузин** (ч)	[limu'zɨn]
todo o terreno (m)	**позашляховик** (ч)	[pozaʃlʲaho'wɨk]
conversível (m)	**кабріолет** (ч)	[kabrio'lɛt]
minibus (m)	**мікроавтобус** (ч)	[mikroaw'tɔbus]
ambulância (f)	**швидка допомога** (ж)	[ʃwɨd'ka dopo'mɔɦa]
limpa-neve (m)	**снігоприбиральна машина** (ж)	[sniɦoprɨbɨ'ralʲna ma'ʃɨna]
caminhão (m)	**вантажівка** (ж)	[wanta'ʒiwka]
caminhão-tanque (m)	**бензовоз** (ч)	[bɛnzo'wɔz]
perua, van (f)	**фургон** (ч)	[fur'ɦɔn]
caminhão-trator (m)	**тягач** (ч)	[tʲa'ɦatʃ]
reboque (m)	**причіп** (ч)	[prɨ'tʃip]
confortável (adj)	**комфортабельний**	[komfor'tabɛlʲnɨj]
usado (adj)	**вживаний**	['wʒɨwanɨj]

175. Carros. Carroçaria

capô (m)	**капот** (ч)	[ka'pɔt]
para-choque (m)	**крило** (с)	[krɨ'lɔ]
teto (m)	**дах** (ч)	[dah]
para-brisa (m)	**вітрове скло** (с)	[witro'wɛ 'sklo]
retrovisor (m)	**дзеркало заднього виду** (с)	['dzɛrkalo 'zadnʲoɦo 'wɨdu]
esguicho (m)	**омивач** (ч)	[omɨ'watʃ]
limpadores (m) de para-brisas	**склоочисники** (мн)	[skloo'tʃɨsnɨkɨ]
vidro (m) lateral	**бічне скло** (с)	['bitʃnɛ 'sklo]
elevador (m) do vidro	**склопідіймач** (ч)	[sklopidij'matʃ]
antena (f)	**антена** (ж)	[an'tɛna]
teto (m) solar	**люк** (ч)	[lʲuk]
para-choque (m)	**бампер** (ч)	['bampɛr]
porta-malas (f)	**багажник** (ч)	[ba'ɦaʒnɨk]
bagageira (f)	**багажник**	[ba'ɦaʒnɨk]
porta (f)	**дверцята** (мн)	[dwɛr'tsʲata]
maçaneta (f)	**ручка** (ж)	['rutʃka]

fechadura (f)	**замок** (ч)	[za'mɔk]
placa (f)	**номер** (ч)	['nɔmɛr]
silenciador (m)	**глушник** (ч)	[ɦluʃ'nɨk]
tanque (m) de gasolina	**бензобак** (ч)	[bɛnzo'bak]
tubo (m) de exaustão	**вихлопна труба** (ж)	[wɨhlop'na tru'ba]
acelerador (m)	**газ** (ч)	[ɦaz]
pedal (m)	**педаль** (ж)	[pɛ'dalʲ]
pedal (m) do acelerador	**педаль** (ж) **газу**	[pɛ'dalʲ 'ɦazu]
freio (m)	**гальмо** (с)	[ɦalʲ'mɔ]
pedal (m) do freio	**педаль** (ж) **гальма**	[pɛ'dalʲ ɦalʲ'ma]
frear (vt)	**гальмувати**	[ɦalʲmu'watɨ]
freio (m) de mão	**стоянкове гальмо** (с)	[sto'ʲankowɛ ɦalʲ'mɔ]
embreagem (f)	**зчеплення** (с)	['ztʃɛplɛnʲa]
pedal (m) da embreagem	**педаль** (ж) **зчеплення**	[pɛ'dalʲ 'ztʃɛplɛnʲa]
disco (m) de embreagem	**диск** (ч) **зчеплення**	['dɨsk 'ztʃiplɛnʲa]
amortecedor (m)	**амортизатор** (ч)	[amortɨ'zator]
roda (f)	**колесо** (с)	['kɔlɛso]
pneu (m) estepe	**запасне колесо** (с)	[zapas'nɛ 'kɔlɛso]
pneu (m)	**покришка** (ж), **шина** (ж)	[po'krɨʃka], 'ʃɨna]
calota (f)	**ковпак** (ч)	[kow'pak]
rodas (f pl) motrizes	**ведучі колеса** (мн)	[wɛ'dutʃi ko'lɛsa]
de tração dianteira	**передньопривідний**	[pɛrɛdnʲop'rɨwidnɨj]
de tração traseira	**задньопривідний**	[zadnʲoprɨwid'nɨj]
de tração às 4 rodas	**повноприводний**	[pownop'rɨwidnɨj]
caixa (f) de mudanças	**коробка** (ж) **передач**	[ko'rɔbka pɛrɛ'datʃ]
automático (adj)	**автоматичний**	[awtoma'tɨtʃnɨj]
mecânico (adj)	**механічний**	[mɛha'nitʃnɨj]
alavanca (f) de câmbio	**важіль** (ч) **коробки передач**	['waʒilʲ ko'rɔbkɨ pɛrɛ'datʃ]
farol (m)	**фара** (ж)	['fara]
faróis (m pl)	**фари** (мн)	['farɨ]
farol (m) baixo	**ближнє світло** (с)	['blɨʒnɛ 'switlo]
farol (m) alto	**дальнє світло** (с)	['dalʲnɛ 'switlo]
luzes (f pl) de parada	**стоп-сигнал** (ч)	[stop sɨɦ'nal]
luzes (f pl) de posição	**габаритні вогні** (мн)	[ɦaba'rɨtni woɦ'ni]
luzes (f pl) de emergência	**аварійні вогні** (мн)	[awa'rijni woɦ'ni]
faróis (m pl) de neblina	**протитуманні фари** (мн)	[protɨtu'mani 'farɨ]
pisca-pisca (m)	**поворотник** (ч)	[powo'rɔtnɨk]
luz (f) de marcha ré	**задній хід** (ч)	['zadnij hid]

176. Carros. Habitáculo

interior (do carro)	**салон** (ч)	[sa'lɔn]
de couro	**шкіряний**	[ʃkirʲa'nɨj]
de veludo	**велюровий**	[wɛ'lʲurowɨj]

estofamento (m)	**оббивка** (ж)	[ob'biwka]
indicador (m)	**прилад** (ч)	['prilad]
painel (m)	**панель** (ж) **приладів**	[pa'nɛlʲ 'priladiw]
velocímetro (m)	**спідометр** (ч)	[spi'dɔmɛtr]
ponteiro (m)	**стрілка** (ж)	['strilka]
hodômetro, odômetro (m)	**лічильник** (ч) **пробігу**	[li'ʧilʲnik pro'biɦu]
indicador (m)	**датчик** (ч)	['datʧik]
nível (m)	**рівень** (ч)	['riwɛnʲ]
luz (f) de aviso	**лампочка** (ж)	['lampoʧka]
volante (m)	**кермо** (с)	[kɛr'mɔ]
buzina (f)	**сигнал** (ч)	[siɦ'nal]
botão (m)	**кнопка** (ж)	['knɔpka]
interruptor (m)	**перемикач** (ч)	[pɛrɛmi'katʃ]
assento (m)	**сидіння** (с)	[si'dinʲa]
costas (f pl) do assento	**спинка** (ж)	['spinka]
cabeceira (f)	**підголівник** (ч)	[pidɦo'liwnik]
cinto (m) de segurança	**ремінь** (ч) **безпеки**	['rɛminʲ bɛz'pɛki]
apertar o cinto	**пристебнути ремінь**	[pristɛb'nuti 'rɛminʲ]
ajuste (m)	**регулювання** (с)	[rɛɦulʲu'wanʲa]
airbag (m)	**повітряна подушка** (ж)	[po'witrʲana po'duʃka]
ar (m) condicionado	**кондиціонер** (ч)	[konditsio'nɛr]
rádio (m)	**радіо** (с)	['radio]
leitor (m) de CD	**CD-програвач** (ч)	[si'di proɦra'watʃ]
ligar (vt)	**увімкнути**	[uwimk'nuti]
antena (f)	**антена** (ж)	[an'tɛna]
porta-luvas (m)	**бардачок** (ч)	[barda'ʧɔk]
cinzeiro (m)	**попільниця** (ж)	[popilʲ'nitsʲa]

177. Carros. Motor

motor (m)	**двигун, мотор** (ч)	[dwi'ɦun], [mo'tɔr]
a diesel	**дизельний**	['dizɛlʲnij]
a gasolina	**бензиновий**	[bɛn'zinowij]
cilindrada (f)	**об'єм** (ч) **двигуна**	[o'bʔɛm dwiɦu'na]
potência (f)	**потужність** (ж)	[po'tuʒnistʲ]
cavalo (m) de potência	**кінська сила** (ж)	['kinsʲka 'sila]
pistão (m)	**поршень** (ч)	['pɔrʃɛnʲ]
cilindro (m)	**циліндр** (ч)	[tsi'lindr]
válvula (f)	**клапан** (ч)	['klapan]
injetor (m)	**інжектор** (ч)	[in'ʒɛktor]
gerador (m)	**генератор** (ч)	[ɦɛnɛ'rator]
carburador (m)	**карбюратор** (ч)	[karbʲu'rator]
óleo (m) de motor	**мастило** (с) **моторне**	[mas'tilo mo'tɔrnɛ]
radiador (m)	**радіатор** (ч)	[radi'ator]
líquido (m) de arrefecimento	**охолоджувальна рідина** (ж)	[oho'lɔdʒuwalʲna ridi'na]

ventilador (m)	вентилятор (ч)	[wɛnti'lʲator]
dispositivo (m) de arranque	стартер (ч)	['startɛr]
ignição (f)	запалювання (c)	[za'palʲuwanʲa]
vela (f) de ignição	свічка (ж) запалювання	['switʃka za'palʲuwanʲa]
fusível (m)	запобіжник (ч)	[zapo'biʒnik]
bateria (f)	акумулятор (ч)	[akumu'lʲator]
terminal (m)	клема (ж)	['klɛma]
terminal (m) positivo	плюс (ч)	[plʲus]
terminal (m) negativo	мінус (ч)	['minus]
filtro (m) de ar	повітряний фільтр (ч)	[po'witrʲanij 'filʲtr]
filtro (m) de óleo	масляний фільтр (ч)	['maslʲanij 'filʲtr]
filtro (m) de combustível	паливний фільтр (ч)	['paliwnij 'filʲtr]

178. Carros. Batidas. Reparação

acidente (m) de carro	аварія (ж)	[a'warʲia]
acidente (m) rodoviário	дорожня пригода (ж)	[do'rɔʒnʲa pri'ɦɔda]
bater (~ num muro)	врізатися	['wrizatisʲa]
sofrer um acidente	розбитися	[roz'bitisʲa]
dano (m)	пошкодження (c)	[poʃ'kɔdʒɛnʲa]
intato	цілий	[tsi'lij]
pane (f)	поломка (ж)	[po'lɔmka]
avariar (vi)	зламатися	[zla'matisʲa]
cabo (m) de reboque	буксирний трос (ч)	[buk'sirnij tros]
furo (m)	прокол (ч)	[pro'kɔl]
estar furado	спустити	[spus'titi]
encher (vt)	накачати	[naka'tʃati]
pressão (f)	тиск (ч)	[tisk]
verificar (vt)	перевірити	[pɛrɛ'wiriti]
reparo (m)	ремонт (ч)	[rɛ'mɔnt]
oficina (f) automotiva	автосервіс (ч)	[awto'sɛrwis]
peça (f) de reposição	запчастина (ж)	[zaptʃas'tina]
peça (f)	деталь (ж)	[dɛ'talʲ]
parafuso (com porca)	болт (ч)	[bolt]
parafuso (m)	гвинт (ч)	[ɦwint]
porca (f)	гайка (ж)	['ɦajka]
arruela (f)	шайба (ж)	['ʃajba]
rolamento (m)	підшипник (ч)	[pid'ʃipnik]
tubo (m)	трубка (ж)	['trubka]
junta, gaxeta (f)	прокладка (ж)	[prok'ladka]
fio, cabo (m)	провід (ч)	['prɔwid]
macaco (m)	домкрат (ч)	[domk'rat]
chave (f) de boca	гайковий ключ (ч)	[ɦajko'wij klʲutʃ]
martelo (m)	молоток (ч)	[molo'tɔk]
bomba (f)	насос (ч)	[na'sɔs]
chave (f) de fenda	викрутка (ж)	['wikrutka]

extintor (m)	**вогнегасник** (ч)	[woɦnɛ'ɦasnɨk]
triângulo (m) de emergência	**аварійний трикутник** (ч)	[awa'rijnɨj trɨ'kutnɨk]
morrer (motor)	**глохнути**	['ɦlɔhnutɨ]
paragem, "morte" (f)	**зупинка** (ж)	[zu'pɨnka]
estar quebrado	**бути зламаним**	['butɨ 'zlamanɨm]
superaquecer-se (vr)	**перегрітися**	[pɛrɛɦ'ritɨsʲa]
entupir-se (vr)	**засмітитися**	[zasmi'tɨtɨsʲa]
congelar-se (vr)	**замерзнути**	[za'mɛrznutɨ]
rebentar (vi)	**лопнути**	['lɔpnutɨ]
pressão (f)	**тиск** (ч)	[tɨsk]
nível (m)	**рівень** (ч)	['riwɛnʲ]
frouxo (adj)	**слабкий**	[slab'kɨj]
batida (f)	**вм'ятина** (ж)	['wmʔʲatɨna]
ruído (m)	**стукіт** (ч)	['stukit]
fissura (f)	**тріщина** (ж)	['triɕɨna]
arranhão (m)	**подряпина** (ж)	[pod'rʲapɨna]

179. Carros. Estrada

estrada (f)	**дорога** (ж)	[do'rɔɦa]
autoestrada (f)	**автомагістраль** (ж)	[awtomaɦi'stralʲ]
rodovia (f)	**шосе** (с)	[ʃo'sɛ]
direção (f)	**напрямок** (ч)	['naprʲamok]
distância (f)	**відстань** (ж)	['widstanʲ]
ponte (f)	**міст** (ч)	[mist]
parque (m) de estacionamento	**паркінг** (ч)	['parkinɦ]
praça (f)	**площа** (ж)	['plɔɕa]
nó (m) rodoviário	**розв'язка** (ж)	[roz'wʔʲazka]
túnel (m)	**тунель** (ч)	[tu'nɛlʲ]
posto (m) de gasolina	**автозаправка** (ж)	[awtoza'prawka]
parque (m) de estacionamento	**автостоянка** (ж)	[awtosto'ʲanka]
bomba (f) de gasolina	**бензоколонка** (ж)	[bɛnzoko'lɔnka]
oficina (f) automotiva	**автосервіс** (ч)	[awto'sɛrwis]
abastecer (vt)	**заправити**	[za'prawɨtɨ]
combustível (m)	**паливо** (с)	['palɨwo]
galão (m) de gasolina	**каністра** (ж)	[ka'nistra]
asfalto (m)	**асфальт** (ч)	[as'falʲt]
marcação (f) de estradas	**розмітка** (ж)	[roz'mitka]
meio-fio (m)	**бордюр** (ч)	[bor'dʲur]
guard-rail (m)	**огорожа** (ж)	[oɦo'rɔʒa]
valeta (f)	**кювет** (ч)	[kʲu'wɛt]
acostamento (m)	**узбіччя** (с)	[uz'bitʃʲa]
poste (m) de luz	**стовп** (ч)	[stowp]
dirigir (vt)	**вести**	['wɛstɨ]
virar (~ para a direita)	**повертати**	[powɛr'tatɨ]
dar retorno	**розвертатися**	[rozwɛr'tatɨsʲa]

ré (f)	**задній хід** (ч)	['zadnij hid]
buzinar (vi)	**сигналити**	[siɦ'naliti]
buzina (f)	**звуковий сигнал** (ч)	[zwuko'wij siɦ'nal]
atolar-se (vr)	**застрягти**	[za'strʲaɦti]
patinar (na lama)	**буксувати**	[buksu'wati]
desligar (vt)	**глушити**	[ɦlu'ʃiti]
velocidade (f)	**швидкість** (ж)	['ʃwidkistʲ]
exceder a velocidade	**перевищити швидкість**	[pɛrɛ'wiɕiti 'ʃwidkistʲ]
multar (vt)	**штрафувати**	[ʃtrafu'wati]
semáforo (m)	**світлофор** (ч)	[switlo'fɔr]
carteira (f) de motorista	**посвідчення** (с) **водія**	[pos'widʧɛnja wodi'ʲa]
passagem (f) de nível	**переїзд** (ч)	[pɛrɛ'jizd]
cruzamento (m)	**перехрестя** (с)	[pɛrɛh'rɛstʲa]
faixa (f)	**пішохідний перехід** (ч)	[piʃo'hidnij pɛrɛ'hid]
zona (f) de pedestres	**пішохідна зона** (ж)	[piʃo'hidna 'zɔna]

180. Sinais de trânsito

código (m) de trânsito	**правила** (мн) **дорожнього руху**	['prawila do'rɔʒnʲoɦo 'ruhu]
sinal (m) de trânsito	**знак** (ч)	[znak]
ultrapassagem (f)	**обгін**	[ob'ɦin]
curva (f)	**поворот**	[powo'rɔt]
retorno (m)	**розворот**	[rozwo'rɔt]
rotatória (f)	**круговий рух**	[kruɦo'wij ruh]
sentido proibido	**в'їзд заборонено**	[wʔj'izd zabo'rɔnɛno]
trânsito proibido	**рух заборонено**	[ruh zabo'rɔnɛno]
proibido de ultrapassar	**обгін заборонено**	[ob'ɦin zabo'rɔnɛno]
estacionamento proibido	**стоянку заборонено**	[sto'ʲanku zabo'rɔnɛno]
paragem proibida	**зупинку заборонено**	[zu'pinku zabo'rɔnɛno]
curva (f) perigosa	**небезпечний поворот**	[nɛbɛz'pɛʧnij powo'rɔt]
descida (f) perigosa	**крутий спуск**	[kru'tij 'spusk]
trânsito de sentido único	**односторонній рух**	[odnosto'rɔnij ruh]
faixa (f)	**пішохідний перехід**	[piʃo'hidnij pɛrɛ'hid]
pavimento (m) escorregadio	**слизька дорога**	[slizʲ'ka do'rɔɦa]
conceder passagem	**дати дорогу**	['dati do'rɔɦu]

PESSOAS. EVENTOS

181. Férias. Evento

festa (f)	**свято** (с)	['swʲato]
feriado (m) nacional	**національне свято** (с)	[naʦio'nalʲnɛ 'swʲato]
feriado (m)	**святковий день** (ч)	[swʲat'kɔwɨj dɛnʲ]
festejar (vt)	**святкувати**	[swʲatku'watɨ]
evento (festa, etc.)	**подія** (ж)	[po'diʲa]
evento (banquete, etc.)	**захід** (ч)	['zahid]
banquete (m)	**бенкет** (ч)	[bɛ'nkɛt]
recepção (f)	**прийом** (ч)	[prɨ'jɔm]
festim (m)	**святкування** (с)	[swʲatku'wanʲa]
aniversário (m)	**річниця** (ж)	[riʧ'nɨʦʲa]
jubileu (m)	**ювілей** (ч)	[ʲuwi'lɛj]
Ano (m) Novo	**Новий рік** (ч)	[no'wɨj rik]
Feliz Ano Novo!	**З Новим Роком!**	[z no'wɨm 'rɔkom]
Papai Noel (m)	**Санта Клаус** (ч)	['santa 'klaus]
Natal (m)	**Різдво** (с)	[rizd'wɔ]
Feliz Natal!	**Щасливого Різдва!**	[ɕas'lɨwoɦo rizd'wa]
fogos (m pl) de artifício	**салют** (ч)	[sa'lʲut]
casamento (m)	**весілля** (с)	[wɛ'silʲa]
noivo (m)	**наречений** (ч)	[narɛ'ʧɛnɨj]
noiva (f)	**наречена** (ж)	[narɛ'ʧɛna]
convidar (vt)	**запрошувати**	[za'prɔʃuwatɨ]
convite (m)	**запрошення** (с)	[za'prɔʃɛnʲa]
convidado (m)	**гість** (ч)	[ɦistʲ]
visitar (vt)	**йти в гості**	[jtɨ w 'ɦɔsti]
receber os convidados	**зустрічати гостей**	[zustri'ʧatɨ ɦos'tɛj]
presente (m)	**подарунок** (ч)	[poda'runok]
oferecer, dar (vt)	**дарувати**	[daru'watɨ]
receber presentes	**отримувати подарунки**	[ot'rɨmuwatɨ poda'runkɨ]
buquê (m) de flores	**букет** (ч)	[bu'kɛt]
felicitações (f pl)	**привітання** (с)	[prɨwi'tanʲa]
felicitar (vt)	**вітати**	[wi'tatɨ]
cartão (m) de parabéns	**вітальна листівка** (ж)	[wi'talʲna lɨs'tiwka]
enviar um cartão postal	**надіслати листівку**	[nadi'slatɨ lɨs'tiwku]
receber um cartão postal	**отримати листівку**	[ot'rɨmatɨ lɨs'tiwku]
brinde (m)	**тост** (ч)	[tost]
oferecer (vt)	**пригощати**	[prɨɦo'ɕatɨ]

champanhe (m)	**шампанське** (с)	[ʃam'pansʲkɛ]
divertir-se (vr)	**веселитися**	[wɛsɛ'lɨtisʲa]
diversão (f)	**веселощі** (мн)	[wɛ'sɛloɕi]
alegria (f)	**радість** (ж)	['radistʲ]
dança (f)	**танець** (ч)	['tanɛʦ]
dançar (vi)	**танцювати**	[tanʦʲu'watɨ]
valsa (f)	**вальс** (ч)	[walʲs]
tango (m)	**танго** (с)	['tanɦo]

182. Funerais. Enterro

cemitério (m)	**цвинтар** (ч)	['ʦwɨntar]
sepultura (f), túmulo (m)	**могила** (ж)	[mo'ɦɨla]
cruz (f)	**хрест** (ч)	[hrɛst]
lápide (f)	**надгробок** (ч)	[nad'ɦrɔbok]
cerca (f)	**огорожа** (ж)	[oɦo'rɔʒa]
capela (f)	**каплиця** (ж)	[kap'lɨʦʲa]
morte (f)	**смерть** (ж)	[smɛrtʲ]
morrer (vi)	**померти**	[po'mɛrtɨ]
defunto (m)	**покійник** (ч)	[po'kijnɨk]
luto (m)	**траур** (ч)	['traur]
enterrar, sepultar (vt)	**ховати**	[ho'watɨ]
funerária (f)	**похоронне бюро** (с)	[poho'rɔnɛ bʲuro]
funeral (m)	**похорон** (ч)	['pɔhoron]
coroa (f) de flores	**вінок** (ч)	[wi'nɔk]
caixão (m)	**труна** (ж)	[tru'na]
carro (m) funerário	**катафалк** (ч)	[kata'falk]
mortalha (f)	**саван** (ч)	[sa'wan]
procissão (f) funerária	**траурна процесія** (ж)	['traurna pro'ʦɛsiʲa]
urna (f) funerária	**поховальна урна** (ж)	[poho'walʲna 'urna]
crematório (m)	**крематорій** (ч)	[krɛma'tɔrij]
obituário (m), necrologia (f)	**некролог** (ч)	[nɛkro'lɔɦ]
chorar (vi)	**плакати**	['plakatɨ]
soluçar (vi)	**ридати**	[rɨ'datɨ]

183. Guerra. Soldados

pelotão (m)	**взвод** (ч)	[wzwod]
companhia (f)	**рота** (ж)	['rɔta]
regimento (m)	**полк** (ч)	[polk]
exército (m)	**армія** (ж)	['armiʲa]
divisão (f)	**дивізія** (ж)	[dɨ'wiziʲa]
esquadrão (m)	**загін** (ч)	[za'ɦin]
hoste (f)	**військо** (с)	['wijsʲko]

soldado (m)	солдат (ч)	[sol'dat]
oficial (m)	офіцер (ч)	[ofi'tsɛr]
soldado (m) raso	рядовий (ч)	[rʲado'wij]
sargento (m)	сержант (ч)	[sɛr'ʒant]
tenente (m)	лейтенант (ч)	[lɛjtɛ'nant]
capitão (m)	капітан (ч)	[kapi'tan]
major (m)	майор (ч)	[ma'jɔr]
coronel (m)	полковник (ч)	[pol'kɔwnik]
general (m)	генерал (ч)	[ɦɛnɛ'ral]
marujo (m)	моряк (ч)	[mo'rʲak]
capitão (m)	капітан (ч)	[kapi'tan]
contramestre (m)	боцман (ч)	['bɔtsman]
artilheiro (m)	артилерист (ч)	[artilɛ'rist]
soldado (m) paraquedista	десантник (ч)	[dɛ'santnik]
piloto (m)	льотчик (ч)	[lʲotʃik]
navegador (m)	штурман (ч)	['ʃturman]
mecânico (m)	механік (ч)	[mɛ'ɦanik]
sapador-mineiro (m)	сапер (ч)	[sa'pɛr]
paraquedista (m)	парашутист (ч)	[paraʃu'tist]
explorador (m)	розвідник (ч)	[roz'widnik]
atirador (m) de tocaia	снайпер (ч)	['snajpɛr]
patrulha (f)	патруль (ч)	[pat'rulʲ]
patrulhar (vt)	патрулювати	[patrulʲu'wati]
sentinela (f)	вартовий (ч)	[warto'wij]
guerreiro (m)	воїн (ч)	['wɔjin]
patriota (m)	патріот (ч)	[patri'ɔt]
herói (m)	герой (ч)	[ɦɛ'rɔj]
heroína (f)	героїня (ж)	[ɦɛro'jinʲa]
traidor (m)	зрадник (ч)	['zradnik]
trair (vt)	зраджувати	['zradʒuwati]
desertor (m)	дезертир (ч)	[dɛzɛr'tir]
desertar (vt)	дезертирувати	[dɛzɛr'tiruwati]
mercenário (m)	найманець (ч)	['najmanɛts]
recruta (m)	новобранець (ч)	[nowo'branɛts]
voluntário (m)	доброволець (ч)	[dobro'wɔlɛts]
morto (m)	убитий (ч)	[u'bitij]
ferido (m)	поранений (ч)	[po'ranɛnij]
prisioneiro (m) de guerra	полонений (ч)	[polo'nɛnij]

184. Guerra. Ações militares. Parte 1

guerra (f)	війна (ж)	[wij'na]
guerrear (vt)	воювати	[wɔjʲu'wati]
guerra (f) civil	громадянська війна (ж)	[ɦroma'dʲansʲka wij'na]
perfidamente	віроломно	[wiro'lɔmno]

declaração (f) de guerra	**оголошення** (с) **війни**	[oɦo'lɔʃɛnʲa wij'nɨ]
declarar guerra	**оголосити**	[oɦolo'sɨtɨ]
agressão (f)	**агресія** (ж)	[aɦ'rɛsiʲa]
atacar (vt)	**нападати**	[napa'datɨ]
invadir (vt)	**захоплювати**	[za'hɔplʲuwatɨ]
invasor (m)	**загарбник** (ч)	[za'ɦarbnɨk]
conquistador (m)	**завойовник** (ч)	[zawo'jɔwnɨk]
defesa (f)	**оборона** (ж)	[obo'rɔna]
defender (vt)	**обороняти**	[oboro'nʲatɨ]
defender-se (vr)	**оборонятися**	[oboro'nʲatɨsʲa]
inimigo (m)	**ворог** (ч)	['wɔroɦ]
adversário (m)	**супротивник** (ч)	[supro'tɨwnɨk]
inimigo (adj)	**ворожий**	[wo'rɔʒɨj]
estratégia (f)	**стратегія** (ж)	[stra'tɛɦiʲa]
tática (f)	**тактика** (ж)	['taktɨka]
ordem (f)	**наказ** (ч)	[na'kaz]
comando (m)	**команда** (ж)	[ko'manda]
ordenar (vt)	**наказувати**	[na'kazuwatɨ]
missão (f)	**завдання** (с)	[zaw'danʲa]
secreto (adj)	**таємний**	[ta'ɛmnɨj]
batalha (f)	**битва** (ж)	['bɨtwa]
combate (m)	**бій** (ч)	[bij]
ataque (m)	**атака** (ж)	[a'taka]
assalto (m)	**штурм** (ч)	[ʃturm]
assaltar (vt)	**штурмувати**	[ʃturmu'watɨ]
assédio, sítio (m)	**облога** (ж)	[ob'lɔɦa]
ofensiva (f)	**наступ** (ч)	['nastup]
tomar à ofensiva	**наступати**	[nastu'patɨ]
retirada (f)	**відступ** (ч)	['widstup]
retirar-se (vr)	**відступати**	[widstu'patɨ]
cerco (m)	**оточення** (с)	[o'tɔʧɛnʲa]
cercar (vt)	**оточувати**	[o'tɔʧuwatɨ]
bombardeio (m)	**бомбардування** (с)	[bombardu'wanʲa]
lançar uma bomba	**скинути бомбу**	['skɨnutɨ 'bɔmbu]
bombardear (vt)	**бомбардувати**	[bombardu'watɨ]
explosão (f)	**вибух** (ч)	['wɨbuh]
tiro (m)	**постріл** (ч)	['pɔstril]
dar um tiro	**вистрілити**	['wɨstrilɨtɨ]
tiroteio (m)	**стрілянина** (ж)	[strilʲa'nɨna]
apontar para ...	**цілитися**	['ʦilɨtɨsʲa]
apontar (vt)	**навести**	[na'wɛstɨ]
acertar (vt)	**влучити**	['wluʧɨtɨ]
afundar (~ um navio, etc.)	**потопити**	[poto'pɨtɨ]

brecha (f)	**пробоїна** (ж)	[pro'bɔjɨna]
afundar-se (vr)	**йти на дно**	[jtɨ na dno]
frente (m)	**фронт** (ч)	[front]
evacuação (f)	**евакуація** (ж)	[ɛwaku'aʦiʲa]
evacuar (vt)	**евакуювати**	[ɛwakuʲu'watɨ]
trincheira (f)	**окоп** (ч), **траншея** (ж)	[o'kɔp], [tran'ʃɛʲa]
arame (m) enfarpado	**колючий дріт** (ч)	[ko'lʲuʧɨj drit]
barreira (f) anti-tanque	**загородження** (с)	[zaɦo'rɔʤɛnʲa]
torre (f) de vigia	**вишка** (ж)	['wɨʃka]
hospital (m) militar	**шпиталь** (ч)	[ʃpɨ'talʲ]
ferir (vt)	**поранити**	[po'ranɨtɨ]
ferida (f)	**рана** (ж)	['rana]
ferido (m)	**поранений** (ч)	[po'ranɛnɨj]
ficar ferido	**отримати поранення**	[ot'rɨmatɨ po'ranɛnʲa]
grave (ferida ~)	**важкий**	[waʒ'kɨj]

185. Guerra. Ações militares. Parte 2

cativeiro (m)	**полон** (ч)	[po'lɔn]
capturar (vt)	**взяти в полон**	['wzʲatɨ w po'lɔn]
estar em cativeiro	**бути в полоні**	['butɨ w po'lɔni]
ser aprisionado	**потрапити в полон**	[pot'rapɨtɨ w po'lɔn]
campo (m) de concentração	**концтабір** (ч)	[konʦ'tabir]
prisioneiro (m) de guerra	**полонений** (ч)	[polo'nɛnɨj]
escapar (vi)	**тікати**	[ti'katɨ]
trair (vt)	**зрадити**	['zradɨtɨ]
traidor (m)	**зрадник** (ч)	['zradnɨk]
traição (f)	**зрада** (ж)	['zrada]
fuzilar, executar (vt)	**розстріляти**	[rozstri'lʲatɨ]
fuzilamento (m)	**розстріл** (ч)	['rɔzstril]
equipamento (m)	**обмундирування** (с)	[obmundɨru'wanʲa]
insígnia (f) de ombro	**погон** (ч)	[po'ɦɔn]
máscara (f) de gás	**протигаз** (ч)	[protɨ'ɦaz]
rádio (m)	**рація** (ж)	['raʦiʲa]
cifra (f), código (m)	**шифр** (ч)	[ʃɨfr]
conspiração (f)	**конспірація** (ж)	[konspi'raʦiʲa]
senha (f)	**пароль** (ч)	[pa'rɔlʲ]
mina (f)	**міна** (ж)	['mina]
minar (vt)	**мінувати**	[minu'watɨ]
campo (m) minado	**мінне поле** (с)	['minɛ 'pɔlɛ]
alarme (m) aéreo	**повітряна тривога** (ж)	[po'witrʲana trɨ'wɔɦa]
alarme (m)	**тривога** (ж)	[trɨ'wɔɦa]
sinal (m)	**сигнал** (ч)	[sɨɦ'nal]
sinalizador (m)	**сигнальна ракета** (ж)	[sɨɦ'nalʲna ra'kɛta]

quartel-general (m)	штаб (ч)	[ʃtab]
reconhecimento (m)	розвідка (ж)	['rɔzwidka]
situação (f)	обстановка (ж)	[obsta'nɔwka]
relatório (m)	рапорт (ч)	['raport]
emboscada (f)	засідка (ж)	['zasidka]
reforço (m)	підкріплення (с)	[pid'kriplɛnʲa]

alvo (m)	мішень (ж)	[mi'ʃɛnʲ]
campo (m) de tiro	полігон (ч)	[poli'ɦon]
manobras (f pl)	маневри (мн)	[ma'nɛwri]

pânico (m)	паніка (ж)	['panika]
devastação (f)	розруха (ж)	[roz'ruha]
ruínas (f pl)	руйнування (мн)	[rujnu'wanʲa]
destruir (vt)	зруйнувати	[zrujnu'wati]

sobreviver (vi)	вижити	['wiʒiti]
desarmar (vt)	обеззброїти	[obɛz'zbrɔjiti]
manusear (vt)	поводитися	[po'wɔditisʲa]

Sentido!	Струнко!	['strunko]
Descansar!	Вільно!	['wilʲno]

façanha (f)	подвиг (ч)	['pɔdwiɦ]
juramento (m)	клятва (ж)	['klʲatwa]
jurar (vi)	клястися	['klʲastisʲa]

condecoração (f)	нагорода (ж)	[naɦo'rɔda]
condecorar (vt)	нагороджувати	[naɦo'rɔdʒuwati]
medalha (f)	медаль (ж)	[mɛ'dalʲ]
ordem (f)	орден (ч)	['ɔrdɛn]

vitória (f)	перемога (ж)	[pɛrɛ'mɔɦa]
derrota (f)	поразка (ж)	[po'razka]
armistício (m)	перемир'я (с)	[pɛrɛ'mirʲja]

bandeira (f)	прапор (ч)	['prapor]
glória (f)	слава (ж)	['slawa]
parada (f)	парад (ч)	[pa'rad]
marchar (vi)	марширувати	[marʃiru'wati]

186. Armas

arma (f)	зброя (ж)	['zbrɔʲa]
arma (f) de fogo	вогнепальна зброя (ж)	[woɦnɛ'palʲna 'zbrɔʲa]
arma (f) branca	холодна зброя (ж)	[ho'lɔdna 'zbrɔʲa]

arma (f) química	хімічна зброя (ж)	[hi'mitʃna 'zbrɔʲa]
nuclear (adj)	ядерний	['ʲadɛrnij]
arma (f) nuclear	ядерна зброя (ж)	['ʲadɛrna 'zbrɔʲa]

bomba (f)	бомба (ж)	['bɔmba]
bomba (f) atômica	атомна бомба (ж)	['atomna 'bɔmba]
pistola (f)	пістолет (ч)	[pisto'lɛt]

rifle (m)	рушниця (ж)	[ruʃˈnitsʲa]
semi-automática (f)	автомат (ч)	[awtoˈmat]
metralhadora (f)	кулемет (ч)	[kulɛˈmɛt]
boca (f)	дуло (с)	[ˈdulo]
cano (m)	ствол (ч)	[stwol]
calibre (m)	калібр (ч)	[kaˈlibr]
gatilho (m)	курок (ч)	[kuˈrɔk]
mira (f)	приціл (ч)	[priˈtsil]
carregador (m)	магазин (ч)	[maɦaˈzin]
coronha (f)	приклад (ч)	[prikˈlad]
granada (f) de mão	граната (ж)	[ɦraˈnata]
explosivo (m)	вибухівка (ж)	[wibuˈhiwka]
bala (f)	куля (ж)	[ˈkulʲa]
cartucho (m)	патрон (ч)	[patˈrɔn]
carga (f)	заряд (ч)	[zaˈrʲad]
munições (f pl)	боєприпаси (мн)	[bɔɛpriˈpasɨ]
bombardeiro (m)	бомбардувальник (ч)	[bombarduˈwalʲnik]
avião (m) de caça	винищувач (ч)	[wiˈniɕuwatʃ]
helicóptero (m)	вертоліт (ч)	[wɛrtoˈlit]
canhão (m) antiaéreo	зенітка (ж)	[zɛˈnitka]
tanque (m)	танк (ч)	[tank]
canhão (de um tanque)	гармата (ж)	[ɦarˈmata]
artilharia (f)	артилерія (ж)	[artiˈlɛriʲa]
canhão (m)	гармата (ж)	[ɦarˈmata]
fazer a pontaria	навести	[naˈwɛsti]
morteiro (m)	міномет (ч)	[minoˈmɛt]
granada (f) de morteiro	міна (ж)	[ˈmina]
projétil (m)	снаряд (ч)	[snaˈrʲad]
estilhaço (m)	осколок (ч)	[osˈkɔlok]
submarino (m)	підводний човен (ч)	[pidˈwɔdnɨj ˈtʃɔwɛn]
torpedo (m)	торпеда (ж)	[torˈpɛda]
míssil (m)	ракета (ж)	[raˈkɛta]
carregar (uma arma)	заряджати	[zarʲaˈdʒati]
disparar, atirar (vi)	стріляти	[striˈlʲati]
apontar para ...	цілитися	[ˈtsilitisʲa]
baioneta (f)	багнет (ч)	[baɦˈnɛt]
espada (f)	шпага (ж)	[ˈʃpaɦa]
sabre (m)	шабля (ж)	[ˈʃablʲa]
lança (f)	спис (ч)	[spɨs]
arco (m)	лук (ч)	[luk]
flecha (f)	стріла (ж)	[striˈla]
mosquete (m)	мушкет (ч)	[muʃˈkɛt]
besta (f)	арбалет (ч)	[arbaˈlɛt]

187. Povos da antiguidade

primitivo (adj)	**первісний**	[pɛr'wisnɨj]
pré-histórico (adj)	**доісторичний**	[doisto'rɨʧnɨj]
antigo (adj)	**стародавній**	[staro'dawnij]
Idade (f) da Pedra	**Кам'яний вік** (ч)	[kamʔa'nɨj wik]
Idade (f) do Bronze	**Бронзовий вік** (ч)	['brɔnzowɨj wik]
Era (f) do Gelo	**льодовиковий період** (ч)	[ʲodowɨ'kɔwɨj pɛ'riod]
tribo (f)	**плем'я** (с)	['plɛmʔa]
canibal (m)	**людоїд** (ч)	[ʲudo'jɨd]
caçador (m)	**мисливець** (ч)	[mɨs'lɨwɛʦ]
caçar (vi)	**полювати**	[polʲu'watɨ]
mamute (m)	**мамонт** (ч)	['mamont]
caverna (f)	**печера** (ж)	[pɛ'ʧɛra]
fogo (m)	**вогонь** (ч)	[wo'ɦɔnʲ]
fogueira (f)	**багаття** (с)	[ba'ɦattʲa]
pintura (f) rupestre	**наскальний малюнок** (ч)	[na'skalʲnɨj ma'lʲunok]
ferramenta (f)	**знаряддя** (с) **праці**	[zna'rʲaddʲa 'praʦi]
lança (f)	**спис** (ч)	[spɨs]
machado (m) de pedra	**кам'яна сокира** (ж)	[kamʔa'na so'kɨra]
guerrear (vt)	**воювати**	[wojʲu'watɨ]
domesticar (vt)	**приручати**	[prɨru'ʧatɨ]
ídolo (m)	**ідол** (ч)	['idol]
adorar, venerar (vt)	**поклонятися**	[poklo'nʲatɨsʲa]
superstição (f)	**забобони** (мн)	[zabo'bɔnɨ]
ritual (m)	**обряд, ритуал** (ч)	[ob'rʲad], [rɨtu'al]
evolução (f)	**еволюція** (ж)	[ɛwo'lʲuʦiʲa]
desenvolvimento (m)	**розвиток** (ч)	['rɔzwɨtok]
extinção (f)	**зникнення** (с)	['znɨknɛnʲa]
adaptar-se (vr)	**пристосовуватися**	[prɨstosowu'watɨsʲa]
arqueologia (f)	**археологія** (ж)	[arhɛo'lɔɦiʲa]
arqueólogo (m)	**археолог** (ч)	[arhɛ'ɔloɦ]
arqueológico (adj)	**археологічний**	[arhɛolo'ɦiʧnɨj]
escavação (sítio)	**розкопки** (мн)	[roz'kɔpkɨ]
escavações (f pl)	**розкопки** (мн)	[roz'kɔpkɨ]
achado (m)	**знахідка** (ж)	[zna'hidka]
fragmento (m)	**фрагмент** (ч)	[fraɦ'mɛnt]

188. Idade média

povo (m)	**народ** (ч)	[na'rɔd]
povos (m pl)	**народи** (мн)	[na'rɔdɨ]
tribo (f)	**плем'я** (с)	['plɛmʔa]
tribos (f pl)	**племена** (мн)	[plɛmɛ'na]
bárbaros (pl)	**варвари** (мн)	['warwarɨ]

galeses (pl)	**гали** (ч)	['ɦalɨ]
godos (pl)	**готи** (мн)	['ɦɔtɨ]
eslavos (pl)	**слов'яни** (мн)	[slo'wʔʲanɨ]
viquingues (pl)	**вікінги** (мн)	['wikinɦɨ]
romanos (pl)	**римляни** (мн)	[rɨm'lʲanɨ]
romano (adj)	**Римський Папа**	['rɨmsʲkɨj 'papa]
bizantinos (pl)	**візантійці** (мн)	[wizan'tijʦi]
Bizâncio	**Візантія** (ж)	[wizan'tiʲa]
bizantino (adj)	**візантійський**	[wizan'tijsʲkɨj]
imperador (m)	**імператор** (ч)	[impɛ'rator]
líder (m)	**вождь** (ч)	[woʒdʲ]
poderoso (adj)	**могутній**	[mo'ɦutnij]
rei (m)	**король** (ч)	[ko'rɔlʲ]
governante (m)	**правитель** (ч)	[pra'wɨtɛlʲ]
cavaleiro (m)	**лицар** (ч)	['lɨʦar]
senhor feudal (m)	**феодал** (ч)	[fɛo'dal]
feudal (adj)	**феодальний**	[fɛo'dalʲnɨj]
vassalo (m)	**васал** (ч)	[wa'sal]
duque (m)	**герцог** (ч)	['ɦɛrʦoɦ]
conde (m)	**граф** (ч)	[ɦraf]
barão (m)	**барон** (ч)	[ba'rɔn]
bispo (m)	**єпископ** (ч)	[ɛ'pɨskop]
armadura (f)	**лати** (мн)	['latɨ]
escudo (m)	**щит** (ч)	[ɕɨt]
espada (f)	**меч** (ч)	[mɛʧ]
viseira (f)	**забрало** (с)	[za'bralo]
cota (f) de malha	**кольчуга** (ж)	[kolʲ'ʧuɦa]
cruzada (f)	**хрестовий похід** (ч)	[hrɛs'tɔwɨj po'hid]
cruzado (m)	**хрестоносець** (ч)	[hrɛsto'nɔsɛʦ]
território (m)	**територія** (ж)	[tɛrɨ'tɔriʲa]
atacar (vt)	**нападати**	[napa'datɨ]
conquistar (vt)	**завоювати**	[zawoʲu'watɨ]
ocupar, invadir (vt)	**захопити**	[zaho'pɨtɨ]
assédio, sítio (m)	**облога** (ж)	[ob'lɔɦa]
sitiado (adj)	**обложений**	[ob'lɔʒɛnɨj]
assediar, sitiar (vt)	**облягати**	[oblʲa'ɦatɨ]
inquisição (f)	**інквізиція** (ж)	[inkwi'zɨʦiʲa]
inquisidor (m)	**інквізитор** (ч)	[inkwi'zɨtor]
tortura (f)	**катування** (с)	[katu'wanʲa]
cruel (adj)	**жорстокий**	[ʒor'stɔkɨj]
herege (m)	**єретик** (ч)	[ɛ'rɛtɨk]
heresia (f)	**єресь** (ж)	['ɛrɛsʲ]
navegação (f) marítima	**мореплавання** (с)	[morɛ'plawanʲa]
pirata (m)	**пірат** (ч)	[pi'rat]
pirataria (f)	**піратство** (с)	[pi'raʦtwo]

abordagem (f)	**абордаж** (ч)	[abor'daʒ]
presa (f), butim (m)	**здобич** (ж)	['zdɔbɨʧ]
tesouros (m pl)	**скарби** (мн)	[skar'bɨ]
descobrimento (m)	**відкриття** (с)	[widkrɨt'tʲa]
descobrir (novas terras)	**відкрити**	[wid'krɨtɨ]
expedição (f)	**експедиція** (ж)	[ɛkspɛ'dɨʦiʲa]
mosqueteiro (m)	**мушкетер** (ч)	[muʃkɛ'tɛr]
cardeal (m)	**кардинал** (ч)	[kardɨ'nal]
heráldica (f)	**геральдика** (ж)	[ɦɛ'ralʲdɨka]
heráldico (adj)	**геральдичний**	[ɦɛralʲ'dɨʧnɨj]

189. Líder. Chefe. Autoridades

rei (m)	**король** (ч)	[ko'rɔlʲ]
rainha (f)	**королева** (ж)	[koro'lɛwa]
real (adj)	**королівський**	[koro'liwsʲkɨj]
reino (m)	**королівство** (с)	[koro'liwstwo]
príncipe (m)	**принц** (ч)	[prɨnʦ]
princesa (f)	**принцеса** (ж)	[prɨn'ʦɛsa]
presidente (m)	**президент** (ч)	[prɛzɨ'dɛnt]
vice-presidente (m)	**віце-президент** (ч)	['wiʦɛ prɛzɨ'dɛnt]
senador (m)	**сенатор** (ч)	[sɛ'nator]
monarca (m)	**монарх** (ч)	[mo'narh]
governante (m)	**правитель** (ч)	[pra'wɨtɛlʲ]
ditador (m)	**диктатор** (ч)	[dɨk'tator]
tirano (m)	**тиран** (ч)	[tɨ'ran]
magnata (m)	**магнат** (ч)	[maɦ'nat]
diretor (m)	**директор** (ч)	[dɨ'rɛktor]
chefe (m)	**шеф** (ч)	[ʃɛf]
gerente (m)	**керівник** (ч)	[kɛriw'nɨk]
patrão (m)	**бос** (ч)	[bos]
dono (m)	**господар** (ч)	[ɦos'pɔdar]
líder (m)	**вождь** (ч), **лідер** (ч)	[woʒdʲ], ['lidɛr]
chefe (m)	**голова** (ж)	[ɦolo'wa]
autoridades (f pl)	**влада** (ж)	['wlada]
superiores (m pl)	**керівництво** (с)	[kɛriw'nɨʦtwo]
governador (m)	**губернатор** (ч)	[ɦubɛr'nator]
cônsul (m)	**консул** (ч)	['kɔnsul]
diplomata (m)	**дипломат** (ч)	[dɨplo'mat]
Presidente (m) da Câmara	**мер** (ч)	[mɛr]
xerife (m)	**шериф** (ч)	[ʃɛ'rɨf]
imperador (m)	**імператор** (ч)	[impɛ'rator]
czar (m)	**цар** (ч)	[ʦar]
faraó (m)	**фараон** (ч)	[fara'ɔn]
cã, khan (m)	**хан** (ч)	[han]

190. Estrada. Caminho. Direções

estrada (f)	**дорога** (ж)	[do'rɔɦa]
via (f)	**шлях** (ч)	[ʃlʲah]
rodovia (f)	**шосе** (с)	[ʃo'sɛ]
autoestrada (f)	**автомагістраль** (ж)	[awtomaɦi'stralʲ]
estrada (f) nacional	**національна дорога** (ж)	[natsio'nalʲna do'rɔɦa]
estrada (f) principal	**головна дорога** (ж)	[ɦolow'na do'rɔɦa]
estrada (f) de terra	**польова дорога** (ж)	[polʲo'wa do'rɔɦa]
trilha (f)	**стежка** (ж)	['stɛʒka]
pequena trilha (f)	**стежина** (ж)	[stɛ'ʒɨna]
Onde?	**Де?**	[dɛ]
Para onde?	**Куди?**	[ku'dɨ]
De onde?	**Звідки?**	['zwidkɨ]
direção (f)	**напрямок** (ч)	['naprʲamok]
indicar (~ o caminho)	**вказати**	[wka'zatɨ]
para a esquerda	**ліворуч**	[li'wɔrutʃ]
para a direita	**праворуч**	[pra'wɔrutʃ]
em frente	**прямо**	['prʲamo]
para trás	**назад**	[na'zad]
curva (f)	**поворот** (ч)	[powo'rɔt]
virar (~ para a direita)	**повертати**	[powɛr'tatɨ]
dar retorno	**розвертатися**	[rozwɛr'tatɨsʲa]
estar visível	**виднітися**	[wɨd'nitɨsʲa]
aparecer (vi)	**з'явитися**	[zʔʲa'wɨtɨsʲa]
paragem (pausa)	**зупинка** (ж)	[zu'pɨnka]
descansar (vi)	**відпочити**	[widpo'tʃɨtɨ]
descanso, repouso (m)	**відпочинок** (ч)	[widpo'tʃɨnok]
perder-se (vr)	**заблукати**	[zablu'katɨ]
conduzir a … (caminho)	**вести до**	['wɛstɨ do]
chegar a …	**вийти до…**	['wɨjtɨ do]
trecho (m)	**відрізок** (ч)	[wid'rizok]
asfalto (m)	**асфальт** (ч)	[as'falʲt]
meio-fio (m)	**бордюр** (ч)	[bor'dʲur]
valeta (f)	**канава** (ж)	[ka'nawa]
tampa (f) de esgoto	**люк** (ч)	[lʲuk]
acostamento (m)	**узбіччя** (с)	[uz'bitʃʲa]
buraco (m)	**яма** (ж)	['ʲama]
ir (a pé)	**йти**	[jtɨ]
ultrapassar (vt)	**обігнати**	[obiɦ'natɨ]
passo (m)	**крок** (ч)	[krok]
a pé	**пішки**	['piʃkɨ]

bloquear (vt)	**перегородити**	[pɛrɛɦoro'dɨtɨ]
cancela (f)	**шлагбаум** (ч)	[ʃlaɦ'baum]
beco (m) sem saída	**глухий кут** (ч)	[ɦlu'ɦɨj kut]

191. Violação da lei. Criminosos. Parte 1

bandido (m)	**бандит** (ч)	[ban'dɨt]
crime (m)	**злочин** (ч)	['zlɔʧɨn]
criminoso (m)	**злочинець** (ч)	[zlo'ʧɨnɛʦ]
ladrão (m)	**злодій** (ч)	['zlɔdij]
roubar (vt)	**красти**	['krastɨ]
roubo (atividade)	**викрадення** (с)	['wɨkradɛnʲa]
furto (m)	**крадіжка** (ж)	[kra'diʒka]
raptar, sequestrar (vt)	**викрасти**	['wɨkrastɨ]
sequestro (m)	**викрадення** (с)	['wɨkradɛnʲa]
sequestrador (m)	**викрадач** (ч)	[wɨkra'daʧ]
resgate (m)	**викуп** (ч)	['wɨkup]
pedir resgate	**вимагати викуп**	[wɨma'ɦatɨ 'wɨkup]
roubar (vt)	**грабувати**	[ɦrabu'watɨ]
assalto, roubo (m)	**пограбування** (с), **грабіж** (ч)	[poɦrabu'wanʲa], [ɦra'biʒ]
assaltante (m)	**грабіжник** (ч)	[ɦra'biʒnɨk]
extorquir (vt)	**вимагати**	[wɨma'ɦatɨ]
extorsionário (m)	**вимагач** (ч)	[wɨma'ɦaʧ]
extorsão (f)	**вимагання** (с)	[wɨma'ɦanʲa]
matar, assassinar (vt)	**вбити**	['wbɨtɨ]
homicídio (m)	**вбивство** (с)	['wbɨwstwo]
homicida, assassino (m)	**вбивця** (ч)	['wbɨwʦʲa]
tiro (m)	**постріл** (ч)	['pɔstril]
dar um tiro	**вистрілити**	['wɨstrilɨtɨ]
matar a tiro	**застрелити**	[za'strɛlɨtɨ]
disparar, atirar (vi)	**стріляти**	[stri'lʲatɨ]
tiroteio (m)	**стрілянина** (ж)	[strilʲa'nɨna]
incidente (m)	**подія** (ж)	[po'dija]
briga (~ de rua)	**бійка** (ж)	['bijka]
Socorro!	**Допоможіть! Врятуйте!**	[dopomo'ʒitʲ], [wrʲa'tujtɛ!]
vítima (f)	**жертва** (ж)	['ʒɛrtwa]
danificar (vt)	**пошкодити**	[poʃ'kɔdɨtɨ]
dano (m)	**шкода** (ж)	['ʃkɔda]
cadáver (m)	**труп** (ч)	[trup]
grave (adj)	**тяжкий**	[tʲaʒ'kɨj]
atacar (vt)	**напасти**	[na'pastɨ]
bater (espancar)	**бити**	['bɨtɨ]
espancar (vt)	**побити**	[po'bɨtɨ]
tirar, roubar (dinheiro)	**відібрати**	[widi'bratɨ]

esfaquear (vt)	**зарізати**	[za'rizatɨ]
mutilar (vt)	**покалічити**	[poka'liʧitɨ]
ferir (vt)	**поранити**	[po'ranɨtɨ]
chantagem (f)	**шантаж** (ч)	[ʃan'taʒ]
chantagear (vt)	**шантажувати**	[ʃantaʒu'watɨ]
chantagista (m)	**шантажист** (ч)	[ʃanta'ʒɨst]
extorsão (f)	**рекет** (ч)	['rɛkɛt]
extorsionário (m)	**рекетир** (ч)	[rɛkɛ'tɨr]
gângster (m)	**гангстер** (ч)	['ɦanɦstɛr]
máfia (f)	**мафія** (ж)	['mafiʲa]
punguista (m)	**кишеньковий злодій** (ч)	[kɨʃɛnʲ'kɔwɨj 'zlɔdij]
assaltante, ladrão (m)	**зломщик** (ч)	['zlɔmɕɨk]
contrabando (m)	**контрабанда** (ж)	[kontra'banda]
contrabandista (m)	**контрабандист** (ч)	[kontraban'dɨst]
falsificação (f)	**підробка** (ж)	[pid'rɔbka]
falsificar (vt)	**підробляти**	[pidrob'lʲatɨ]
falsificado (adj)	**фальшивий**	[falʲ'ʃɨwɨj]

192. Violação da lei. Criminosos. Parte 2

estupro (m)	**зґвалтування** (с)	[zgwaltu'wanʲa]
estuprar (vt)	**зґвалтувати**	[zgwaltu'watɨ]
estuprador (m)	**ґвалтівник** (ч)	[gwaltiw'nɨk]
maníaco (m)	**маніяк** (ч)	[mani'ʲak]
prostituta (f)	**проститутка** (ж)	[prostɨ'tutka]
prostituição (f)	**проституція** (ж)	[prostɨ'tuʦiʲa]
cafetão (m)	**сутенер** (ч)	[sutɛ'nɛr]
drogado (m)	**наркоман** (ч)	[narko'man]
traficante (m)	**наркоторговець** (ч)	[narkotor'ɦɔwɛʦ]
explodir (vt)	**підірвати**	[pidir'watɨ]
explosão (f)	**вибух** (ч)	['wɨbuh]
incendiar (vt)	**підпалити**	[pidpa'lɨtɨ]
incendiário (m)	**підпалювач** (ч)	[pid'palʲuwaʧ]
terrorismo (m)	**тероризм** (ч)	[tɛro'rɨzm]
terrorista (m)	**терорист** (ч)	[tɛro'rɨst]
refém (m)	**заручник** (ч)	[za'ruʧnɨk]
enganar (vt)	**обманути**	[obma'nutɨ]
engano (m)	**обман** (ч)	[ob'man]
vigarista (m)	**шахрай** (ч)	[ʃah'raj]
subornar (vt)	**підкупити**	[pidku'pɨtɨ]
suborno (atividade)	**підкуп** (ч)	['pidkup]
suborno (dinheiro)	**хабар** (ч)	[ha'bar]
veneno (m)	**отрута** (ж)	[ot'ruta]
envenenar (vt)	**отруїти**	[otru'jitɨ]

envenenar-se (vr)	**отруїтись**	[otru'jitisʲ]
suicídio (m)	**самогубство** (с)	[samo'ɦubstwo]
suicida (m)	**самогубець** (ч)	[samo'ɦubɛʦʲ]
ameaçar (vt)	**погрожувати**	[poɦ'rɔʒuwati]
ameaça (f)	**погроза** (ж)	[poɦ'rɔza]
atentar contra a vida de …	**вчинити замах**	[wʧi'niti 'zamah]
atentado (m)	**замах** (ч)	['zamah]
roubar (um carro)	**украсти**	[uk'rasti]
sequestrar (um avião)	**викрасти**	['wikrasti]
vingança (f)	**помста** (ж)	['pɔmsta]
vingar (vt)	**мстити**	['mstiti]
torturar (vt)	**катувати**	[katu'wati]
tortura (f)	**катування** (с)	[katu'wanʲa]
atormentar (vt)	**мучити**	['muʧiti]
pirata (m)	**пірат** (ч)	[pi'rat]
desordeiro (m)	**хуліган** (ч)	[huli'ɦan]
armado (adj)	**озброєний**	[oz'brɔɛnij]
violência (f)	**насильство** (с)	[na'silʲstwo]
ilegal (adj)	**нелегальний**	[nɛlɛ'ɦalʲnij]
espionagem (f)	**шпигунство** (с)	[ʃpi'ɦunstwo]
espionar (vi)	**шпигувати**	[ʃpiɦu'wati]

193. Polícia. Lei. Parte 1

justiça (sistema de ~)	**правосуддя** (с)	[prawo'suddʲa]
tribunal (m)	**суд** (ч)	[sud]
juiz (m)	**суддя** (ч)	[sud'dʲa]
jurados (m pl)	**присяжні** (мн)	[pri'sʲaʒni]
tribunal (m) do júri	**суд** (ч) **присяжних**	[sud pri'sʲaʒnih]
julgar (vt)	**судити**	[su'diti]
advogado (m)	**адвокат** (ч)	[adwo'kat]
réu (m)	**підсудний** (ч)	[pid'sudnij]
banco (m) dos réus	**лава** (ж) **підсудних**	['lawa pid'sudnih]
acusação (f)	**обвинувачення** (с)	[obwinu'waʧɛnʲa]
acusado (m)	**обвинувачений** (ч)	[obwinu'waʧɛnij]
sentença (f)	**вирок** (ч)	['wirok]
sentenciar (vt)	**присудити**	[prisu'diti]
culpado (m)	**винуватець** (ч)	[winu'watɛʦ]
punir (vt)	**покарати**	[poka'rati]
punição (f)	**покарання** (с)	[poka'ranʲa]
multa (f)	**штраф** (ч)	[ʃtraf]
prisão (f) perpétua	**довічне ув'язнення** (с)	[do'wiʧnɛ u'wˀaznɛnʲa]

pena (f) de morte	**смертна кара** (ж)	['smɛrtna 'kara]
cadeira (f) elétrica	**електричний стілець** (ч)	[ɛlɛkt'ritʃnɨj sti'lɛʦ]
forca (f)	**шибениця** (ж)	['ʃibɛnɨʦʲa]
executar (vt)	**стратити**	['stratɨtɨ]
execução (f)	**страта** (ж)	['strata]
prisão (f)	**в'язниця** (ж)	[wˀʲaz'nɨʦʲa]
cela (f) de prisão	**камера** (ж)	['kamɛra]
escolta (f)	**конвой** (ч)	[kon'wɔj]
guarda (m) prisional	**наглядач** (ч)	[naɦlʲa'datʃ]
preso, prisioneiro (m)	**в'язень** (ч)	['wˀʲazɛnʲ]
algemas (f pl)	**наручники** (мн)	[na'rutʃnɨkɨ]
algemar (vt)	**надіти наручники**	[na'ditɨ na'rutʃnɨkɨ]
fuga, evasão (f)	**втеча** (ж)	['wtɛtʃa]
fugir (vi)	**утекти**	[utɛk'tɨ]
desaparecer (vi)	**зникнути**	['znɨknutɨ]
soltar, libertar (vt)	**звільнити**	[zwilʲ'nɨtɨ]
anistia (f)	**амністія** (ж)	[am'nistiʲa]
polícia (instituição)	**поліція** (ж)	[po'liʦiʲa]
polícia (m)	**поліцейський** (ч)	[poli'ʦɛjsʲkɨj]
delegacia (f) de polícia	**поліцейський відділок** (ч)	[poli'ʦɛjsʲkɨj 'widdilok]
cassetete (m)	**гумовий кийок** (ч)	['ɦumowɨj kɨ'jɔk]
megafone (m)	**рупор** (ч)	['rupor]
carro (m) de patrulha	**патрульна машина** (ж)	[pat'rulʲna ma'ʃɨna]
sirene (f)	**сирена** (ж)	[sɨ'rɛna]
ligar a sirene	**увімкнути сирену**	[uwimk'nutɨ sɨ'rɛnu]
toque (m) da sirene	**виття** (с) **сирени**	[wɨt'tʲa sɨ'rɛnɨ]
cena (f) do crime	**місце** (с) **події**	['misʦɛ po'dijɨ]
testemunha (f)	**свідок** (ч)	['swidok]
liberdade (f)	**воля** (ж)	['wɔlʲa]
cúmplice (m)	**спільник** (ч)	['spilʲnɨk]
escapar (vi)	**зникнути**	['znɨknutɨ]
traço (não deixar ~s)	**слід** (ч)	[slid]

194. Polícia. Lei. Parte 2

procura (f)	**розшук** (ч)	['rɔzʃuk]
procurar (vt)	**розшукувати**	[roz'ʃukuwatɨ]
suspeita (f)	**підозра** (ж)	[pi'dɔzra]
suspeito (adj)	**підозрілий**	[pido'zrilɨj]
parar (veículo, etc.)	**зупинити**	[zupɨ'nɨtɨ]
deter (fazer parar)	**затримати**	[za'trɨmatɨ]
caso (~ criminal)	**справа** (ж)	['sprawa]
investigação (f)	**розслідування** (с)	[roz'sliduwanʲa]
detetive (m)	**детектив** (ч)	[dɛtɛk'tiw]
investigador (m)	**слідчий** (ч)	['slidtʃɨj]

versão (f)	**версія** (ж)	['wɛrsiʲa]
motivo (m)	**мотив** (ч)	[mo'tɨw]
interrogatório (m)	**допит** (ч)	['dɔpɨt]
interrogar (vt)	**допитувати**	[do'pɨtuwatɨ]
questionar (vt)	**опитувати**	[o'pɨtuwatɨ]
verificação (f)	**перевірка** (ж)	[pɛrɛ'wirka]
batida (f) policial	**облава** (ж)	[ob'lawa]
busca (f)	**обшук** (ч)	['ɔbʃuk]
perseguição (f)	**погоня** (ж)	[po'ɦɔnʲa]
perseguir (vt)	**переслідувати**	[pɛrɛs'liduwatɨ]
seguir, rastrear (vt)	**слідкувати**	[slidku'watɨ]
prisão (f)	**арешт** (ч)	[a'rɛʃt]
prender (vt)	**заарештувати**	[zaarɛʃtu'watɨ]
pegar, capturar (vt)	**спіймати**	[spij'matɨ]
captura (f)	**затримання** (с)	[za'trɨmanʲa]
documento (m)	**документ** (ч)	[doku'mɛnt]
prova (f)	**доказ** (ч)	['dɔkaz]
provar (vt)	**доводити**	[do'wɔdɨtɨ]
pegada (f)	**слід** (ч)	[slid]
impressões (f pl) digitais	**відбитки** (мн) **пальців**	[wid'bɨtkɨ 'palʲʦiw]
prova (f)	**доказ** (ч)	['dɔkaz]
álibi (m)	**алібі** (с)	['alibi]
inocente (adj)	**невинний**	[nɛ'wɨnɨj]
injustiça (f)	**несправедливість** (ж)	[nɛsprawɛd'lɨwistʲ]
injusto (adj)	**несправедливий**	[nɛsprawɛd'lɨwɨj]
criminal (adj)	**кримінальний**	[krɨmi'nalʲnɨj]
confiscar (vt)	**конфіскувати**	[konfisku'watɨ]
droga (f)	**наркотик** (ч)	[nar'kɔtɨk]
arma (f)	**зброя** (ж)	['zbrɔʲa]
desarmar (vt)	**обеззброїти**	[obɛz'zbrɔjitɨ]
ordenar (vt)	**наказувати**	[na'kazuwatɨ]
desaparecer (vi)	**зникнути**	['znɨknutɨ]
lei (f)	**закон** (ч)	[za'kɔn]
legal (adj)	**законний**	[za'kɔnɨj]
ilegal (adj)	**незаконний**	[nɛza'kɔnɨj]
responsabilidade (f)	**відповідальність** (ж)	[widpowi'dalʲnistʲ]
responsável (adj)	**відповідальний**	[widpowi'dalʲnɨj]

NATUREZA

A Terra. Parte 1

195. Espaço sideral

espaço, cosmo (m)	космос (ч)	['kɔsmos]
espacial, cósmico (adj)	космічний	[kosˈmitʃnij]
espaço (m) cósmico	космічний простір (ч)	[kosˈmitʃnij ˈprɔstir]
mundo (m)	світ (ч)	[swit]
universo (m)	всесвіт (ч)	[ˈwsɛswit]
galáxia (f)	галактика (ж)	[ɦaˈlaktika]
estrela (f)	зірка (ж)	[ˈzirka]
constelação (f)	сузір'я (с)	[suˈzirʲa]
planeta (m)	планета (ж)	[plaˈnɛta]
satélite (m)	супутник (ч)	[suˈputnik]
meteorito (m)	метеорит (ч)	[mɛtɛoˈrit]
cometa (m)	комета (ж)	[koˈmɛta]
asteroide (m)	астероїд (ч)	[astɛˈrɔjid]
órbita (f)	орбіта (ж)	[orˈbita]
girar (vi)	обертатися	[obɛrˈtatisʲa]
atmosfera (f)	атмосфера (ж)	[atmosˈfɛra]
Sol (m)	Сонце (с)	[ˈsɔntsɛ]
Sistema (m) Solar	Сонячна система (ж)	[ˈsɔnʲatʃna sisˈtɛma]
eclipse (m) solar	сонячне затемнення (с)	[ˈsɔnʲatʃnɛ zaˈtɛmnɛnʲa]
Terra (f)	Земля (ж)	[zɛmˈlʲa]
Lua (f)	Місяць (ж)	[ˈmisʲats]
Marte (m)	Марс (ч)	[mars]
Vênus (f)	Венера (ж)	[wɛˈnɛra]
Júpiter (m)	Юпітер (ч)	[ˈjuˈpitɛr]
Saturno (m)	Сатурн (ч)	[saˈturn]
Mercúrio (m)	Меркурій (ч)	[mɛrˈkurij]
Urano (m)	Уран (ч)	[uˈran]
Netuno (m)	Нептун (ч)	[nɛpˈtun]
Plutão (m)	Плутон (ч)	[pluˈtɔn]
Via Láctea (f)	Чумацький Шлях (ч)	[tʃuˈmatskij ʃlʲah]
Ursa Maior (f)	Велика Ведмедиця (ж)	[wɛˈlika wɛdˈmɛditsʲa]
Estrela Polar (f)	Полярна Зірка (ж)	[poˈlʲarna ˈzirka]
marciano (m)	марсіанин (ч)	[marsiˈanin]
extraterrestre (m)	інопланетянин (ч)	[inoplanɛˈtʲanin]

alienígena (m)	прибулець (ч)	[pri'bulɛts]
disco (m) voador	літаюча тарілка (ж)	[li'tajutʃa ta'rilka]
espaçonave (f)	космічний корабель (ч)	[kos'mitʃnij kora'bɛlʲ]
estação (f) orbital	орбітальна станція (ж)	[orbi'talʲna 'stantsʲia]
lançamento (m)	старт (ч)	[start]
motor (m)	двигун (ч)	[dwi'ɦun]
bocal (m)	сопло (с)	['sɔplo]
combustível (m)	паливо (с)	['paliwo]
cabine (f)	кабіна (ж)	[ka'bina]
antena (f)	антена (ж)	[an'tɛna]
vigia (f)	ілюмінатор (ч)	[ilʲumi'nator]
bateria (f) solar	сонячна батарея (ж)	['sonʲatʃna bata'rɛʲa]
traje (m) espacial	скафандр (ч)	[ska'fandr]
imponderabilidade (f)	невагомість (ж)	[nɛwa'ɦomistʲ]
oxigênio (m)	кисень (ч)	['kisɛnʲ]
acoplagem (f)	стикування (с)	[stiku'wanʲa]
fazer uma acoplagem	здійснювати стикування	['zdijsnʲuwati stiku'wanʲa]
observatório (m)	обсерваторія (ж)	[obsɛrwa'tɔrʲia]
telescópio (m)	телескоп (ч)	[tɛlɛ'skɔp]
observar (vt)	спостерігати	[sposteri'ɦati]
explorar (vt)	досліджувати	[do'slidʒuwati]

196. A Terra

Terra (f)	Земля (ж)	[zɛm'lʲa]
globo terrestre (Terra)	земна куля (ж)	[zɛm'na 'kulʲa]
planeta (m)	планета (ж)	[pla'nɛta]
atmosfera (f)	атмосфера (ж)	[atmos'fɛra]
geografia (f)	географія (ж)	[ɦɛo'ɦrafʲia]
natureza (f)	природа (ж)	[pri'rɔda]
globo (mapa esférico)	глобус (ч)	['ɦlɔbus]
mapa (m)	карта (ж)	['karta]
atlas (m)	атлас (ч)	['atlas]
Europa (f)	Європа (ж)	[ɛw'rɔpa]
Ásia (f)	Азія (ж)	['azʲia]
África (f)	Африка (ж)	['afrika]
Austrália (f)	Австралія (ж)	[aw'stralʲia]
América (f)	Америка (ж)	[a'mɛrika]
América (f) do Norte	Північна Америка (ж)	[piw'nitʃna a'mɛrika]
América (f) do Sul	Південна Америка (ж)	[piw'dɛna a'mɛrika]
Antártida (f)	Антарктида (ж)	[antark'tida]
Ártico (m)	Арктика (ж)	['arktika]

197. Pontos cardeais

norte (m)	**північ** (ж)	['piwnitʃ]
para norte	**на північ**	[na 'piwnitʃ]
no norte	**на півночі**	[na 'piwnotʃi]
do norte (adj)	**північний**	[piw'nitʃnɨj]
sul (m)	**південь** (ч)	['piwdɛnʲ]
para sul	**на південь**	[na 'piwdɛnʲ]
no sul	**на півдні**	[na 'piwdni]
do sul (adj)	**південний**	[piw'dɛnɨj]
oeste, ocidente (m)	**захід** (ч)	['zahid]
para oeste	**на захід**	[na 'zahid]
no oeste	**на заході**	[na 'zahodi]
ocidental (adj)	**західний**	['zahidnɨj]
leste, oriente (m)	**схід** (ч)	[shid]
para leste	**на схід**	[na 'shid]
no leste	**на сході**	[na 'shɔdi]
oriental (adj)	**східний**	['shidnɨj]

198. Mar. Oceano

mar (m)	**море** (с)	['mɔrɛ]
oceano (m)	**океан** (ч)	[okɛ'an]
golfo (m)	**затока** (ж)	[za'tɔka]
estreito (m)	**протока** (ж)	[pro'tɔka]
terra (f) firme	**земля, суша** (ж)	[zɛm'lʲa], ['suʃa]
continente (m)	**материк** (ч)	[matɛ'rɨk]
ilha (f)	**острів** (ч)	['ɔstriw]
península (f)	**півострів** (ч)	[pi'wɔstriw]
arquipélago (m)	**архіпелаг** (ч)	[arhipɛ'laɦ]
baía (f)	**бухта** (ж)	['buhta]
porto (m)	**гавань** (ж)	['ɦawanʲ]
lagoa (f)	**лагуна** (ж)	[la'ɦuna]
cabo (m)	**мис** (ч)	[mɨs]
atol (m)	**атол** (ч)	[a'tɔl]
recife (m)	**риф** (ч)	[rɨf]
coral (m)	**корал** (ч)	[ko'ral]
recife (m) de coral	**кораловий риф** (ч)	[ko'ralowɨj rɨf]
profundo (adj)	**глибокий**	[ɦlɨ'bɔkɨj]
profundidade (f)	**глибина** (ж)	[ɦlɨbɨ'na]
abismo (m)	**безодня** (ж)	[bɛ'zɔdnʲa]
fossa (f) oceânica	**западина** (ж)	[za'padɨna]
corrente (f)	**течія** (ж)	['tɛtʃiʲa]
banhar (vt)	**омивати**	[omɨ'watɨ]
litoral (m)	**берег** (ч)	['bɛrɛɦ]

costa (f)	**узбережжя** (с)	[uzbɛ'rɛʑʲa]
maré (f) alta	**приплив** (ч)	[prɨp'lɨw]
refluxo (m)	**відлив** (ч)	[wid'lɨw]
restinga (f)	**мілина** (ж)	[milɨ'na]
fundo (m)	**дно** (с)	[dno]
onda (f)	**хвиля** (ж)	['hwɨlʲa]
crista (f) da onda	**гребінь** (ч) **хвилі**	['ɦrɛbinʲ 'hwɨli]
espuma (f)	**піна** (ж)	[pi'na]
tempestade (f)	**буря** (ж)	['burʲa]
furacão (m)	**ураган** (ч)	[uraɦan]
tsunami (m)	**цунамі** (с)	[ʦu'nami]
calmaria (f)	**штиль** (ч)	[ʃtɨlʲ]
calmo (adj)	**спокійний**	[spo'kijnɨj]
polo (m)	**полюс** (ч)	['pɔlʲus]
polar (adj)	**полярний**	[po'lʲarnɨj]
latitude (f)	**широта** (ж)	[ʃɨro'ta]
longitude (f)	**довгота** (ж)	[dowɦo'ta]
paralela (f)	**паралель** (ж)	[para'lɛlʲ]
equador (m)	**екватор** (ч)	[ɛk'wator]
céu (m)	**небо** (с)	['nɛbo]
horizonte (m)	**горизонт** (ч)	[ɦorɨ'zɔnt]
ar (m)	**повітря** (с)	[po'witrʲa]
farol (m)	**маяк** (ч)	[ma'ʲak]
mergulhar (vi)	**пірнати**	[pir'natɨ]
afundar-se (vr)	**затонути**	[zato'nutɨ]
tesouros (m pl)	**скарби** (мн)	[skar'bɨ]

199. Nomes de Mares e Oceanos

Oceano (m) Atlântico	**Атлантичний океан** (ч)	[atlan'tɨʧnɨj okɛ'an]
Oceano (m) Índico	**Індійський океан** (ч)	[in'dijsʲkɨj okɛ'an]
Oceano (m) Pacífico	**Тихий океан** (ч)	['tɨhɨj okɛ'an]
Oceano (m) Ártico	**Північний Льодовитий океан** (ч)	[piw'niʧnɨj lʲodo'wɨtɨj okɛ'an]
Mar (m) Negro	**Чорне море** (с)	['ʧɔrnɛ 'mɔrɛ]
Mar (m) Vermelho	**Червоне море** (с)	[ʧɛr'wɔnɛ 'mɔrɛ]
Mar (m) Amarelo	**Жовте море** (с)	['ʒɔwtɛ 'mɔrɛ]
Mar (m) Branco	**Біле море** (с)	['bilɛ 'mɔrɛ]
Mar (m) Cáspio	**Каспійське море** (с)	[kas'pijsʲkɛ 'mɔrɛ]
Mar (m) Morto	**Мертве море** (с)	['mɛrtwɛ 'mɔrɛ]
Mar (m) Mediterrâneo	**Середземне море** (с)	[sɛrɛ'ʣɛmnɛ 'mɔrɛ]
Mar (m) Egeu	**Егейське море** (с)	[ɛ'ɦɛjsʲkɛ 'mɔrɛ]
Mar (m) Adriático	**Адріатичне море** (с)	[adria'tɨʧnɛ 'mɔrɛ]
Mar (m) Arábico	**Аравійське море** (с)	[ara'wijsʲkɛ 'mɔrɛ]
Mar (m) do Japão	**Японське море** (с)	[ja'pɔnsʲkɛ 'mɔrɛ]

Mar (m) de Bering	Берингове море (c)	[bɛrinɦowɛ 'mɔrɛ]
Mar (m) da China Meridional	Південно-Китайське море (c)	[piw'dɛno ki'tajsʲkɛ 'mɔrɛ]

Mar (m) de Coral	Коралове море (c)	[ko'ralowɛ 'mɔrɛ]
Mar (m) de Tasman	Тасманове море (c)	[tas'manowɛ 'mɔrɛ]
Mar (m) do Caribe	Карибське море (c)	[ka'ribsʲkɛ 'mɔrɛ]

Mar (m) de Barents	Баренцеве море (c)	['barɛntsɛwɛ 'mɔrɛ]
Mar (m) de Kara	Карське море (c)	['karsʲkɛ 'mɔrɛ]

Mar (m) do Norte	Північне море (c)	[piw'nitʃnɛ 'mɔrɛ]
Mar (m) Báltico	Балтійське море (c)	[bal'tijsʲkɛ 'mɔrɛ]
Mar (m) da Noruega	Норвезьке море (c)	[nor'wɛzʲkɛ 'mɔrɛ]

200. Montanhas

montanha (f)	гора (ж)	[ɦo'ra]
cordilheira (f)	гірський ланцюг (ч)	[ɦirsʲ'kij lan'tsʲuɦ]
serra (f)	гірський хребет (ч)	[ɦirsʲ'kij ɦrɛ'bɛt]

cume (m)	вершина (ж)	[wɛr'ʃina]
pico (m)	шпиль (ч)	[ʃpilʲ]
pé (m)	підніжжя (c)	[pid'nizʲa]
declive (m)	схил (ч)	[shil]

vulcão (m)	вулкан (ч)	[wul'kan]
vulcão (m) ativo	діючий вулкан (ч)	['dʲiutʃij wul'kan]
vulcão (m) extinto	згаслий вулкан (ч)	['zɦaslij wul'kan]

erupção (f)	виверження (c)	['wiwɛrʒɛnʲa]
cratera (f)	кратер (ч)	['kratɛr]
magma (m)	магма (ж)	['maɦma]
lava (f)	лава (ж)	['lawa]
fundido (lava ~a)	розжарений	[roz'ʒarɛnij]

cânion, desfiladeiro (m)	каньйон (ч)	[kanʲ'jon]
garganta (f)	ущелина (ж)	[u'ɕɛlina]
fenda (f)	розщілина (ж)	[roz'ɕilina]
precipício (m)	прірва (ж), обрив (ч)	['prirwa], [ob'riw]

passo, colo (m)	перевал (ч)	[pɛrɛ'wal]
planalto (m)	плато (c)	['plato]
falésia (f)	скеля (ж)	['skɛlʲa]
colina (f)	пагорб (ч)	['paɦorb]

geleira (f)	льодовик (ч)	[lʲodo'wik]
cachoeira (f)	водоспад (ч)	[wodos'pad]
gêiser (m)	гейзер (ч)	['ɦejzɛr]
lago (m)	озеро (c)	['ɔzɛro]

planície (f)	рівнина (ж)	[riw'nina]
paisagem (f)	краєвид (ч)	[kraɛ'wid]
eco (m)	луна (ж)	[lu'na]

alpinista (m)	**альпініст** (ч)	[alʲpi'nist]
escalador (m)	**скелелаз** (ч)	[skɛlɛ'laz]
conquistar (vt)	**підкоряти**	[pidko'rʲatɨ]
subida, escalada (f)	**підйом** (ч)	[pid'jɔm]

201. Nomes de montanhas

Alpes (m pl)	**Альпи** (мн)	['alʲpɨ]
Monte Branco (m)	**Монблан** (ч)	[mon'blan]
Pirineus (m pl)	**Піренеї** (мн)	[pirɛ'nɛjɨ]
Cárpatos (m pl)	**Карпати** (мн)	[kar'patɨ]
Urais (m pl)	**Уральські гори** (мн)	[u'ralʲsʲki 'ɦɔrɨ]
Cáucaso (m)	**Кавказ** (ч)	[kaw'kaz]
Elbrus (m)	**Ельбрус** (ч)	[ɛlʲb'rus]
Altai (m)	**Алтай** (ч)	[al'taj]
Tian Shan (m)	**Тянь-Шань** (мн)	[tʲanʲ 'ʃanʲ]
Pamir (m)	**Памір** (ч)	[pa'mir]
Himalaia (m)	**Гімалаї** (мн)	[ɦima'lajɨ]
monte Everest (m)	**Еверест** (ч)	[ɛwɛ'rɛst]
Cordilheira (f) dos Andes	**Анди** (мн)	['andɨ]
Kilimanjaro (m)	**Кіліманджаро** (ж)	[kiliman'dʒaro]

202. Rios

rio (m)	**ріка** (ж)	['rika]
fonte, nascente (f)	**джерело** (с)	[dʒɛrɛ'lɔ]
leito (m) de rio	**річище** (с)	['ritʃɨɕɛ]
bacia (f)	**басейн** (ч)	[ba'sɛjn]
desaguar no ...	**впадати у...**	[wpa'datɨ u...]
afluente (m)	**притока** (ж)	[prɨ'tɔka]
margem (do rio)	**берег** (ч)	['bɛrɛɦ]
corrente (f)	**течія** (ж)	['tɛtʃiʲa]
rio abaixo	**вниз за течією**	[wnɨz za 'tɛtʃiɛʲu]
rio acima	**уверх за течією**	[u'wɛrh po 'tɛtʃiɛʲu]
inundação (f)	**повінь** (ж)	['pɔwinʲ]
cheia (f)	**повінь** (ж)	['pɔwinʲ]
transbordar (vi)	**розливатися**	[rozlɨ'watɨsʲa]
inundar (vt)	**затоплювати**	[za'tɔplʲuwatɨ]
banco (m) de areia	**мілина** (ж)	[milɨ'na]
corredeira (f)	**поріг** (ч)	[po'riɦ]
barragem (f)	**гребля** (ж)	['ɦrɛblʲa]
canal (m)	**канал** (ч)	[ka'nal]
reservatório (m) de água	**водосховище** (с)	[wodo'shɔwɨɕɛ]
eclusa (f)	**шлюз** (ч)	[ʃlʲuz]

corpo (m) de água	**водойма** (ж)	[wo'dɔjma]
pântano (m)	**болото** (с)	[bo'lɔto]
lamaçal (m)	**трясовина** (ж)	[trʲasowɨ'na]
redemoinho (m)	**вир** (ч)	[wɨr]
riacho (m)	**струмок** (ч)	[stru'mɔk]
potável (adj)	**питний**	['pɨtnɨj]
doce (água)	**прісний**	['prisnɨj]
gelo (m)	**лід** (ч), **крига** (ж)	[lid], ['krɨɦa]
congelar-se (vr)	**замерзнути**	[za'mɛrznutɨ]

203. Nomes de rios

rio Sena (m)	**Сена** (ж)	['sɛna]
rio Loire (m)	**Луара** (ж)	[lu'ara]
rio Tâmisa (m)	**Темза** (ж)	['tɛmza]
rio Reno (m)	**Рейн** (ч)	[rɛjn]
rio Danúbio (m)	**Дунай** (ч)	[du'naj]
rio Volga (m)	**Волга** (ж)	['wɔlɦa]
rio Don (m)	**Дон** (ч)	[don]
rio Lena (m)	**Лена** (ж)	['lɛna]
rio Amarelo (m)	**Хуанхе** (ж)	[huan'hɛ]
rio Yangtzé (m)	**Янцзи** (ж)	[jaŋts'zɨ]
rio Mekong (m)	**Меконг** (ч)	[mɛ'kɔnɦ]
rio Ganges (m)	**Ганг** (ч)	[ɦanɦ]
rio Nilo (m)	**Ніл** (ч)	[nil]
rio Congo (m)	**Конго** (ж)	['kɔnɦo]
rio Cubango (m)	**Окаванго** (ж)	[oka'wanɦo]
rio Zambeze (m)	**Замбезі** (ж)	[zam'bɛzi]
rio Limpopo (m)	**Лімпопо** (ж)	[limpo'pɔ]
rio Mississippi (m)	**Міссісіпі** (ж)	[misi'sipi]

204. Floresta

floresta (f), bosque (m)	**ліс** (ч)	[lis]
florestal (adj)	**лісовий**	[liso'wɨj]
mata (f) fechada	**хаща** (ж)	['haɕa]
arvoredo (m)	**гай** (ч)	[ɦaj]
clareira (f)	**галявина** (ж)	[ɦa'lʲawɨna]
matagal (m)	**зарості** (мн)	['zarosti]
mato (m), caatinga (f)	**чагарник** (ч)	[ʧa'ɦarnɨk]
pequena trilha (f)	**стежина** (ж)	[stɛ'ʒɨna]
ravina (f)	**яр** (ч)	[jar]
árvore (f)	**дерево** (с)	['dɛrɛwo]

folha (f)	**листок** (ч)	[lɨs'tɔk]
folhagem (f)	**листя** (с)	['listʲa]
queda (f) das folhas	**листопад** (ч)	[lɨsto'pad]
cair (vi)	**опадати**	[opa'datɨ]
topo (m)	**верхівка** (ж)	[wɛr'hiwka]
ramo (m)	**гілка** (ж)	['ɦilka]
galho (m)	**сук** (ч)	[suk]
botão (m)	**брунька** (ж)	['brunʲka]
agulha (f)	**голка** (ж)	['ɦɔlka]
pinha (f)	**шишка** (ж)	['ʃɨʃka]
buraco (m) de árvore	**дупло** (с)	[dup'lɔ]
ninho (m)	**гніздо** (с)	[ɦniz'dɔ]
tronco (m)	**стовбур** (ч)	['stɔwbur]
raiz (f)	**корінь** (ч)	['kɔrinʲ]
casca (f) de árvore	**кора** (ж)	[ko'ra]
musgo (m)	**мох** (ч)	[moh]
arrancar pela raiz	**корчувати**	[kortʃu'watɨ]
cortar (vt)	**рубати**	[ru'batɨ]
desflorestar (vt)	**вирубувати ліс**	[wɨ'rubuwatɨ lis]
toco, cepo (m)	**пень** (ч)	[pɛnʲ]
fogueira (f)	**багаття** (с)	[ba'ɦattʲa]
incêndio (m) florestal	**лісова пожежа** (ж)	[liso'wa po'ʒɛʒa]
apagar (vt)	**тушити**	[tu'ʃitɨ]
guarda-parque (m)	**лісник** (ч)	[lis'nɨk]
proteção (f)	**охорона** (ж)	[oho'rɔna]
proteger (a natureza)	**охороняти**	[ohoro'nʲatɨ]
caçador (m) furtivo	**браконьєр** (ч)	[brako'nʲɛr]
armadilha (f)	**капкан** (ч)	[kap'kan]
colher (cogumelos)	**збирати**	[zbɨ'ratɨ]
colher (bagas)	**збирати**	[zbɨ'ratɨ]
perder-se (vr)	**заблукати**	[zablu'katɨ]

205. Recursos naturais

recursos (m pl) naturais	**природні ресурси** (мн)	[prɨ'rɔdni rɛ'sursɨ]
minerais (m pl)	**корисні копалини** (мн)	['kɔrisni ko'palɨnɨ]
depósitos (m pl)	**поклади** (мн)	['pɔkladɨ]
jazida (f)	**родовище** (с)	[ro'dɔwiɕɛ]
extrair (vt)	**добувати**	[dobu'watɨ]
extração (f)	**добування** (с)	[dobu'wanʲa]
minério (m)	**руда** (ж)	[ru'da]
mina (f)	**копальня** (ж)	[ko'palʲnʲa]
poço (m) de mina	**шахта** (ж)	['ʃahta]
mineiro (m)	**шахтар** (ч)	[ʃah'tar]
gás (m)	**газ** (ч)	[ɦaz]

gasoduto (m)	газопровід (ч)	[ɦazopro'wid]
petróleo (m)	нафта (ж)	['nafta]
oleoduto (m)	нафтопровід (ч)	[nafto'prɔwid]
poço (m) de petróleo	нафтова вишка (ж)	['naftowa 'wiʃka]
torre (f) petrolífera	свердлова вежа (ж)	[swɛrd'lɔwa 'wɛʒa]
petroleiro (m)	танкер (ч)	['tankɛr]
areia (f)	пісок (ч)	[pi'sɔk]
calcário (m)	вапняк (ч)	[wap'nʲak]
cascalho (m)	гравій (ч)	['ɦrawij]
turfa (f)	торф (ч)	[torf]
argila (f)	глина (ж)	['ɦlina]
carvão (m)	вугілля (с)	[wu'ɦilʲa]
ferro (m)	залізо (с)	[za'lizo]
ouro (m)	золото (с)	['zɔloto]
prata (f)	срібло (с)	['sriblo]
níquel (m)	нікель (ч)	['nikɛlʲ]
cobre (m)	мідь (ж)	[midʲ]
zinco (m)	цинк (ч)	['tsink]
manganês (m)	марганець (ч)	['marɦanɛts]
mercúrio (m)	ртуть (ж)	[rtutʲ]
chumbo (m)	свинець (ч)	[swi'nɛts]
mineral (m)	мінерал (ч)	[minɛ'ral]
cristal (m)	кристал (ч)	[kris'tal]
mármore (m)	мармур (ч)	['marmur]
urânio (m)	уран (ч)	[u'ran]

A Terra. Parte 2

206. Tempo

tempo (m)	**погода** (ж)	[po'ɦɔda]
previsão (f) do tempo	**прогноз** (ч) **погоди**	[proɦ'nɔz po'ɦɔdɨ]
temperatura (f)	**температура** (ж)	[tɛmpɛra'tura]
termômetro (m)	**термометр** (ч)	[tɛr'mɔmɛtr]
barômetro (m)	**барометр** (ч)	[ba'rɔmɛtr]
úmido (adj)	**вологий**	[wo'lɔɦɨj]
umidade (f)	**вологість** (ж)	[woloɦistʲ]
calor (m)	**спека** (ж)	['spɛka]
tórrido (adj)	**гарячий**	[ɦa'rʲatʃɨj]
está muito calor	**спекотно**	[spɛ'kɔtno]
está calor	**тепло**	['tɛplo]
quente (morno)	**теплий**	['tɛplɨj]
está frio	**холодно**	['hɔlodno]
frio (adj)	**холодний**	[ho'lɔdnɨj]
sol (m)	**сонце** (с)	['sɔntsɛ]
brilhar (vi)	**світити**	[swi'tɨtɨ]
de sol, ensolarado	**сонячний**	['sɔnʲatʃnɨj]
nascer (vi)	**зійти**	[zij'tɨ]
pôr-se (vr)	**сісти**	['sistɨ]
nuvem (f)	**хмара** (ж)	['hmara]
nublado (adj)	**хмарний**	['hmarnɨj]
nuvem (f) preta	**хмара** (ж)	['hmara]
escuro, cinzento (adj)	**похмурий**	[poh'murɨj]
chuva (f)	**дощ** (ч)	[doɕ]
está a chover	**йде дощ**	[jdɛ doɕ]
chuvoso (adj)	**дощовий**	[doɕo'wɨj]
chuviscar (vi)	**накрапати**	[nakra'patɨ]
chuva (f) torrencial	**проливний дощ** (ч)	[prolɨw'nɨj doɕ]
aguaceiro (m)	**злива** (ж)	['zlɨwa]
forte (chuva, etc.)	**сильний**	['sɨlʲnɨj]
poça (f)	**калюжа** (ж)	[ka'lʲuʒa]
molhar-se (vr)	**мокнути**	['mɔknutɨ]
nevoeiro (m)	**туман** (ч)	[tu'man]
de nevoeiro	**туманний**	[tu'manɨj]
neve (f)	**сніг** (ч)	[sniɦ]
está nevando	**йде сніг**	[jdɛ sniɦ]

207. Tempo extremo. Catástrofes naturais

trovoada (f)	**гроза** (ж)	[ɦro'za]
relâmpago (m)	**блискавка** (ж)	['blɨskawka]
relampejar (vi)	**блискати**	['blɨskatɨ]
trovão (m)	**грім** (ч)	[ɦrim]
trovejar (vi)	**гриміти**	[ɦrɨ'mitɨ]
está trovejando	**гримить грім**	[ɦrɨ'mɨtʲ ɦrim]
granizo (m)	**град** (ч)	[ɦrad]
está caindo granizo	**йде град**	[jdɛ ɦrad]
inundar (vt)	**затопити**	[zato'pɨtɨ]
inundação (f)	**повінь** (ж)	['pɔwinʲ]
terremoto (m)	**землетрус** (ч)	[zɛmlɛt'rus]
abalo, tremor (m)	**поштовх** (ч)	['pɔʃtowh]
epicentro (m)	**епіцентр** (ч)	[ɛpi'ʦɛntr]
erupção (f)	**виверження** (с)	['wɨwɛrʒɛnʲa]
lava (f)	**лава** (ж)	['lawa]
tornado (m)	**смерч, торнадо** (ч)	[smɛrʧ], [tor'nado]
tufão (m)	**тайфун** (ч)	[taj'fun]
furacão (m)	**ураган** (ч)	[uraɦan]
tempestade (f)	**буря** (ж)	['burʲa]
tsunami (m)	**цунамі** (с)	[ʦu'nami]
ciclone (m)	**циклон** (ч)	[ʦɨk'lɔn]
mau tempo (m)	**негода** (ж)	[nɛ'ɦɔda]
incêndio (m)	**пожежа** (ж)	[po'ʒɛʒa]
catástrofe (f)	**катастрофа** (ж)	[kata'strɔfa]
meteorito (m)	**метеорит** (ч)	[mɛtɛo'rɨt]
avalanche (f)	**лавина** (ж)	[la'wɨna]
deslizamento (m) de neve	**обвал** (ч)	[ob'wal]
nevasca (f)	**заметіль** (ж)	[zamɛ'tilʲ]
tempestade (f) de neve	**завірюха** (ж)	[zawi'rʲuha]

208. Ruídos. Sons

silêncio (m)	**тиша** (ж)	['tɨʃa]
som (m)	**звук** (ч)	[zwuk]
ruído, barulho (m)	**шум** (ч)	[ʃum]
fazer barulho	**шуміти**	[ʃu'mitɨ]
ruidoso, barulhento (adj)	**гучний**	[ɦuʧ'nɨj]
alto	**голосно**	['ɦɔlosno]
alto (ex. voz ~a)	**голосний**	[ɦolos'nɨj]
constante (ruído, etc.)	**постійний**	[pos'tijnɨj]
grito (m)	**крик** (ч)	[krɨk]

gritar (vi)	**кричати**	[kri'tʃati]
sussurro (m)	**шепіт** (ч)	['ʃɛpit]
sussurrar (vi, vt)	**шепотіти**	[ʃɛpo'titi]
latido (m)	**гавкіт** (ч)	['ɦawkit]
latir (vi)	**гавкати**	['ɦawkati]
gemido (m)	**стогін** (ч)	['stɔɦin]
gemer (vi)	**стогнати**	[stoɦ'nati]
tosse (f)	**кашель** (ч)	['kaʃɛlʲ]
tossir (vi)	**кашляти**	['kaʃlʲati]
assobio (m)	**свист** (ч)	[swist]
assobiar (vi)	**свистіти**	[swis'titi]
batida (f)	**стукіт** (ч)	['stukit]
bater (à porta)	**стукати**	['stukati]
estalar (vi)	**тріщати**	[tri'ɕati]
estalido (m)	**тріск** (ч)	[trisk]
sirene (f)	**сирена** (ж)	[si'rɛna]
apito (m)	**гудок** (ч)	[ɦu'dɔk]
apitar (vi)	**гудіти**	[ɦu'diti]
buzina (f)	**сигнал** (ч)	[siɦ'nal]
buzinar (vi)	**сигналити**	[siɦ'naliti]

209. Inverno

inverno (m)	**зима** (ж)	[zi'ma]
de inverno	**зимовий**	[zi'mɔwij]
no inverno	**взимку**	['wzimku]
neve (f)	**сніг** (ч)	[sniɦ]
está nevando	**йде сніг**	[jdɛ sniɦ]
queda (f) de neve	**снігопад** (ч)	[sniɦo'pad]
amontoado (m) de neve	**замет** (ч)	[za'mɛt]
floco (m) de neve	**сніжинка** (ж)	[sni'ʒinka]
bola (f) de neve	**сніжок** (ч)	[sni'ʒok]
boneco (m) de neve	**сніговик** (ч)	[sniɦo'wik]
sincelo (m)	**бурулька** (ж)	[bu'rulʲka]
dezembro (m)	**грудень** (ч)	['ɦrudɛnʲ]
janeiro (m)	**січень** (ч)	['sitʃɛnʲ]
fevereiro (m)	**лютий** (ч)	['lʲutij]
gelo (m)	**мороз** (ч)	[mo'rɔz]
gelado (tempo ~)	**морозний**	[mo'rɔznij]
abaixo de zero	**нижче нуля**	['niʒtʃɛ nu'lʲa]
primeira geada (f)	**заморозки** (мн)	['zamorozki]
geada (f) branca	**іній** (ч)	['inij]
frio (m)	**холод** (ч)	['hɔlod]
está frio	**холодно**	['hɔlodno]

casaco (m) de pele	**шуба** (ж)	['ʃuba]
mitenes (f pl)	**рукавиці** (мн)	[ruka'wɨʦi]
adoecer (vi)	**захворіти**	[zahwo'ritɨ]
resfriado (m)	**застуда** (ж)	[za'studa]
ficar resfriado	**застудитися**	[zastu'dɨtɨsʲa]
gelo (m)	**лід** (ч), **крига** (ж)	[lid], ['krɨɦa]
gelo (m) na estrada	**ожеледиця** (ж)	[oʒɛ'lɛdɨʦʲa]
congelar-se (vr)	**замерзнути**	[za'mɛrznutɨ]
bloco (m) de gelo	**крижина** (ж)	[krɨ'ʒɨna]
esqui (m)	**лижі** (мн)	['lɨʒi]
esquiador (m)	**лижник** (ч)	['lɨʒnɨk]
esquiar (vi)	**кататися на лижах**	[ka'tatɨsʲa na 'lɨʒah]
patinar (vi)	**кататися на ковзанах**	[ka'tatɨsʲa na kowza'nah]

Fauna

210. Mamíferos. Predadores

predador (m)	**хижак** (ч)	[hɨ'ʒak]
tigre (m)	**тигр** (ч)	[tɨɦr]
leão (m)	**лев** (ч)	[lɛw]
lobo (m)	**вовк** (ч)	[wowk]
raposa (f)	**лисиця** (ж)	[lɨ'sɨtsʲa]
jaguar (m)	**ягуар** (ч)	[jaɦu'ar]
leopardo (m)	**леопард** (ч)	[lɛo'pard]
chita (f)	**гепард** (ч)	[ɦɛ'pard]
pantera (f)	**пантера** (ж)	[pan'tɛra]
puma (m)	**пума** (ж)	['puma]
leopardo-das-neves (m)	**сніговий барс** (ч)	[sniɦo'wɨj bars]
lince (m)	**рись** (ж)	[rɨsʲ]
coiote (m)	**койот** (ч)	[ko'jɔt]
chacal (m)	**шакал** (ч)	[ʃa'kal]
hiena (f)	**гієна** (ж)	[ɦi'ɛna]

211. Animais selvagens

animal (m)	**тварина** (ж)	[twa'rɨna]
besta (f)	**звір** (ч)	[zwir]
esquilo (m)	**білка** (ж)	['bilka]
ouriço (m)	**їжак** (ч)	[ji'ʒak]
lebre (f)	**заєць** (ч)	['zaɛts]
coelho (m)	**кріль** (ч)	[krilʲ]
texugo (m)	**борсук** (ч)	[bor'suk]
guaxinim (m)	**єнот** (ч)	[ɛ'nɔt]
hamster (m)	**хом'як** (ч)	[ho'mʔʲak]
marmota (f)	**бабак** (ч)	[ba'bak]
toupeira (f)	**кріт** (ч)	[krit]
rato (m)	**миша** (ж)	['mɨʃa]
ratazana (f)	**щур** (ч)	[ɕur]
morcego (m)	**кажан** (ч)	[ka'ʒan]
arminho (m)	**горностай** (ч)	[ɦorno'staj]
zibelina (f)	**соболь** (ч)	['sɔbolʲ]
marta (f)	**куниця** (ж)	[ku'nɨtsʲa]
doninha (f)	**ласка** (ж)	['laska]
visom (m)	**норка** (ж)	['nɔrka]

castor (m)	**бобер** (ч)	[bo'bɛr]
lontra (f)	**видра** (ж)	['wɨdra]
cavalo (m)	**кінь** (ч)	[kinʲ]
alce (m)	**лось** (ч)	[losʲ]
veado (m)	**олень** (ч)	['ɔlɛnʲ]
camelo (m)	**верблюд** (ч)	[wɛr'blʲud]
bisão (m)	**бізон** (ч)	[bi'zɔn]
auroque (m)	**зубр** (ч)	[zubr]
búfalo (m)	**буйвіл** (ч)	['bujwil]
zebra (f)	**зебра** (ж)	['zɛbra]
antílope (m)	**антилопа** (ж)	[antɨ'lɔpa]
corça (f)	**косуля** (ж)	[ko'sulʲa]
gamo (m)	**лань** (ж)	[lanʲ]
camurça (f)	**сарна** (ж)	['sarna]
javali (m)	**вепр** (ч)	[wɛpr]
baleia (f)	**кит** (ч)	[kɨt]
foca (f)	**тюлень** (ч)	[tʲu'lɛnʲ]
morsa (f)	**морж** (ч)	[morʒ]
urso-marinho (m)	**котик** (ч)	['kɔtɨk]
golfinho (m)	**дельфін** (ч)	[dɛlʲ'fin]
urso (m)	**ведмідь** (ч)	[wɛd'midʲ]
urso (m) polar	**білий ведмідь** (ч)	['bilɨj wɛd'midʲ]
panda (m)	**панда** (ж)	['panda]
macaco (m)	**мавпа** (ж)	['mawpa]
chimpanzé (m)	**шимпанзе** (ч)	[ʃɨmpan'zɛ]
orangotango (m)	**орангутанг** (ч)	[oranɦu'tanɦ]
gorila (m)	**горила** (ж)	[ɦo'rɨla]
macaco (m)	**макака** (ж)	[ma'kaka]
gibão (m)	**гібон** (ч)	[ɦi'bɔn]
elefante (m)	**слон** (ч)	[slon]
rinoceronte (m)	**носоріг** (ч)	[noso'riɦ]
girafa (f)	**жирафа** (ж)	[ʒɨrafa]
hipopótamo (m)	**бегемот** (ч)	[bɛɦɛ'mɔt]
canguru (m)	**кенгуру** (ч)	[kɛnɦu'ru]
coala (m)	**коала** (ч)	[ko'ala]
mangusto (m)	**мангуст** (ч)	[ma'nɦust]
chinchila (f)	**шиншила** (ж)	[ʃɨn'ʃɨla]
cangambá (f)	**скунс** (ч)	[skuns]
porco-espinho (m)	**дикобраз** (ч)	[dɨko'braz]

212. Animais domésticos

gata (f)	**кішка** (ж)	['kiʃka]
gato (m) macho	**кіт** (ч)	[kit]
cão (m)	**собака, пес** (ч)	[so'baka], [pɛs]

cavalo (m)	**кінь** (ч)	[kinʲ]
garanhão (m)	**жеребець** (ч)	[ʒɛrɛ'bɛʦ]
égua (f)	**кобила** (ж)	[ko'bɨla]
vaca (f)	**корова** (ж)	[ko'rɔwa]
touro (m)	**бик** (ч)	[bɨk]
boi (m)	**віл** (ч)	[wil]
ovelha (f)	**вівця** (ж)	[wiw'ʦʲa]
carneiro (m)	**баран** (ч)	[ba'ran]
cabra (f)	**коза** (ж)	[ko'za]
bode (m)	**козел** (ч)	[ko'zɛl]
burro (m)	**осел** (ч)	[o'sɛl]
mula (f)	**мул** (ч)	[mul]
porco (m)	**свиня** (ж)	[swɨ'nʲa]
leitão (m)	**порося** (с)	[poro'sʲa]
coelho (m)	**кріль** (ч)	[krilʲ]
galinha (f)	**курка** (ж)	['kurka]
galo (m)	**півень** (ч)	['piwɛnʲ]
pata (f), pato (m)	**качка** (ж)	['katʃka]
pato (m)	**качур** (ч)	['katʃur]
ganso (m)	**гусак** (ч)	[ɦu'sak]
peru (m)	**індик** (ч)	[in'dɨk]
perua (f)	**індичка** (ж)	[in'dɨtʃka]
animais (m pl) domésticos	**домашні тварини** (мн)	[do'maʃni twa'rɨnɨ]
domesticado (adj)	**ручний**	[rutʃ'nɨj]
domesticar (vt)	**приручати**	[prɨru'tʃatɨ]
criar (vt)	**вирощувати**	[wɨ'rɔɕuwatɨ]
fazenda (f)	**ферма** (ж)	['fɛrma]
aves (f pl) domésticas	**свійські птахи** (мн)	['swijsʲki pta'hi]
gado (m)	**худоба** (ж)	[hu'dɔba]
rebanho (m), manada (f)	**стадо** (с)	['stado]
estábulo (m)	**конюшня** (ж)	[ko'nʲuʃnʲa]
chiqueiro (m)	**свинарник** (ч)	[swɨ'narnɨk]
estábulo (m)	**корівник** (ч)	[ko'riwnɨk]
coelheira (f)	**крільчатник** (ч)	[krilʲ'tʃatnɨk]
galinheiro (m)	**курник** (ч)	[kur'nɨk]

213. Cães. Raças de cães

cão (m)	**собака** (ч)	[so'baka]
cão pastor (m)	**вівчарка** (ж)	[wiw'tʃarka]
pastor-alemão (m)	**німецька вівчарка** (ж)	[ni'mɛʦʲka wiw'tʃarka]
poodle (m)	**пудель** (ч)	['pudɛlʲ]
linguicinha (m)	**такса** (ж)	['taksa]
buldogue (m)	**бульдог** (ч)	[bulʲ'dɔɦ]

boxer (m)	**боксер** (ч)	[bok'sɛr]
mastim (m)	**мастиф** (ч)	[mas'tɨf]
rottweiler (m)	**ротвейлер** (ч)	[rot'wɛjlɛr]
dóberman (m)	**доберман** (ч)	[dobɛr'man]
basset (m)	**басет** (ч)	[ba'sɛt]
pastor inglês (m)	**бобтейл** (ч)	[bob'tɛjl]
dálmata (m)	**далматинець** (ч)	[dalma'tɨnɛʦ]
cocker spaniel (m)	**кокер-спаніель** (ч)	['kɔkɛr spani'ɛlʲ]
terra-nova (m)	**ньюфаундленд** (ч)	[njufaund'lɛnd]
são-bernardo (m)	**сенбернар** (ч)	[sɛnbɛr'nar]
husky (m) siberiano	**хаскі** (ч)	[haski]
Chow-chow (m)	**чау-чау** (ч)	[ʧau ʧau]
spitz alemão (m)	**шпіц** (ч)	[ʃpiʦ]
pug (m)	**мопс** (ч)	[mops]

214. Sons produzidos pelos animais

latido (m)	**гавкіт** (ч)	['ɦawkit]
latir (vi)	**гавкати**	['ɦawkatɨ]
miar (vi)	**нявкати**	['nʲawkatɨ]
ronronar (vi)	**муркотіти**	[murko'titɨ]
mugir (vaca)	**мукати**	['mukatɨ]
bramir (touro)	**ревіти**	[rɛ'witɨ]
rosnar (vi)	**ричати**	[rɨ'ʧatɨ]
uivo (m)	**виття** (с)	[wɨt'tʲa]
uivar (vi)	**вити**	['wɨtɨ]
ganir (vi)	**скиглити**	['skɨɦlɨtɨ]
balir (vi)	**бекати**	['bɛkatɨ]
grunhir (vi)	**рохкати**	['rɔhkatɨ]
guinchar (vi)	**верещати**	[wɛrɛ'ɕatɨ]
coaxar (sapo)	**кумкати**	['kumkatɨ]
zumbir (inseto)	**дзижчати**	[ʣɨʒ'ʧatɨ]
ziziar (vi)	**стрекотати**	[strɛko'tatɨ]

215. Animais jovens

cria (f), filhote (m)	**дитинча** (с)	[dɨtɨn'ʧa]
gatinho (m)	**кошеня** (с)	[koʃɛ'nʲa]
ratinho (m)	**мишеня** (с)	[mɨʃɛ'nʲa]
cachorro (m)	**цуценя** (с)	[ʦuʦɛ'nʲa]
filhote (m) de lebre	**зайченя** (с)	[zajʧɛ'nʲa]
coelhinho (m)	**кроленя** (с)	[krolɛ'nʲa]
lobinho (m)	**вовченя** (с)	[wowʧɛ'nʲa]
filhote (m) de raposa	**лисеня** (с)	[lɨsɛ'nʲa]

filhote (m) de urso	ведмежа (c)	[wɛdmɛ'ʒa]
filhote (m) de leão	левеня (c)	[lɛwɛ'nʲa]
filhote (m) de tigre	тигреня (c)	[tiɦrɛ'nʲa]
filhote (m) de elefante	слоненя (c)	[slonɛ'nʲa]
leitão (m)	порося (c)	[poro'sʲa]
bezerro (m)	теля (c)	[tɛ'lʲa]
cabrito (m)	козеня (c)	[kozɛ'nʲa]
cordeiro (m)	ягня (c)	[jaɦ'nʲa]
filhote (m) de veado	оленя (c)	[olɛ'nʲa]
cria (f) de camelo	верблюденя (c)	[wɛrblʲudɛ'nʲa]
filhote (m) de serpente	змієня (c)	[zmiɛ'nʲa]
filhote (m) de rã	жабеня (c)	[ʒabɛ'nʲa]
cria (f) de ave	пташеня (c)	[ptaʃɛ'nʲa]
pinto (m)	курча (c)	[kur'ʧa]
patinho (m)	каченя (c)	[kaʧɛ'nʲa]

216. Pássaros

pássaro (m), ave (f)	птах (ч)	[ptah]
pombo (m)	голуб (ч)	['ɦolub]
pardal (m)	горобець (ч)	[ɦoro'bɛts]
chapim-real (m)	синиця (ж)	[sɨ'nitsʲa]
pega-rabuda (f)	сорока (ж)	[so'rɔka]
corvo (m)	ворон (ч)	['wɔron]
gralha-cinzenta (f)	ворона (ж)	[wo'rɔna]
gralha-de-nuca-cinzenta (f)	галка (ж)	['ɦalka]
gralha-calva (f)	грак (ч)	[ɦrak]
pato (m)	качка (ж)	['kaʧka]
ganso (m)	гусак (ч)	[ɦu'sak]
faisão (m)	фазан (ч)	[fa'zan]
águia (f)	орел (ч)	[o'rɛl]
açor (m)	яструб (ч)	['ʲastrub]
falcão (m)	сокіл (ч)	['sɔkil]
abutre (m)	гриф (ч)	[ɦrif]
condor (m)	кондор (ч)	['kɔndor]
cisne (m)	лебідь (ч)	['lɛbidʲ]
grou (m)	журавель (ч)	[ʒura'wɛlʲ]
cegonha (f)	чорногуз (ч)	[ʧorno'ɦuz]
papagaio (m)	папуга (ч)	[pa'puɦa]
beija-flor (m)	колібрі (ч)	[ko'libri]
pavão (m)	пава (ж)	['pawa]
avestruz (m)	страус (ч)	['straus]
garça (f)	чапля (ж)	['ʧaplʲa]
flamingo (m)	фламінго (c)	[fla'minɦo]
pelicano (m)	пелікан (ч)	[pɛli'kan]

rouxinol (m)	**соловей** (ч)	[solo'wɛj]
andorinha (f)	**ластівка** (ж)	['lastiwka]
tordo-zornal (m)	**дрізд** (ч)	[drizd]
tordo-músico (m)	**співучий дрізд** (ч)	[spi'wuʧij 'drizd]
melro-preto (m)	**чорний дрізд** (ч)	['ʧɔrnɨj 'drizd]
andorinhão (m)	**стриж** (ч)	['strɨʒ]
cotovia (f)	**жайворонок** (ч)	['ʒajworonok]
codorna (f)	**перепел** (ч)	['pɛrɛpɛl]
pica-pau (m)	**дятел** (ч)	['dʲatɛl]
cuco (m)	**зозуля** (ж)	[zo'zulʲa]
coruja (f)	**сова** (ж)	[so'wa]
bufo-real (m)	**пугач** (ч)	[pu'ɦaʧ]
tetraz-grande (m)	**глухар** (ч)	[ɦlu'har]
tetraz-lira (m)	**тетерук** (ч)	[tɛtɛ'ruk]
perdiz-cinzenta (f)	**куріпка** (ж)	[ku'ripka]
estorninho (m)	**шпак** (ч)	[ʃpak]
canário (m)	**канарка** (ж)	[ka'narka]
galinha-do-mato (f)	**рябчик** (ч)	['rʲabʧɨk]
tentilhão (m)	**зяблик** (ч)	['zʲablɨk]
dom-fafe (m)	**снігур** (ч)	[sni'ɦur]
gaivota (f)	**чайка** (ж)	['ʧajka]
albatroz (m)	**альбатрос** (ч)	[alʲbat'rɔs]
pinguim (m)	**пінгвін** (ч)	[pinɦ'win]

217. Pássaros. Canto e sons

cantar (vi)	**співати**	[spi'watɨ]
gritar, chamar (vi)	**кричати**	[krɨ'ʧatɨ]
cantar (o galo)	**кукурікати**	[kuku'rikatɨ]
cocorocó (m)	**кукуріку**	[kukuri'ku]
cacarejar (vi)	**кудкудакати**	[kudku'dakatɨ]
crocitar (vi)	**каркати**	['karkatɨ]
grasnar (vi)	**крякати**	['krʲakatɨ]
piar (vi)	**пискотіти**	[pɨsko'titɨ]
chilrear, gorjear (vi)	**цвірінькати**	[ʦwi'rinʲkatɨ]

218. Peixes. Animais marinhos

brema (f)	**лящ** (ч)	[lʲaɕ]
carpa (f)	**короп** (ч)	['kɔrop]
perca (f)	**окунь** (ч)	['ɔkunʲ]
siluro (m)	**сом** (ч)	[som]
lúcio (m)	**щука** (ж)	['ɕuka]
salmão (m)	**лосось** (ч)	[lo'sɔsʲ]
esturjão (m)	**осетер** (ч)	[osɛ'tɛr]

arenque (m)	оселедець (ч)	[osɛ'lɛdɛts]
salmão (m) do Atlântico	сьомга (ж)	['sʲomɦa]
cavala, sarda (f)	скумбрія (ж)	['skumbrʲia]
solha (f), linguado (m)	камбала (ж)	[kamba'la]
lúcio perca (m)	судак (ч)	[su'dak]
bacalhau (m)	тріска (ж)	[tris'ka]
atum (m)	тунець (ч)	[tu'nɛts]
truta (f)	форель (ж)	[fo'rɛlʲ]
enguia (f)	вугор (ч)	[wu'ɦɔr]
raia (f) elétrica	електричний скат (ч)	[ɛlɛkt'ritʃnij skat]
moreia (f)	мурена (ж)	[mu'rɛna]
piranha (f)	піранья (ж)	[pi'ranʲa]
tubarão (m)	акула (ж)	[a'kula]
golfinho (m)	дельфін (ч)	[dɛlʲ'fin]
baleia (f)	кит (ч)	[kit]
caranguejo (m)	краб (ч)	[krab]
água-viva (f)	медуза (ж)	[mɛ'duza]
polvo (m)	восьминіг (ч)	[wosʲmi'niɦ]
estrela-do-mar (f)	морська зірка (ж)	[morsʲ'ka 'zirka]
ouriço-do-mar (m)	морський їжак (ч)	[morsʲ'kij jiˈʒak]
cavalo-marinho (m)	морський коник (ч)	[morsʲ'kij 'kɔnik]
ostra (f)	устриця (ж)	['ustritsʲa]
camarão (m)	креветка (ж)	[krɛ'wɛtka]
lagosta (f)	омар (ч)	[o'mar]
lagosta (f)	лангуст (ч)	[lan'ɦust]

219. Anfíbios. Répteis

cobra (f)	змія (ж)	[zmiˈʲa]
venenoso (adj)	отруйний	[ot'rujnij]
víbora (f)	гадюка (ж)	[ɦa'dʲuka]
naja (f)	кобра (ж)	['kɔbra]
píton (m)	пітон (ч)	[pi'tɔn]
jiboia (f)	удав (ч)	[u'daw]
cobra-de-água (f)	вуж (ч)	[wuʒ]
cascavel (f)	гримуча змія (ж)	[ɦri'mutʃa zmiˈʲa]
anaconda (f)	анаконда (ж)	[ana'kɔnda]
lagarto (m)	ящірка (ж)	['ʲaɕirka]
iguana (f)	ігуана (ж)	[iɦu'ana]
varano (m)	варан (ч)	[wa'ran]
salamandra (f)	саламандра (ж)	[sala'mandra]
camaleão (m)	хамелеон (ч)	[hamɛlɛ'ɔn]
escorpião (m)	скорпіон (ч)	[skorpi'ɔn]
tartaruga (f)	черепаха (ж)	[tʃɛrɛ'paɦa]
rã (f)	жаба (ж)	['ʒaba]

sapo (m)	**ропуха** (ж)	[ro'puha]
crocodilo (m)	**крокодил** (ч)	[kroko'dɨl]

220. Insetos

inseto (m)	**комаха** (ж)	[ko'maha]
borboleta (f)	**метелик** (ч)	[mɛ'tɛlɨk]
formiga (f)	**мураха** (ж)	[mu'raha]
mosca (f)	**муха** (ж)	['muha]
mosquito (m)	**комар** (ч)	[ko'mar]
escaravelho (m)	**жук** (ч)	[ʒuk]
vespa (f)	**оса** (ж)	[o'sa]
abelha (f)	**бджола** (ж)	[bʤo'la]
mamangaba (f)	**джміль** (ч)	[ʤmilʲ]
moscardo (m)	**овід** (ч)	['ɔwid]
aranha (f)	**павук** (ч)	[pa'wuk]
teia (f) de aranha	**павутиння** (с)	[pawu'tɨnʲa]
libélula (f)	**бабка** (ж)	['babka]
gafanhoto (m)	**коник** (ч)	['kɔnɨk]
traça (f)	**метелик** (ч)	[mɛ'tɛlɨk]
barata (f)	**тарган** (ч)	[tar'ɦan]
carrapato (m)	**кліщ** (ч)	[kliɕ]
pulga (f)	**блоха** (ж)	['blɔha]
borrachudo (m)	**мошка** (ж)	['mɔʃka]
gafanhoto (m)	**сарана** (ж)	[sara'na]
caracol (m)	**равлик** (ч)	['rawlɨk]
grilo (m)	**цвіркун** (ч)	[ʦwir'kun]
pirilampo, vaga-lume (m)	**світлячок** (ч)	[switlʲa'ʧɔk]
joaninha (f)	**сонечко** (с)	['sɔnɛʧko]
besouro (m)	**хрущ** (ч)	[hruɕ]
sanguessuga (f)	**п'явка** (ж)	['pʔʲawka]
lagarta (f)	**гусениця** (ж)	['ɦusɛnɨʦʲa]
minhoca (f)	**черв'як** (ч)	[ʧɛr'wʔʲak]
larva (f)	**личинка** (ж)	[lɨ'ʧinka]

221. Animais. Partes do corpo

bico (m)	**дзьоб** (ч)	[ʣʲob]
asas (f pl)	**крила** (мн)	['krɨla]
pata (f)	**лапка** (ж)	['lapka]
plumagem (f)	**пір'я** (с)	['pirʔʲa]
pena, pluma (f)	**перо** (с)	[pɛ'rɔ]
crista (f)	**чубчик** (ч)	['ʧubʧɨk]
brânquias, guelras (f pl)	**зябра** (мн)	['zʲabra]
ovas (f pl)	**ікра** (ж)	[ik'ra]

larva (f)	личинка (ж)	[li'tʃinka]
barbatana (f)	плавець (ч)	[pla'wɛts]
escama (f)	луска (ж)	[lus'ka]
presa (f)	ікло (с)	['iklo]
pata (f)	лапа (ж)	['lapa]
focinho (m)	морда (ж)	['mɔrda]
boca (f)	паща (ж)	['paɕa]
cauda (f), rabo (m)	хвіст (ч)	[hwist]
bigodes (m pl)	вуса (мн)	['wusa]
casco (m)	копито (с)	[ko'pito]
corno (m)	ріг (ч)	[riɦ]
carapaça (f)	панцир (ч)	['pantsir]
concha (f)	мушля (ж)	['muʃlʲa]
casca (f) de ovo	шкаралупа (ж)	[ʃkara'lupa]
pelo (m)	шерсть (ж)	[ʃɛrstʲ]
pele (f), couro (m)	шкура (ж)	['ʃkura]

222. Ações dos animais

voar (vi)	літати	[li'tati]
dar voltas	кружляти	[kruʒ'lʲati]
voar (para longe)	полетіти	[polɛ'titi]
bater as asas	махати	[ma'hati]
bicar (vi)	клювати	[klʲu'wati]
incubar (vt)	висиджувати яйця	[wi'sidʒuwati 'jajtsʲa]
sair do ovo	вилуплюватися	[wi'luplʲuwatisʲa]
fazer o ninho	мостити гніздо	[mos'titi ɦniz'dɔ]
rastejar (vi)	повзати	['powzati]
picar (vt)	жалити	['ʒaliti]
morder (cachorro, etc.)	кусати	[ku'sati]
cheirar (vt)	нюхати	['nʲuhati]
latir (vi)	гавкати	['ɦawkati]
silvar (vi)	шипіти	[ʃi'piti]
assustar (vt)	лякати	[lʲa'kati]
atacar (vt)	напасти	[na'pasti]
roer (vt)	гризти	['ɦrizti]
arranhar (vt)	дряпати	['drʲapati]
esconder-se (vr)	ховатися	[ho'watisʲa]
brincar (vi)	бавитись	['bawitisʲ]
caçar (vi)	полювати	[polʲu'wati]
hibernar (vi)	бути в сплячці	['buti w splʲ'atʃsi]
extinguir-se (vr)	вимерти	['wimɛrti]

223. Animais. Habitats

hábitat (m)	**середовище** (с) **проживання**	[sɛrɛ'dɔwɨɕɛ proʒɨ'wanʲa]
migração (f)	**міграція** (ж)	[miɦ'ratsʲa]
montanha (f)	**гора** (ж)	[ɦo'ra]
recife (m)	**риф** (ч)	[rɨf]
falésia (f)	**скеля** (ж)	['skɛlʲa]
floresta (f)	**ліс** (ч)	[lis]
selva (f)	**джунглі** (мн)	['dʒunɦli]
savana (f)	**савана** (ж)	[sa'wana]
tundra (f)	**тундра** (ж)	['tundra]
estepe (f)	**степ** (ч)	['stɛp]
deserto (m)	**пустеля** (ж)	[pus'tɛlʲa]
oásis (m)	**оаза** (ж)	[o'aza]
mar (m)	**море** (с)	['mɔrɛ]
lago (m)	**озеро** (с)	['ɔzɛro]
oceano (m)	**океан** (ч)	[okɛ'an]
pântano (m)	**болото** (с)	[bo'lɔto]
de água doce	**прісноводний**	[prisno'wɔdnɨj]
lagoa (f)	**ставок** (ч)	[sta'wɔk]
rio (m)	**ріка** (ж)	['rika]
toca (f) do urso	**барліг** (ч)	[bar'liɦ]
ninho (m)	**гніздо** (с)	[ɦniz'dɔ]
buraco (m) de árvore	**дупло** (с)	[dup'lɔ]
toca (f)	**нора** (ж)	[no'ra]
formigueiro (m)	**мурашник** (ч)	[muraʃ'nɨk]

224. Cuidados com os animais

jardim (m) zoológico	**зоопарк** (ч)	[zoo'park]
reserva (f) natural	**заповідник** (ч)	[zapo'widnɨk]
viveiro (m)	**розплідник** (ч)	[rozp'lidnɨk]
jaula (f) de ar livre	**вольєр** (ч)	[wo'ljɛr]
jaula, gaiola (f)	**клітка** (ж)	['klitka]
casinha (f) de cachorro	**будка** (ж)	['budka]
pombal (m)	**голуб'ятня** (ж)	[ɦolu'bʔʲatnʲa]
aquário (m)	**акваріум** (ч)	[ak'warium]
delfinário (m)	**дельфінарій** (ч)	[dɛlʲfi'narij]
criar (vt)	**розводити**	[roz'wɔdɨtɨ]
cria (f)	**потомство** (с)	[po'tɔmstwo]
domesticar (vt)	**приручати**	[priru'tʃatɨ]
adestrar (vt)	**дресирувати**	[drɛsɨru'watɨ]
ração (f)	**корм** (ч)	[korm]

alimentar (vt)	**годувати**	[ɦodu'watɨ]
loja (f) de animais	**зоомагазин** (ч)	[zoomaɦa'zɨn]
focinheira (m)	**намордник** (ч)	[na'mɔrdnɨk]
coleira (f)	**нашийник** (ч)	[na'ʃɨjnɨk]
nome (do animal)	**кличка** (ж)	['klɨʧka]
pedigree (m)	**родовід** (ч)	[rodo'wid]

225. Animais. Diversos

alcateia (f)	**зграя** (ж)	[zɦ'raʲa]
bando (pássaros)	**зграя** (ж)	[zɦ'raʲa]
cardume (peixes)	**зграя** (ж)	[zɦ'raʲa]
manada (cavalos)	**табун** (ч)	[ta'bun]
macho (m)	**самець** (ч)	[sa'mɛʦ]
fêmea (f)	**самка** (ж)	['samka]
faminto (adj)	**голодний**	[ɦo'lɔdnɨj]
selvagem (adj)	**дикий**	['dɨkɨj]
perigoso (adj)	**небезпечний**	[nɛbɛz'pɛʧnɨj]

226. Cavalos

cavalo (m)	**кінь** (ч)	[kinʲ]
raça (f)	**порода** (ж)	[po'rɔda]
potro (m)	**лоша** (с)	[lo'ʃa]
égua (f)	**кобила** (ж)	[ko'bɨla]
mustangue (m)	**мустанг** (ч)	[mus'tanɦ]
pônei (m)	**поні** (ч)	['pɔni]
cavalo (m) de tiro	**тягловий кінь** (ч)	[tʲaɦlo'wɨj kinʲ]
crina (f)	**грива** (ж)	['ɦrɨwa]
rabo (m)	**хвіст** (ч)	[hwist]
casco (m)	**копито** (с)	[ko'pɨto]
ferradura (f)	**підкова** (ж)	[pid'kɔwa]
ferrar (vt)	**підкувати**	[pidku'watɨ]
ferreiro (m)	**коваль** (ч)	[ko'walʲ]
sela (f)	**сідло** (с)	[sid'lɔ]
estribo (m)	**стремено** (с)	[strɛ'mɛno]
brida (f)	**вуздечка** (ж)	[wuz'dɛʧka]
rédeas (f pl)	**віжки** (мн)	[wiʒ'kɨ]
chicote (m)	**батіг** (ч)	[ba'tiɦ]
cavaleiro (m)	**наїзник** (ч)	[na'jiznɨk]
colocar sela	**осідлати**	[osid'latɨ]
montar no cavalo	**сісти в сідло**	['sistɨ w sid'lɔ]
galope (m)	**галоп** (ч)	[ɦa'lɔp]
galopar (vi)	**скакати галопом**	[ska'katɨ ɦa'lɔpom]

trote (m)	**клус** (ч)	[klus]
a trote	**клусом**	['klusom]
ir a trote	**трусити клусом**	[tru'sitɨ 'klusom]
cavalo (m) de corrida	**скаковий кінь** (ч)	[skako'wɨj kinʲ]
corridas (f pl)	**перегони** (мн)	[pɛrɛ'ɦɔnɨ]
estábulo (m)	**конюшня** (ж)	[ko'nʲuʃnʲa]
alimentar (vt)	**годувати**	[ɦodu'watɨ]
feno (m)	**сіно** (с)	['sino]
dar água	**поїти**	[po'jitɨ]
limpar (vt)	**чистити**	['ʧistɨtɨ]
carroça (f)	**віз** (ч)	[wiz]
pastar (vi)	**пастися**	['pastɨsʲa]
relinchar (vi)	**іржати**	[ir'ʒatɨ]
dar um coice	**брикнути**	[brɨk'nutɨ]

Flora

227. Árvores

árvore (f)	**дерево** (с)	['dɛrɛwo]
decídua (adj)	**листяне**	[lɨstʲa'nɛ]
conífera (adj)	**хвойне**	['hwɔjnɛ]
perene (adj)	**вічнозелене**	[witʃnozɛ'lɛnɛ]
macieira (f)	**яблуня** (ж)	['ʲablunʲa]
pereira (f)	**груша** (ж)	['ɦruʃa]
cerejeira (f)	**черешня** (ж)	[tʃɛ'rɛʃnʲa]
ginjeira (f)	**вишня** (ж)	['wɨʃnʲa]
ameixeira (f)	**слива** (ж)	['slɨwa]
bétula (f)	**береза** (ж)	[bɛ'rɛza]
carvalho (m)	**дуб** (ч)	[dub]
tília (f)	**липа** (ж)	['lɨpa]
choupo-tremedor (m)	**осика** (ж)	[o'sɨka]
bordo (m)	**клен** (ч)	[klɛn]
espruce (m)	**ялина** (ж)	[ja'lɨna]
pinheiro (m)	**сосна** (ж)	[sos'na]
alerce, lariço (m)	**модрина** (ж)	[mod'rɨna]
abeto (m)	**ялиця** (ж)	[ja'lɨtsʲa]
cedro (m)	**кедр** (ч)	[kɛdr]
choupo, álamo (m)	**тополя** (ж)	[to'pɔlʲa]
tramazeira (f)	**горобина** (ж)	[ɦoro'bɨna]
salgueiro (m)	**верба** (ж)	[wɛr'ba]
amieiro (m)	**вільха** (ж)	['wilʲha]
faia (f)	**бук** (ч)	[buk]
ulmeiro, olmo (m)	**в'яз** (ч)	[wˀʲaz]
freixo (m)	**ясен** (ч)	['ʲasɛn]
castanheiro (m)	**каштан** (ч)	[kaʃ'tan]
magnólia (f)	**магнолія** (ж)	[maɦ'nɔliʲa]
palmeira (f)	**пальма** (ж)	['palʲma]
cipreste (m)	**кипарис** (ч)	[kɨpa'rɨs]
mangue (m)	**мангрове дерево** (с)	['manɦrowɛ 'dɛrɛwo]
embondeiro, baobá (m)	**баобаб** (ч)	[bao'bab]
eucalipto (m)	**евкаліпт** (ч)	[ɛwka'lipt]
sequoia (f)	**секвоя** (ж)	[sɛk'wɔʲa]

228. Arbustos

arbusto (m)	**кущ** (ч)	[kuɕ]
arbusto (m), moita (f)	**чагарник** (ч)	[tʃaɦar'nɨk]

videira (f)	виноград (ч)	[wino'ɦrad]
vinhedo (m)	виноградник (ч)	[wino'ɦradnik]

framboeseira (f)	малина (ж)	[ma'lina]
groselheira-negra (f)	чорна смородина (ж)	['tʃɔrna smo'rɔdina]
groselheira-vermelha (f)	порічки (мн)	[po'ritʃki]
groselheira (f) espinhosa	аґрус (ч)	['agrus]

acácia (f)	акація (ж)	[a'katsʲi ͡a]
bérberis (f)	барбарис (ч)	[barba'ris]
jasmim (m)	жасмин (ч)	[ʒas'min]

junípero (m)	ялівець (ч)	[jali'wɛts]
roseira (f)	трояндовий кущ (ч)	[tro'ʲandowij kuɕ]
roseira (f) brava	шипшина (ж)	[ʃipʲʃina]

229. Cogumelos

cogumelo (m)	гриб (ч)	[ɦrib]
cogumelo (m) comestível	їстівний гриб (ч)	[jis'tiwnij ɦrib]
cogumelo (m) venenoso	отруйний гриб (ч)	[ot'rujnij ɦrib]
chapéu (m)	шапка (ж)	['ʃapka]
pé, caule (m)	ніжка (ж)	['niʒka]

boleto, porcino (m)	білий гриб (ч)	['bilij 'ɦrib]
boleto (m) alaranjado	підосичник (ч)	[pido'sitʃnik]
boleto (m) de bétula	підберезник (ч)	[pidbɛ'rɛznik]
cantarelo (m)	лисичка (ж)	[li'sitʃka]
rússula (f)	сироїжка (ж)	[siro'jiʒka]

morchella (f)	зморшок (ч)	['zmɔrʃok]
agário-das-moscas (m)	мухомор (ч)	[muho'mɔr]
cicuta (f) verde	поганка (ж)	[po'ɦanka]

230. Frutos. Bagas

fruta (f)	фрукт, плід (ч)	[frukt], [plid]
frutas (f pl)	фрукти, плоди (мн)	[frukti], [plo'di]
maçã (f)	яблуко (с)	['ʲabluko]
pera (f)	груша (ж)	['ɦruʃa]
ameixa (f)	слива (ж)	['sliwa]

morango (m)	полуниця (ж)	[polu'nitsʲa]
ginja (f)	вишня (ж)	['wiʃnʲa]
cereja (f)	черешня (ж)	[tʃɛ'rɛʃnʲa]
uva (f)	виноград (ч)	[wino'ɦrad]

framboesa (f)	малина (ж)	[ma'lina]
groselha (f) negra	чорна смородина (ж)	['tʃɔrna smo'rɔdina]
groselha (f) vermelha	порічки (мн)	[po'ritʃki]
groselha (f) espinhosa	аґрус (ч)	['agrus]
oxicoco (m)	журавлина (ж)	[ʒuraw'lina]

laranja (f)	**апельсин** (ч)	[apɛlʲ'sɨn]
tangerina (f)	**мандарин** (ч)	[manda'rɨn]
abacaxi (m)	**ананас** (ч)	[ana'nas]
banana (f)	**банан** (ч)	[ba'nan]
tâmara (f)	**фінік** (ч)	['finik]
limão (m)	**лимон** (ч)	[lɨ'mɔn]
damasco (m)	**абрикос** (ч)	[abrɨ'kɔs]
pêssego (m)	**персик** (ч)	['pɛrsɨk]
quiuí (m)	**ківі** (ч)	['kiwi]
toranja (f)	**грейпфрут** (ч)	[ɦrɛjp'frut]
baga (f)	**ягода** (ж)	['ʲaɦoda]
bagas (f pl)	**ягоди** (мн)	['ʲaɦodɨ]
arando (m) vermelho	**брусниця** (ж)	[brus'nɨʦʲa]
morango-silvestre (m)	**суниця** (ж)	[su'nɨʦʲa]
mirtilo (m)	**чорниця** (ж)	[ʧor'nɨʦʲa]

231. Flores. Plantas

flor (f)	**квітка** (ж)	['kwitka]
buquê (m) de flores	**букет** (ч)	[bu'kɛt]
rosa (f)	**троянда** (ж)	[tro'ʲanda]
tulipa (f)	**тюльпан** (ч)	[tʲulʲ'pan]
cravo (m)	**гвоздика** (ж)	[ɦwoz'dɨka]
gladíolo (m)	**гладіолус** (ч)	[ɦladi'ɔlus]
centáurea (f)	**волошка** (ж)	[wo'lɔʃka]
campainha (f)	**дзвіночок** (ч)	[ʣwi'nɔʧok]
dente-de-leão (m)	**кульбаба** (ж)	[kulʲ'baba]
camomila (f)	**ромашка** (ж)	[ro'maʃka]
aloé (m)	**алое** (с)	[a'lɔɛ]
cacto (m)	**кактус** (ч)	['kaktus]
fícus (m)	**фікус** (ч)	['fikus]
lírio (m)	**лілея** (ж)	[li'lɛʲa]
gerânio (m)	**герань** (ж)	[ɦɛ'ranʲ]
jacinto (m)	**гіацинт** (ч)	[ɦia'ʦɨnt]
mimosa (f)	**мімоза** (ж)	[mi'mɔza]
narciso (m)	**нарцис** (ч)	[nar'ʦɨs]
capuchinha (f)	**настурція** (ж)	[nas'turʦiʲa]
orquídea (f)	**орхідея** (ж)	[orhi'dɛʲa]
peônia (f)	**півонія** (ж)	[pi'wɔniʲa]
violeta (f)	**фіалка** (ж)	[fi'alka]
amor-perfeito (m)	**братки** (мн)	[brat'kɨ]
não-me-esqueças (m)	**незабудка** (ж)	[nɛza'budka]
margarida (f)	**стокротки** (мн)	[stok'rɔtkɨ]
papoula (f)	**мак** (ч)	[mak]
cânhamo (m)	**коноплі** (мн)	[ko'nɔpli]

hortelã, menta (f)	**м'ята** (ж)	['mˀʲata]
lírio-do-vale (m)	**конвалія** (ж)	[kon'waliʲa]
campânula-branca (f)	**пролісок** (ч)	['prɔlisok]
urtiga (f)	**кропива** (ж)	[kropɨ'wa]
azedinha (f)	**щавель** (ч)	[ɕa'wɛlʲ]
nenúfar (m)	**латаття** (с)	[la'tattʲa]
samambaia (f)	**папороть** (ж)	['paporotʲ]
líquen (m)	**лишайник** (ч)	[lɨ'ʃajnɨk]
estufa (f)	**оранжерея** (ж)	[oranʒɛ'rɛʲa]
gramado (m)	**газон** (ч)	[ɦa'zɔn]
canteiro (m) de flores	**клумба** (ж)	['klumba]
planta (f)	**рослина** (ж)	[ros'lɨna]
grama (f)	**трава** (ж)	[tra'wa]
folha (f) de grama	**травинка** (ж)	[tra'wɨnka]
folha (f)	**листок** (ч)	[lɨs'tɔk]
pétala (f)	**пелюстка** (ж)	[pɛ'lʲustka]
talo (m)	**стебло** (с)	[stɛb'lɔ]
tubérculo (m)	**бульба** (ж)	['bulʲba]
broto, rebento (m)	**паросток** (ч)	['parostok]
espinho (m)	**колючка** (ж)	[ko'lʲutʃka]
florescer (vi)	**цвісти**	[tswis'tɨ]
murchar (vi)	**в'янути**	['wˀʲanutɨ]
cheiro (m)	**запах** (ч)	['zapah]
cortar (flores)	**зрізати**	['zrizatɨ]
colher (uma flor)	**зірвати**	[zir'watɨ]

232. Cereais, grãos

grão (m)	**зерно** (с)	[zɛr'nɔ]
cereais (plantas)	**зернові рослини** (мн)	[zɛrno'wi ros'lɨnɨ]
espiga (f)	**колос** (ч)	['kɔlos]
trigo (m)	**пшениця** (ж)	[pʃɛ'nɨtsʲa]
centeio (m)	**жито** (с)	['ʒɨto]
aveia (f)	**овес** (ч)	[o'wɛs]
painço (m)	**просо** (с)	['prɔso]
cevada (f)	**ячмінь** (ч)	[jatʃ'minʲ]
milho (m)	**кукурудза** (ж)	[kuku'rudza]
arroz (m)	**рис** (ч)	[rɨs]
trigo-sarraceno (m)	**гречка** (ж)	['ɦrɛtʃka]
ervilha (f)	**горох** (ч)	[ɦo'rɔh]
feijão (m) roxo	**квасоля** (ж)	[kwa'sɔlʲa]
soja (f)	**соя** (ж)	['sɔʲa]
lentilha (f)	**сочевиця** (ж)	[sotʃɛ'wɨtsʲa]
feijão (m)	**боби** (мн)	[bo'bɨ]

233. Vegetais. Verduras

vegetais (m pl)	**овочі** (мн)	['ɔwotʃi]
verdura (f)	**зелень** (ж)	['zɛlɛnʲ]
tomate (m)	**помідор** (ч)	[pomi'dɔr]
pepino (m)	**огірок** (ч)	[oɦi'rɔk]
cenoura (f)	**морква** (ж)	['mɔrkwa]
batata (f)	**картопля** (ж)	[kar'tɔplʲa]
cebola (f)	**цибуля** (ж)	[tsɨ'bulʲa]
alho (m)	**часник** (ч)	[tʃas'nɨk]
couve (f)	**капуста** (ж)	[ka'pusta]
couve-flor (f)	**кольорова капуста** (ж)	[kolʲo'rɔwa ka'pusta]
couve-de-bruxelas (f)	**брюссельська капуста** (ж)	[brʲu'sɛlʲsʲka ka'pusta]
brócolis (m pl)	**броколі** (ж)	['brɔkoli]
beterraba (f)	**буряк** (ч)	[bu'rʲak]
berinjela (f)	**баклажан** (ч)	[bakla'ʒan]
abobrinha (f)	**кабачок** (ч)	[kaba'tʃɔk]
abóbora (f)	**гарбуз** (ч)	[ɦar'buz]
nabo (m)	**ріпа** (ж)	['ripa]
salsa (f)	**петрушка** (ж)	[pɛt'ruʃka]
endro, aneto (m)	**кріп** (ч)	[krip]
alface (f)	**салат** (ч)	[sa'lat]
aipo (m)	**селера** (ж)	[sɛ'lɛra]
aspargo (m)	**спаржа** (ж)	['sparʒa]
espinafre (m)	**шпинат** (ч)	[ʃpɨ'nat]
ervilha (f)	**горох** (ч)	[ɦo'rɔh]
feijão (~ soja, etc.)	**боби** (мн)	[bo'bɨ]
milho (m)	**кукурудза** (ж)	[kuku'rudza]
feijão (m) roxo	**квасоля** (ж)	[kwa'sɔlʲa]
pimentão (m)	**перець** (ч)	['pɛrɛts]
rabanete (m)	**редиска** (ж)	[rɛ'dɨska]
alcachofra (f)	**артишок** (ч)	[artɨ'ʃɔk]

GEOGRAFIA REGIONAL

234. Europa Ocidental

Europa (f)	Європа (ж)	[ɛw'rɔpa]
União (f) Europeia	Європейський Союз (ч)	[ɛwro'pɛjsʲkij soʲuz]
europeu (m)	європеєць (ч)	[ɛwro'pɛɛʦ]
europeu (adj)	європейський	[ɛwro'pɛjsʲkij]
Áustria (f)	Австрія (ж)	['awstriʲa]
austríaco (m)	австрієць (ч)	[aw'striɛʦ]
austríaca (f)	австрійка (ж)	[aw'strijka]
austríaco (adj)	австрійський	[aw'strijsʲkij]
Grã-Bretanha (f)	Велика Британія (ж)	[wɛ'lika bri'taniʲa]
Inglaterra (f)	Англія (ж)	['anɦliʲa]
inglês (m)	англієць (ч)	[anɦ'liɛʦ]
inglesa (f)	англійка (ж)	[anɦ'lijka]
inglês (adj)	англійський	[anɦ'lijsʲkij]
Bélgica (f)	Бельгія (ж)	['bɛlʲɦiʲa]
belga (m)	бельгієць (ч)	[bɛlʲ'ɦiɛʦ]
belga (f)	бельгійка (ж)	[bɛlʲ'ɦijka]
belga (adj)	бельгійський	[bɛlʲ'ɦijsʲkij]
Alemanha (f)	Німеччина (ж)	[ni'mɛtʃina]
alemão (m)	німець (ч)	['nimɛʦ]
alemã (f)	німкеня (ж)	[nim'kɛnʲa]
alemão (adj)	німецький	[ni'mɛʦkij]
Países Baixos (m pl)	Нідерланди (ж)	[nidɛr'landi]
Holanda (f)	Нідерланди (мн)	[nidɛr'landi]
holandês (m)	голландець (ч)	[ɦo'landɛʦ]
holandesa (f)	голландка (ж)	[ɦo'landka]
holandês (adj)	голландський	[ɦo'landsʲkij]
Grécia (f)	Греція (ж)	['ɦrɛtsiʲa]
grego (m)	грек (ч)	[ɦrɛk]
grega (f)	грекиня (ж)	[ɦrɛ'kinʲa]
grego (adj)	грецький	['ɦrɛtskij]
Dinamarca (f)	Данія (ж)	['daniʲa]
dinamarquês (m)	данець (ч)	['danɛʦ]
dinamarquesa (f)	данка (ж)	['danka]
dinamarquês (adj)	данський	['dansʲkij]
Irlanda (f)	Ірландія (ж)	[ir'landiʲa]
irlandês (m)	ірландець (ч)	[ir'landɛʦ]
irlandesa (f)	ірландка (ж)	[ir'landka]
irlandês (adj)	ірландський	[ir'landsʲkij]

Islândia (f)	Ісландія (ж)	[isˈlandiʲa]
islandês (m)	ісландець (ч)	[isˈlandɛts]
islandesa (f)	ісландка (ж)	[isˈlandka]
islandês (adj)	ісландський	[isˈlandsʲkij]
Espanha (f)	Іспанія (ж)	[ispaniʲa]
espanhol (m)	іспанець (ч)	[ispanɛts]
espanhola (f)	іспанка (ж)	[ispanka]
espanhol (adj)	іспанський	[ispansʲkij]
Itália (f)	Італія (ж)	[iˈtaliʲa]
italiano (m)	італієць (ч)	[itaˈliɛts]
italiana (f)	італійка (ж)	[itaˈlijka]
italiano (adj)	італійський	[itaˈlijsʲkij]
Chipre (m)	Кіпр (ч)	[kipr]
cipriota (m)	кіпріот (ч)	[kipriˈɔt]
cipriota (f)	кіпріотка (ж)	[kipriˈɔtka]
cipriota (adj)	кіпрський	[ˈkiprsʲkij]
Malta (f)	Мальта (ж)	[ˈmalʲta]
maltês (m)	мальтієць (ч)	[malʲˈtiɛts]
maltesa (f)	мальтійка (ж)	[malʲˈtijka]
maltês (adj)	мальтійський	[malʲˈtijsʲkij]
Noruega (f)	Норвегія (ж)	[norˈwɛɦiʲa]
norueguês (m)	норвежець (ч)	[norˈwɛʒɛts]
norueguesa (f)	норвежка (ж)	[norˈwɛʒka]
norueguês (adj)	норвезький	[norˈwɛzʲkij]
Portugal (m)	Португалія (ж)	[portuˈɦaliʲa]
português (m)	португалець (ч)	[portuˈɦalɛts]
portuguesa (f)	португалка (ж)	[portuˈɦalka]
português (adj)	португальський	[portuˈɦalʲsʲkij]
Finlândia (f)	Фінляндія (ж)	[finˈlʲandiʲa]
finlandês (m)	фін (ч)	[fin]
finlandesa (f)	фінка (ж)	[ˈfinka]
finlandês (adj)	фінський	[ˈfinsʲkij]
França (f)	Франція (ж)	[ˈfrantsiʲa]
francês (m)	француз (ч)	[franˈtsuz]
francesa (f)	французка (ж)	[franˈtsuzka]
francês (adj)	французький	[franˈtsuzʲkij]
Suécia (f)	Швеція (ж)	[ˈʃwɛtsiʲa]
sueco (m)	швед (ч)	[ʃwɛd]
sueca (f)	шведка (ж)	[ˈʃwɛdka]
sueco (adj)	шведський	[ˈʃwɛdsʲkij]
Suíça (f)	Швейцарія (ж)	[ʃwɛjˈtsariʲa]
suíço (m)	швейцарець (ч)	[ʃwɛjˈtsarɛts]
suíça (f)	швейцарка (ж)	[ʃwɛjˈtsarka]
suíço (adj)	швейцарський	[ʃwɛjˈtsarsʲkij]
Escócia (f)	Шотландія (ж)	[ʃotˈlandiʲa]
escocês (m)	шотландець (ч)	[ʃotˈlandɛts]

escocesa (f)	**шотландка** (ж)	[ʃot'landka]
escocês (adj)	**шотландський**	[ʃot'landsʲkɨj]
Vaticano (m)	**Ватикан** (ч)	[watɨ'kan]
Liechtenstein (m)	**Ліхтенштейн** (ч)	[lihtɛn'ʃtɛjn]
Luxemburgo (m)	**Люксембург** (ч)	[lʲuksɛm'burɦ]
Mônaco (m)	**Монако** (ж)	[mo'nako]

235. Europa Central e de Leste

Albânia (f)	**Албанія** (ж)	[al'banʲa]
albanês (m)	**албанець** (ч)	[al'banɛʦ]
albanesa (f)	**албанка** (ж)	[al'banka]
albanês (adj)	**албанський**	[al'bansʲkɨj]
Bulgária (f)	**Болгарія** (ж)	[bol'ɦarʲa]
búlgaro (m)	**болгарин** (ч)	[bol'ɦarɨn]
búlgara (f)	**болгарка** (ж)	[bol'ɦarka]
búlgaro (adj)	**болгарський**	[bol'ɦarsʲkɨj]
Hungria (f)	**Угорщина** (ж)	[u'ɦɔrɕɨna]
húngaro (m)	**угорець** (ч)	[u'ɦɔrɛʦ]
húngara (f)	**угорка** (ж)	[u'ɦɔrka]
húngaro (adj)	**угорський**	[u'ɦɔrsʲkɨj]
Letônia (f)	**Латвія** (ж)	['latwiʲa]
letão (m)	**латвієць** (ч)	[lat'wiɛʦ]
letã (f)	**латвійка** (ж)	[lat'wijka]
letão (adj)	**латиський**	[la'tɨsʲkɨj]
Lituânia (f)	**Литва** (ж)	[lɨt'wa]
lituano (m)	**литовець** (ч)	[lɨ'tɔwɛʦ]
lituana (f)	**литовка** (ж)	[lɨ'tɔwka]
lituano (adj)	**литовський**	[lɨ'tɔwsʲkɨj]
Polônia (f)	**Польща** (ж)	['pɔlʲɕa]
polonês (m)	**поляк** (ч)	[po'lʲak]
polonesa (f)	**полька** (ж)	['pɔlʲka]
polonês (adj)	**польський**	['pɔlʲsʲkɨj]
Romênia (f)	**Румунія** (ж)	[ru'muniʲa]
romeno (m)	**румун** (ч)	[ru'mun]
romena (f)	**румунка** (ж)	[ru'munka]
romeno (adj)	**румунський**	[ru'munsʲkɨj]
Sérvia (f)	**Сербія** (ж)	['sɛrbiʲa]
sérvio (m)	**серб** (ч)	[sɛrb]
sérvia (f)	**сербка** (ж)	['sɛrbka]
sérvio (adj)	**сербський**	['sɛrbsʲkɨj]
Eslováquia (f)	**Словаччина** (ж)	[slo'waʧɨna]
eslovaco (m)	**словак** (ч)	[slo'wak]
eslovaca (f)	**словачка** (ж)	[slo'waʧka]
eslovaco (adj)	**словацький**	[slo'waʦkɨj]

Croácia (f)	**Хорватія** (ж)	[hor'watiʲa]
croata (m)	**хорват** (ч)	[hor'wat]
croata (f)	**хорватка** (ж)	[hor'watka]
croata (adj)	**хорватський**	[hor'wat͡sʲkɨj]
República (f) Checa	**Чехія** (ж)	['ʧɛhiʲa]
checo (m)	**чех** (ч)	[ʧɛh]
checa (f)	**чешка** (ж)	['ʧɛʃka]
checo (adj)	**чеський**	['ʧɛsʲkɨj]
Estônia (f)	**Естонія** (ж)	[ɛs'tɔniʲa]
estônio (m)	**естонець** (ч)	[ɛs'tɔnɛt͡s]
estônia (f)	**естонка** (ж)	[ɛs'tɔnka]
estônio (adj)	**естонський**	[ɛs'tɔnsʲkɨj]
Bósnia e Herzegovina (f)	**Боснія і Герцеговина** (ж)	['bɔsniʲa i ɦɛrt͡sɛɦo'wɨna]
Macedônia (f)	**Македонія** (ж)	[makɛ'dɔniʲa]
Eslovênia (f)	**Словенія** (ж)	[slo'wɛniʲa]
Montenegro (m)	**Чорногорія** (ж)	[ʧorno'ɦɔriʲa]

236. Países da ex-URSS

Azerbaijão (m)	**Азербайджан** (ч)	[azɛrbaj'ʤan]
azeri (m)	**азербайджанець** (ч)	[azɛrbaj'ʤanɛt͡s]
azeri (f)	**азербайджанка** (ж)	[azɛrbaj'ʤanka]
azeri, azerbaijano (adj)	**азербайджанський**	[azɛrbaj'ʤansʲkɨj]
Armênia (f)	**Вірменія** (ж)	[wir'mɛniʲa]
armênio (m)	**вірменин** (ч)	[wirmɛ'nɨn]
armênia (f)	**вірменка** (ж)	[wir'mɛnka]
armênio (adj)	**вірменський**	[wir'mɛnsʲkɨj]
Belarus	**Білорусь** (ж)	[bilo'rusʲ]
bielorrusso (m)	**білорус** (ч)	[bilo'rus]
bielorrussa (f)	**білоруска** (ж)	[bilo'ruska]
bielorrusso (adj)	**білоруський**	[bilo'rusʲkɨj]
Geórgia (f)	**Грузія** (ж)	['ɦruziʲa]
georgiano (m)	**грузин** (ч)	[ɦru'zɨn]
georgiana (f)	**грузинка** (ж)	[ɦru'zɨnka]
georgiano (adj)	**грузинський**	[ɦru'zɨnsʲkɨj]
Cazaquistão (m)	**Казахстан** (ч)	[kazah'stan]
cazaque (m)	**казах** (ч)	[ka'zah]
cazaque (f)	**казашка** (ж)	[ka'zaʃka]
cazaque (adj)	**казахський**	[ka'zahsʲkɨj]
Quirguistão (m)	**Киргизстан** (ч)	[kɨrɦɨz'stan]
quirguiz (m)	**киргиз** (ч)	[kɨr'ɦɨz]
quirguiz (f)	**киргизка** (ж)	[kɨr'ɦɨzka]
quirguiz (adj)	**киргизький**	[kɨr'ɦɨzʲkɨj]
Moldávia (f)	**Молдова** (ж)	[mol'dɔwa]
moldavo (m)	**молдованин** (ч)	[moldo'wanɨn]

moldava (f)	молдаванка (ж)	[molda'wanka]
moldavo (adj)	молдавський	[mol'dawsʲkij]
Rússia (f)	Росія (ж)	[ro'siʲa]
russo (m)	росіянин (ч)	[rosiʲ'anin]
russa (f)	росіянка (ж)	[rosiʲ'anka]
russo (adj)	російський	[ro'sijskij]
Tajiquistão (m)	Таджикистан (ч)	[tadʒiki'stan]
tajique (m)	таджик (ч)	[ta'dʒik]
tajique (f)	таджичка (ж)	[ta'dʒitʃka]
tajique (adj)	таджицький	[ta'dʒitskij]
Turquemenistão (m)	Туркменістан (ч)	[turkmɛni'stan]
turcomeno (m)	туркмен (ч)	[turk'mɛn]
turcomena (f)	туркменка (ж)	[turk'mɛnka]
turcomeno (adj)	туркменський	[turk'mɛnsʲkij]
Uzbequistão (f)	Узбекистан (ч)	[uzbɛki'stan]
uzbeque (m)	узбек (ч)	[uz'bɛk]
uzbeque (f)	узбечка (ж)	[uz'bɛtʃka]
uzbeque (adj)	узбецький	[uz'bɛtskij]
Ucrânia (f)	Україна (ж)	[ukra'jina]
ucraniano (m)	українець (ч)	[ukra'jinɛts]
ucraniana (f)	українка (ж)	[ukra'jinka]
ucraniano (adj)	український	[ukra'jinsʲkij]

237. Asia

Ásia (f)	Азія (ж)	['aziʲa]
asiático (adj)	азіатський	[azi'atsʲkij]
Vietnã (m)	В'єтнам (ч)	[wʲɛt'nam]
vietnamita (m)	в'єтнамець (ч)	[wʲɛt'namɛts]
vietnamita (f)	в'єтнамка (ж)	[wʲɛt'namka]
vietnamita (adj)	в'єтнамський	[wʲɛt'namsʲkij]
Índia (f)	Індія (ж)	['indiʲa]
indiano (m)	індієць (ч)	[in'diɛts]
indiana (f)	індійка (ж)	[in'dijka]
indiano (adj)	індійський	[in'dijsʲkij]
Israel (m)	Ізраїль (ч)	[iz'rajilʲ]
israelense (m)	ізраїльтянин (ч)	[izrajilʲ'tʲanin]
israelita (f)	ізраїльтянка (ж)	[izrajilʲ'tʲanka]
israelense (adj)	ізраїльський	[iz'rajilʲsʲkij]
judeu (m)	єврей (ч)	[ɛw'rɛj]
judia (f)	єврейка (ж)	[ɛw'rɛjka]
judeu (adj)	єврейський	[ɛw'rɛjsʲkij]
China (f)	Китай (ч)	[ki'taj]
chinês (m)	китаєць (ч)	[kiʲ'taɛts]

chinesa (f)	китаянка (ж)	[kitaˈjanka]
chinês (adj)	китайський	[kiˈtajsʲkij]

Coreia (f) do Sul	Південна Корея (ж)	[piwˈdɛna koˈrɛʲa]
Coreia (f) do Norte	Північна Корея (ж)	[piwˈnitʃna koˈrɛʲa]
coreano (m)	кореєць (ч)	[koˈrɛɛts]
coreana (f)	кореянка (ж)	[korɛˈjanka]
coreano (adj)	корейський	[koˈrɛjsʲkij]

Líbano (m)	Ліван (ч)	[liˈwan]
libanês (m)	ліванець (ч)	[liˈwanɛts]
libanesa (f)	ліванка (ж)	[liˈwanka]
libanês (adj)	ліванський	[liˈwansʲkij]

Mongólia (f)	Монголія (ж)	[monˈɦoliʲa]
mongol (m)	монгол (ч)	[monˈɦol]
mongol (f)	монголка (ж)	[monˈɦolka]
mongol (adj)	монгольський	[monˈɦolʲsʲkij]

Malásia (f)	Малайзія (ж)	[maˈlajziʲa]
malaio (m)	малаєць (ч)	[maˈlaɛts]
malaia (f)	малайка (ж)	[maˈlajka]
malaio (adj)	малайський	[maˈlajsʲkij]

Paquistão (m)	Пакистан (ч)	[pakiˈstan]
paquistanês (m)	пакистанець (ч)	[pakiˈstanɛts]
paquistanesa (f)	пакистанка (ж)	[pakiˈstanka]
paquistanês (adj)	пакистанський	[pakiˈstansʲkij]

Arábia (f) Saudita	Саудівська Аравія (ж)	[saˈudiwsʲka aˈrawiʲa]
árabe (m)	араб (ч)	[aˈrab]
árabe (f)	арабка (ж)	[aˈrabka]
árabe (adj)	арабський	[aˈrabsʲkij]

Tailândia (f)	Таїланд (ч)	[tajiˈland]
tailandês (m)	таєць (ч)	[ˈtaɛts]
tailandesa (f)	тайка (ж)	[ˈtajka]
tailandês (adj)	тайський	[ˈtajsʲkij]

Taiwan (m)	Тайвань (ч)	[tajˈwanʲ]
taiwanês (m)	тайванець (ч)	[tajˈwanɛts]
taiwanesa (f)	тайванка (ж)	[tajˈwanka]
taiwanês (adj)	тайванський	[tajwansʲkij]

Turquia (f)	Туреччина (ж)	[tuˈrɛtʃina]
turco (m)	турок (ч)	[ˈturok]
turca (f)	туркеня (ж)	[turˈkɛnʲa]
turco (adj)	турецький	[tuˈrɛtskij]

Japão (m)	Японія (ж)	[jaˈponiʲa]
japonês (m)	японець (ч)	[jaˈponɛts]
japonesa (f)	японка (ж)	[jaˈponka]
japonês (adj)	японський	[jaˈponsʲkij]

Afeganistão (m)	Афганістан (ч)	[afɦaniˈstan]
Bangladesh (m)	Бангладеш (ч)	[banɦlaˈdɛʃ]

Indonésia (f)	**Індонезія** (ж)	[indo'nɛziʲa]
Jordânia (f)	**Йорданія** (ж)	[ʲor'daniʲa]
Iraque (m)	**Ірак** (ч)	[i'rak]
Irã (m)	**Іран** (ч)	[i'ran]
Camboja (f)	**Камбоджа** (ж)	[kam'bɔʤa]
Kuwait (m)	**Кувейт** (ч)	[ku'wɛjt]
Laos (m)	**Лаос** (ч)	[la'ɔs]
Birmânia (f)	**М'янма** (ж)	['mˀʲanma]
Nepal (m)	**Непал** (ч)	[nɛ'pal]
Emirados Árabes Unidos	**Об'єднані Арабські емірати** (мн)	[o'bˀɛdnani a'rabsʲki ɛmi'ratɨ]
Síria (f)	**Сирія** (ж)	['sɨriʲa]
Palestina (f)	**Палестина** (ж)	[palɛ'stɨna]

238. América do Norte

Estados Unidos da América	**Сполучені Штати Америки** (мн)	[spo'luʧɛni 'ʃtatɨ a'mɛrɨkɨ]
americano (m)	**американець** (ч)	[amɛrɨ'kanɛʦ]
americana (f)	**американка** (ж)	[amɛrɨ'kanka]
americano (adj)	**американський**	[amɛrɨ'kansʲkɨj]
Canadá (m)	**Канада** (ж)	[ka'nada]
canadense (m)	**канадець** (ч)	[ka'nadɛʦ]
canadense (f)	**канадка** (ж)	[ka'nadka]
canadense (adj)	**канадський**	[ka'nadsʲkɨj]
México (m)	**Мексика** (ж)	['mɛksɨka]
mexicano (m)	**мексиканець** (ч)	[mɛksɨ'kanɛʦ]
mexicana (f)	**мексиканка** (ж)	[mɛksɨ'kanka]
mexicano (adj)	**мексиканський**	[mɛksɨ'kansʲkɨj]

239. América Central do Sul

Argentina (f)	**Аргентина** (ж)	[arɦɛn'tɨna]
argentino (m)	**аргентинець** (ч)	[arɦɛn'tɨnɛʦ]
argentina (f)	**аргентинка** (ж)	[arɦɛn'tɨnka]
argentino (adj)	**аргентинський**	[arɦɛn'tɨnsʲkɨj]
Brasil (m)	**Бразилія** (ж)	[bra'zɨliʲa]
brasileiro (m)	**бразилець** (ч)	[bra'zɨlɛʦ]
brasileira (f)	**бразилійка** (ж)	[brazɨ'lijka]
brasileiro (adj)	**бразильський**	[bra'zɨlʲsʲkɨj]
Colômbia (f)	**Колумбія** (ж)	[ko'lumbiʲa]
colombiano (m)	**колумбієць** (ч)	[kolum'biɛʦ]
colombiana (f)	**колумбійка** (ж)	[kolum'bijka]
colombiano (adj)	**колумбійський**	[kolum'bijsʲkɨj]
Cuba (f)	**Куба** (ж)	['kuba]

cubano (m)	**кубинець** (ч)	[ku'bɨnɛʦ]
cubana (f)	**кубинка** (ж)	[ku'bɨnka]
cubano (adj)	**кубинський**	[ku'bɨnsʲkɨj]
Chile (m)	**Чилі** (ж)	['ʧɨli]
chileno (m)	**чилієць** (ч)	[ʧɨ'liɛʦ]
chilena (f)	**чилійка** (ж)	[ʧɨ'lijka]
chileno (adj)	**чилійський**	[ʧɨ'lijsʲkɨj]
Bolívia (f)	**Болівія** (ж)	[bo'liwiʲa]
Venezuela (f)	**Венесуела** (ж)	[wɛnɛsu'ɛla]
Paraguai (m)	**Парагвай** (ч)	[paraɦ'waj]
Peru (m)	**Перу** (ж)	[pɛ'ru]
Suriname (m)	**Суринам** (ч)	[surɨ'nam]
Uruguai (m)	**Уругвай** (ч)	[uruɦ'waj]
Equador (m)	**Еквадор** (ч)	[ɛkwa'dɔr]
Bahamas (f pl)	**Багамські острови** (мн)	[ba'ɦamsʲki ostro'wɨ]
Haiti (m)	**Гаїті** (ч)	[ɦa'jɨti]
República Dominicana	**Домініканська республіка** (ж)	[domini'kansʲka rɛs'publika]
Panamá (m)	**Панама** (ж)	[pa'nama]
Jamaica (f)	**Ямайка** (ж)	[ja'majka]

240. Africa

Egito (m)	**Єгипет** (ч)	[ɛ'ɦɨpɛt]
egípcio (m)	**єгиптянин** (ч)	[ɛɦɨp'tʲanɨn]
egípcia (f)	**єгиптянка** (ж)	[ɛɦɨp'tʲanka]
egípcio (adj)	**єгипетський**	[ɛ'ɦɨpɛʦʲkɨj]
Marrocos	**Марокко** (ж)	[ma'rɔkko]
marroquino (m)	**марокканець** (ч)	[maro'kanɛʦ]
marroquina (f)	**марокканка** (ж)	[maro'kanka]
marroquino (adj)	**марокканський**	[maro'kansʲkɨj]
Tunísia (f)	**Туніс** (ч)	[tu'nis]
tunisiano (m)	**тунісець** (ч)	[tu'nisɛʦ]
tunisiana (f)	**туніска** (ж)	[tu'niska]
tunisiano (adj)	**туніський**	[tu'nisʲkɨj]
Gana (f)	**Гана** (ж)	['ɦana]
Zanzibar (m)	**Занзібар** (ч)	[zanzi'bar]
Quênia (f)	**Кенія** (ж)	['kɛniʲa]
Líbia (f)	**Лівія** (ж)	['liwiʲa]
Madagascar (m)	**Мадагаскар** (ч)	[madaɦa'skar]
Namíbia (f)	**Намібія** (ж)	[na'mibiʲa]
Senegal (m)	**Сенегал** (ч)	[sɛnɛ'ɦal]
Tanzânia (f)	**Танзанія** (ж)	[tan'zaniʲa]
África (f) do Sul	**Південно-Африканська Республіка** (ж)	[piw'dɛno afrɨ'kansʲka rɛs'publika]
africano (m)	**африканець** (ч)	[afrɨ'kanɛʦ]

| africana (f) | африканка (ж) | [afriˈkanka] |
| africano (adj) | африканський | [afriˈkansʲkij] |

241. Austrália. Oceania

Austrália (f)	Австралія (ж)	[awˈstraliʲa]
australiano (m)	австралієць (ч)	[awstraˈliɛts]
australiana (f)	австралійка (ж)	[awstraˈlijka]
australiano (adj)	австралійський	[awstraˈlijsʲkij]
Nova Zelândia (f)	Нова Зеландія (ж)	[noˈwa zɛˈlandiʲa]
neozelandês (m)	новозеландець (ч)	[nowozɛˈlandɛts]
neozelandesa (f)	новозеландка (ж)	[nowozɛˈlandka]
neozelandês (adj)	новозеландський	[nowozɛˈlandsʲkij]
Tasmânia (f)	Тасманія (ж)	[tasˈmaniʲa]
Polinésia (f) Francesa	Французька Полінезія (ж)	[franˈtsuzʲka poliˈnɛziʲa]

242. Cidades

Amesterdã, Amsterdã	Амстердам (ч)	[amstɛrˈdam]
Ancara	Анкара (ж)	[ankaˈra]
Atenas	Афіни (мн)	[aˈfinɨ]
Bagdade	Багдад (ч)	[baɦˈdad]
Bancoque	Бангкок (ч)	[banɦˈkɔk]

Barcelona	Барселона (ж)	[barsɛˈlɔna]
Beirute	Бейрут (ч)	[ˈbɛjrut]
Berlim	Берлін (ч)	[bɛrˈlin]
Bonn	Бонн (ч)	[bon]
Bordéus	Бордо (с)	[borˈdɔ]

Bratislava	Братислава (ж)	[bratiˈslawa]
Bruxelas	Брюссель (ч)	[brʲuˈsɛlʲ]
Bucareste	Бухарест (ч)	[buhaˈrɛst]
Budapeste	Будапешт (ч)	[budaˈpɛʃt]
Cairo	Каїр (ч)	[kaˈjɨr]

Calcutá	Калькутта (ж)	[kalʲˈkutta]
Chicago	Чикаго (с)	[tʃiˈkaɦo]
Cidade do México	Мехіко (с)	[ˈmɛhiko]
Copenhague	Копенгаген (ч)	[kopɛˈnɦaɦɛn]
Dar es Salaam	Дар-ес-Салам (ч)	[dar ɛs saˈlam]

Deli	Делі (с)	[ˈdɛli]
Dubai	Дубаї (мн)	[duˈbajɨ]
Dublim	Дублін (ч)	[ˈdublin]
Düsseldorf	Дюссельдорф (ч)	[dʲusɛlʲˈdɔrf]
Estocolmo	Стокгольм (ч)	[stokˈɦɔlʲm]

| Florença | Флоренція (ж) | [floˈrɛntsiʲa] |
| Frankfurt | Франкфурт (ч) | [ˈfrankfurt] |

Genebra	**Женева** (ж)	[ʒɛ'nɛwa]
Haia	**Гаага** (ж)	[ɦa'aɦa]
Hamburgo	**Гамбург** (ч)	['ɦamburɦ]
Hanói	**Ханой** (ч)	[ha'nɔj]
Havana	**Гавана** (ж)	[ɦa'wana]
Helsinque	**Гельсінкі** (с)	['ɦɛlʲsinki]
Hiroshima	**Хіросіма** (ж)	[hiro'sima]
Hong Kong	**Гонконг** (ч)	[ɦon'kɔnɦ]
Istambul	**Стамбул** (ч)	[stam'bul]
Jerusalém	**Єрусалим** (ч)	[ɛrusa'lɨm]
Kiev, Quieve	**Київ** (ч)	[kɨ'jɨw]
Kuala Lumpur	**Куала-Лумпур** (ч)	[ku'ala lum'pur]
Lion	**Ліон** (ч)	[li'ɔn]
Lisboa	**Лісабон** (ч)	[lisa'bɔn]
Londres	**Лондон** (ч)	['lɔndon]
Los Angeles	**Лос-Анджелес** (ч)	[los 'anʤɛlɛs]
Madrid	**Мадрид** (ч)	[mad'rɨd]
Marselha	**Марсель** (ч)	[mar'sɛlʲ]
Miami	**Маямі** (с)	[ma'ʲami]
Montreal	**Монреаль** (ч)	[monrɛ'alʲ]
Moscou	**Москва** (ж)	[mosk'wa]
Mumbai	**Бомбей** (ч)	[bom'bɛj]
Munique	**Мюнхен** (ч)	['mʲunhɛn]
Nairóbi	**Найробі** (с)	[naj'rɔbi]
Nápoles	**Неаполь** (ч)	[nɛ'apolʲ]
Nice	**Ніцца** (ж)	['niʦa]
Nova York	**Нью-Йорк** (ч)	[nju 'jɔrk]
Oslo	**Осло** (с)	['ɔslo]
Ottawa	**Оттава** (ж)	[ot'tawa]
Paris	**Париж** (ч)	[pa'rɨʒ]
Pequim	**Пекін** (ч)	[pɛ'kin]
Praga	**Прага** (ж)	['praɦa]
Rio de Janeiro	**Ріо-де-Жанейро** (с)	['rio dɛ ʒa'nɛjro]
Roma	**Рим** (ч)	[rɨm]
São Petersburgo	**Санкт-Петербург** (ч)	[sankt pɛtɛr'burɦ]
Seul	**Сеул** (ч)	[sɛ'ul]
Singapura	**Сінгапур** (ч)	[sinɦa'pur]
Sydney	**Сідней** (ч)	['sidnɛj]
Taipé	**Тайбей** (ч)	[taj'bɛj]
Tóquio	**Токіо** (с)	['tɔkio]
Toronto	**Торонто** (с)	[to'rɔnto]
Varsóvia	**Варшава** (ж)	[war'ʃawa]
Veneza	**Венеція** (ж)	[wɛ'nɛʦiʲa]
Viena	**Відень** (ч)	['widɛnʲ]
Washington	**Вашингтон** (ч)	[waʃɨnɦ'tɔn]
Xangai	**Шанхай** (ч)	[ʃan'haj]

243. Política. Governo. Parte 1

política (f)	політика (ж)	[po'litika]
político (adj)	політичний	[poli'titʃnij]
político (m)	політик (ч)	[pɔ'litik]
estado (m)	держава (ж)	[dɛr'ʒawa]
cidadão (m)	громадянин (ч)	[ɦromadʲa'nin]
cidadania (f)	громадянство (с)	[ɦroma'dʲanstwo]
brasão (m) de armas	національний герб (ч)	[natsio'nalʲnij 'ɦɛrb]
hino (m) nacional	державний гімн (ч)	[dɛr'ʒawnij ɦimn]
governo (m)	уряд (ч)	['urʲad]
Chefe (m) de Estado	керівник (ч) країни	[kɛriw'nik kra'jini]
parlamento (m)	парламент (ч)	[par'lamɛnt]
partido (m)	партія (ж)	['partiʲa]
capitalismo (m)	капіталізм (ч)	[kapita'lizm]
capitalista (adj)	капіталістичний	[kapitalis'titʃnij]
socialismo (m)	соціалізм (ч)	[sotsia'lizm]
socialista (adj)	соціалістичний	[sotsialis'titʃnij]
comunismo (m)	комунізм (ч)	[komu'nizm]
comunista (adj)	комуністичний	[komunis'titʃnij]
comunista (m)	комуніст (ч)	[komu'nist]
democracia (f)	демократія (ж)	[dɛmok'ratiʲa]
democrata (m)	демократ (ч)	[dɛmok'rat]
democrático (adj)	демократичний	[dɛmokra'titʃnij]
Partido (m) Democrático	демократична партія (ж)	[dɛmokra'titʃna 'partiʲa]
liberal (m)	ліберал (ч)	[libɛ'ral]
liberal (adj)	ліберальний	[libɛ'ralʲnij]
conservador (m)	консерватор (ч)	[konsɛr'wator]
conservador (adj)	консервативний	[konsɛrwa'tiwnij]
república (f)	республіка (ж)	[rɛs'publika]
republicano (m)	республіканець (ч)	[rɛspubli'kanɛts]
Partido (m) Republicano	республіканська партія (ж)	[rɛspubli'kansʲka 'partiʲa]
eleições (f pl)	вибори (мн)	['wibori]
eleger (vt)	обирати	[obiʲrati]
eleitor (m)	виборець (ч)	['wiborɛts]
campanha (f) eleitoral	виборча компанія (ж)	['wibortʃa kom'paniʲa]
votação (f)	голосування (с)	[ɦolosu'wanʲa]
votar (vi)	голосувати	[ɦolosu'wati]
sufrágio (m)	право (с) голосу	['prawo 'ɦolosu]
candidato (m)	кандидат (ч)	[kandiʲ'dat]
candidatar-se (vi)	балотуватися	[balotu'watisʲa]
campanha (f)	кампанія (ж)	[kam'paniʲa]

da oposição	**опозиційний**	[opozɨ'ʦijnɨj]
oposição (f)	**опозиція** (ж)	[opo'zɨʦiʲa]
visita (f)	**візит** (ч)	[wi'zɨt]
visita (f) oficial	**офіційний візит** (ч)	[ofi'ʦijnɨj wi'zɨt]
internacional (adj)	**міжнародний**	[miʒna'rɔdnɨj]
negociações (f pl)	**переговори** (мн)	[pɛrɛɦo'wɔrɨ]
negociar (vi)	**вести переговори**	['wɛstɨ pɛrɛɦo'wɔrɨ]

244. Política. Governo. Parte 2

sociedade (f)	**суспільство** (с)	[sus'pilʲstwo]
constituição (f)	**конституція** (ж)	[konstɨ'tuʦiʲa]
poder (ir para o ~)	**влада** (ж)	['wlada]
corrupção (f)	**корупція** (ж)	[ko'rupʦiʲa]
lei (f)	**закон** (ч)	[za'kɔn]
legal (adj)	**законний**	[za'kɔnɨj]
justeza (f)	**справедливість** (ж)	[sprawɛd'lɨwistʲ]
justo (adj)	**справедливий**	[sprawɛd'lɨwɨj]
comitê (m)	**комітет** (ч)	[komi'tɛt]
projeto-lei (m)	**законопроект** (ч)	[zakonopro'ɛkt]
orçamento (m)	**бюджет** (ч)	[bʲu'ʤɛt]
política (f)	**політика** (ж)	[po'litɨka]
reforma (f)	**реформа** (ж)	[rɛ'fɔrma]
radical (adj)	**радикальний**	[radɨ'kalʲnɨj]
força (f)	**сила** (ж)	['sɨla]
poderoso (adj)	**могутній**	[mo'ɦutnij]
partidário (m)	**прибічник** (ч)	[prɨ'biʧnɨk]
influência (f)	**вплив** (ч)	[wplɨw]
regime (m)	**режим** (ч)	[rɛ'ʒɨm]
conflito (m)	**конфлікт** (ч)	[kon'flikt]
conspiração (f)	**змова** (ж)	['zmɔwa]
provocação (f)	**провокація** (ж)	[prowo'kaʦiʲa]
derrubar (vt)	**скинути**	['skɨnutɨ]
derrube (m), queda (f)	**повалення** (с)	[po'walɛnʲa]
revolução (f)	**революція** (ж)	[rɛwo'lʲuʦiʲa]
golpe (m) de Estado	**переворот** (ч)	[pɛrɛwo'rɔt]
golpe (m) militar	**військовий переворот** (ч)	[wijsʲ'kɔwɨj pɛrɛwo'rɔt]
crise (f)	**криза** (ж)	['krɨza]
recessão (f) econômica	**економічний спад** (ч)	[ɛkono'miʧnɨj spad]
manifestante (m)	**демонстрант** (ч)	[dɛmon'strant]
manifestação (f)	**демонстрація** (ж)	[dɛmon'straʦiʲa]
lei (f) marcial	**воєнний стан** (ч)	[wo'ɛnɨj stan]
base (f) militar	**військова база** (ж)	[wijsʲ'kɔwa 'baza]
estabilidade (f)	**стабільність** (ж)	[sta'bilʲnistʲ]

estável (adj)	стабільний	[sta'bilʲnij]
exploração (f)	експлуатація (ж)	[ɛksplua'tatsʲia]
explorar (vt)	експлуатувати	[ɛkspluatu'wati]
racismo (m)	расизм (ч)	[ra'sizm]
racista (m)	расист (ч)	[ra'sist]
fascismo (m)	фашизм (ч)	[fa'ʃizm]
fascista (m)	фашист (ч)	[fa'ʃist]

245. Países. Diversos

estrangeiro (m)	іноземець (ч)	[ino'zɛmɛts]
estrangeiro (adj)	іноземний	[ino'zɛmnij]
no estrangeiro	за кордоном	[za kor'dɔnom]
emigrante (m)	емігрант (ч)	[ɛmih'rant]
emigração (f)	еміграція (ж)	[ɛmih'ratsʲia]
emigrar (vi)	емігрувати	[ɛmihru'wati]
Ocidente (m)	Захід (ч)	['zahid]
Oriente (m)	Схід (ч)	[shid]
Extremo Oriente (m)	Далекий Схід (ч)	[da'lɛkij shid]
civilização (f)	цивілізація (ж)	[tsiwili'zatsʲia]
humanidade (f)	людство (с)	['lʲudstwo]
mundo (m)	світ (ч)	[swit]
paz (f)	мир (ч)	[mir]
mundial (adj)	світовий	[swito'wij]
pátria (f)	батьківщина (ж)	[batʲkiw'ɕina]
povo (população)	народ (ч)	[na'rɔd]
população (f)	населення (с)	[na'sɛlɛnʲa]
gente (f)	люди (мн)	['lʲudi]
nação (f)	нація (ж)	['natsʲia]
geração (f)	покоління (с)	[poko'linʲa]
território (m)	територія (ж)	[tɛri'tɔrʲia]
região (f)	регіон (ч)	[rɛhi'ɔn]
estado (m)	штат (ч)	[ʃtat]
tradição (f)	традиція (ч)	[tra'ditsʲia]
costume (m)	звичай (ч)	['zwitʃaj]
ecologia (f)	екологія (ж)	[ɛko'lɔhʲia]
índio (m)	індіанець (ч)	[indi'anɛts]
cigano (m)	циган (ч)	[tsi'han]
cigana (f)	циганка (ж)	[tsi'hanka]
cigano (adj)	циганський	[tsi'hansʲkij]
império (m)	імперія (ж)	[im'pɛrʲia]
colônia (f)	колонія (ж)	[ko'lɔnʲia]
escravidão (f)	рабство (с)	['rabstwo]
invasão (f)	навала (ж)	[na'wala]
fome (f)	голодомор (ч)	[holodo'mɔr]

246. Grupos religiosos mais importantes. Confissões

religião (f)	релігія (ж)	[rɛ'lihi̯a]
religioso (adj)	релігійний	[rɛli'hijnij]

crença (f)	віра (ж)	['wira]
crer (vt)	вірити	['wiriti]
crente (m)	віруючий (ч)	['wiruˡutʃij]

ateísmo (m)	атеїзм (ч)	[atɛ'jizm]
ateu (m)	атеїст (ч)	[atɛ'jist]

cristianismo (m)	християнство (с)	[hristi̯'anstwo]
cristão (m)	християнин (ч)	[hristi̯'anin]
cristão (adj)	християнський	[hristi̯'ansˡkij]

catolicismo (m)	Католицизм (ч)	[katoli'tsizm]
católico (m)	католик (ч)	[ka'tɔlik]
católico (adj)	католицький	[kato'litskij]

protestantismo (m)	Протестантство (с)	[protɛs'tantstwo]
Igreja (f) Protestante	Протестантська церква (ж)	[protɛs'tantsˡka 'tsɛrkwa]
protestante (m)	протестант (ч)	[protɛs'tant]

ortodoxia (f)	Православ'я (с)	[prawo'slaw⁷i̯a]
Igreja (f) Ortodoxa	Православна церква (ж)	[prawos'lawna 'tsɛrkwa]
ortodoxo (m)	православний (ч)	[prawo'slawnij]

presbiterianismo (m)	Пресвітеріанство (с)	[prɛswitɛri'anstwo]
Igreja (f) Presbiteriana	Пресвітеріанська церква (ж)	[prɛswitɛri'ansˡka 'tsɛrkwa]
presbiteriano (m)	пресвітеріанин (ч)	[prɛswitɛri'anin]

luteranismo (m)	Лютеранська церква (ж)	[lˡutɛ'ransˡka 'tsɛrkwa]
luterano (m)	лютеранин (ч)	[lˡutɛ'ranin]

Igreja (f) Batista	Баптизм (ч)	[bap'tizm]
batista (m)	баптист (ч)	[bap'tist]

Igreja (f) Anglicana	Англіканська церква (ж)	[anɦli'kansˡka 'tsɛrkwa]
anglicano (m)	англіканець (ч)	[anɦli'kanɛtsi̯]

mormonismo (m)	Мормонство (с)	[mor'mɔnstwo]
mórmon (m)	мормон (ч)	[mor'mɔn]

Judaísmo (m)	Іудаїзм (ч)	[iuda'jizm]
judeu (m)	іудей (ч)	[iu'dɛj]

budismo (m)	Буддизм (ч)	[bud'dizm]
budista (m)	буддист (ч)	[bud'dist]

hinduísmo (m)	Індуїзм (ч)	[indu'jizm]
hindu (m)	індуїст (ч)	[indu'jist]
Islã (m)	Іслам (ч)	[is'lam]
muçulmano (m)	мусульманин (ч)	[musulˡ'manin]

muçulmano (adj)	**мусульманський**	[musulʲ'mansʲkɨj]
xiismo (m)	**Шиїзм** (ч)	[ʃɨ'jizm]
xiita (m)	**шиїт** (ч)	[ʃɨ'jit]
sunismo (m)	**Сунізм** (ч)	[su'nizm]
sunita (m)	**суніт** (ч)	[su'nit]

247. Religiões. Padres

padre (m)	**священик** (ч)	[swʲa'ɕɛnɨk]
Papa (m)	**Папа Римський**	['papa 'rɨmsʲkɨj]
monge (m)	**чернець** (ч)	[ʧɛr'nɛʦ]
freira (f)	**черниця** (ж)	[ʧɛr'nɨʦʲa]
pastor (m)	**пастор** (ч)	['pastor]
abade (m)	**абат** (ч)	[a'bat]
vigário (m)	**вікарій** (ч)	[wi'karij]
bispo (m)	**єпископ** (ч)	[ɛ'pɨskop]
cardeal (m)	**кардинал** (ч)	[kardɨ'nal]
pregador (m)	**проповідник** (ч)	[propo'widnɨk]
sermão (m)	**проповідь** (ж)	['prɔpowidʲ]
paroquianos (pl)	**парафіяни** (мн)	[parafi'ʲanɨ]
crente (m)	**віруючий** (ч)	['wiruʲuʧɨj]
ateu (m)	**атеїст** (ч)	[atɛ'jist]

248. Fé. Cristianismo. Islão

Adão	**Адам** (ч)	[a'dam]
Eva	**Єва** (ж)	['ɛwa]
Deus (m)	**Бог** (ч)	[boɦ]
Senhor (m)	**Господь** (ч)	[ɦos'pɔdʲ]
Todo Poderoso (m)	**Всесильний** (ч)	[wsɛ'silʲnɨj]
pecado (m)	**гріх** (ч)	[ɦrih]
pecar (vi)	**грішити**	[ɦri'ʃitɨ]
pecador (m)	**грішник** (ч)	['ɦriʃnɨk]
pecadora (f)	**грішниця** (ж)	['ɦriʃnɨʦʲa]
inferno (m)	**пекло** (с)	['pɛklo]
paraíso (m)	**рай** (ч)	[raj]
Jesus	**Ісус** (ч)	[i'sus]
Jesus Cristo	**Ісус Христос** (ч)	[i'sus hrɨs'tɔs]
Espírito (m) Santo	**Святий Дух** (ч)	[swʲa'tɨj duh]
Salvador (m)	**Спаситель** (ч)	[spa'sɨtɛlʲ]
Virgem Maria (f)	**Богородиця** (ж)	[boɦo'rɔdɨʦʲa]
Diabo (m)	**диявол** (ч)	[dɨ'ʲawol]

diabólico (adj)	диявольський	[diˈjawolʲsʲkij]
Satanás (m)	Сатана (ч)	[sataˈna]
satânico (adj)	сатанинський	[sataˈninsʲkij]
anjo (m)	ангел (ч)	[ˈanɦɛl]
anjo (m) da guarda	ангел-охоронець (ч)	[ˈanɦɛl oɦoˈrɔnɛts]
angelical	ангельський	[ˈanɦɛlʲsʲkij]
apóstolo (m)	апостол (ч)	[aˈpɔstol]
arcanjo (m)	архангел (ч)	[arˈhanɦɛl]
anticristo (m)	антихрист (ч)	[anˈtihrist]
Igreja (f)	церква (ж)	[ˈtsɛrkwa]
Bíblia (f)	Біблія (ж)	[ˈbiblʲia]
bíblico (adj)	біблійний	[bibˈlijnij]
Velho Testamento (m)	Старий Завіт (ч)	[staˈrij zaˈwit]
Novo Testamento (m)	Новий Завіт (ч)	[noˈwij zaˈwit]
Evangelho (m)	Євангеліє (с)	[ɛˈwanɦɛliɛ]
Sagradas Escrituras (f pl)	Священне Писання (с)	[swʲaˈɕɛnɛ piˈsanʲa]
Céu (sete céus)	Небо (с)	[ˈnɛbo]
mandamento (m)	заповідь (ж)	[ˈzapowidʲ]
profeta (m)	пророк (ч)	[proˈrɔk]
profecia (f)	пророцтво (с)	[proˈrɔtstwo]
Alá (m)	Аллах (ч)	[aˈlah]
Maomé (m)	Магомет (ч)	[maɦoˈmɛt]
Alcorão (m)	Коран (ч)	[koˈran]
mesquita (f)	мечеть (ж)	[mɛˈtʃɛtʲ]
mulá (m)	мула (ч)	[muˈla]
oração (f)	молитва (ж)	[moˈlitwa]
rezar, orar (vi)	молитися	[moˈlitisʲa]
peregrinação (f)	паломництво (с)	[paˈlɔmnitstwo]
peregrino (m)	паломник (ч)	[paˈlɔmnik]
Meca (f)	Мекка (ж)	[ˈmɛkka]
igreja (f)	церква (ж)	[ˈtsɛrkwa]
templo (m)	храм (ч)	[hram]
catedral (f)	собор (ч)	[soˈbɔr]
gótico (adj)	готичний	[ɦoˈtitʃnij]
sinagoga (f)	синагога (ж)	[sinaˈɦoɦa]
mesquita (f)	мечеть (ж)	[mɛˈtʃɛtʲ]
capela (f)	каплиця (ж)	[kapˈlitsʲa]
abadia (f)	абатство (с)	[aˈbatstwo]
mosteiro (m)	монастир (ч)	[monasˈtir]
sino (m)	дзвін (ч)	[dzwin]
campanário (m)	дзвіниця (ж)	[dzwiˈnitsʲa]
repicar (vi)	дзвонити	[dzwoˈniti]
cruz (f)	хрест (ч)	[hrɛst]
cúpula (f)	купол (ч)	[ˈkupol]

ícone (m)	**ікона** (ж)	[i'kɔna]
alma (f)	**душа** (ж)	[du'ʃa]
destino (m)	**доля** (ж)	['dɔlʲa]
mal (m)	**зло** (с)	[zlo]
bem (m)	**добро** (с)	[dob'rɔ]
vampiro (m)	**вампір** (ч)	[wam'pir]
bruxa (f)	**відьма** (ж)	['widʲma]
demônio (m)	**демон** (ч)	['dɛmon]
espírito (m)	**дух** (ч)	[duh]
redenção (f)	**спокута** (ж)	[spo'kuta]
redimir (vt)	**спокутувати**	[spo'kutuwatɨ]
missa (f)	**служба** (ж)	['sluʒba]
celebrar a missa	**служити**	[slu'ʒitɨ]
confissão (f)	**сповідь** (ж)	['spɔwidʲ]
confessar-se (vr)	**сповідатися**	[spowi'datɨsʲa]
santo (m)	**святий** (ч)	[swʲa'tɨj]
sagrado (adj)	**священний**	[swʲa'ɕɛnɨj]
água (f) benta	**свята вода** (ж)	[swʲa'ta wo'da]
ritual (m)	**ритуал** (ч)	[rɨtu'al]
ritual (adj)	**ритуальний**	[rɨtu'alʲnɨj]
sacrifício (m)	**жертвування** (с)	['ʒɛrtwuwanʲa]
superstição (f)	**забобони** (мн)	[zabo'bɔnɨ]
supersticioso (adj)	**забобонний**	[zabo'bɔnɨj]
vida (f) após a morte	**загробне життя** (с)	[zaɦ'rɔbnɛ ʒɨt'tʲa]
vida (f) eterna	**вічне життя** (с)	['wiʧnɛ ʒɨt'tʲa]

TEMAS DIVERSOS

249. Várias palavras úteis

ajuda (f)	допомога (ж)	[dopoˈmɔɦa]
barreira (f)	перепона (ж)	[pɛrɛˈpɔna]
base (f)	база (ж)	[ˈbaza]
categoria (f)	категорія (ж)	[katɛˈɦɔriʲa]
causa (f)	причина (ж)	[priˈtʃina]
coincidência (f)	збіг (ч)	[zbiɦ]
coisa (f)	річ (ж)	[ritʃ]
começo, início (m)	початок (ч)	[poˈtʃatok]
cômodo (ex. poltrona ~a)	зручний	[zrutʃˈnij]
comparação (f)	порівняння (с)	[poriwˈnʲanʲa]
compensação (f)	компенсація (ж)	[kompɛnˈsatsiʲa]
crescimento (m)	зростання (с)	[zrosˈtanʲa]
desenvolvimento (m)	розвиток (ч)	[ˈrɔzwitok]
diferença (f)	різниця (ж)	[rizˈnitsʲa]
efeito (m)	ефект (ч)	[ɛˈfɛkt]
elemento (m)	елемент (ч)	[ɛlɛˈmɛnt]
equilíbrio (m)	баланс (ч)	[baˈlans]
erro (m)	помилка (ж)	[poˈmiɫka]
esforço (m)	зусилля (с)	[zuˈsiɫʲa]
estilo (m)	стиль (ч)	[stiɫʲ]
exemplo (m)	приклад (ч)	[ˈpriklad]
fato (m)	факт (ч)	[fakt]
fim (m)	закінчення (с)	[zaˈkintʃɛnʲa]
forma (f)	форма (ж)	[ˈfɔrma]
frequente (adj)	приватний	[priˈwatnij]
fundo (ex. ~ verde)	фон (ч)	[fon]
gênero (tipo)	вид (ч)	[wid]
grau (m)	ступінь (ч)	[ˈstupinʲ]
ideal (m)	ідеал (ч)	[idɛˈal]
labirinto (m)	лабіринт (ч)	[labiˈrint]
modo (m)	спосіб (ч)	[ˈspɔsib]
momento (m)	момент (ч)	[moˈmɛnt]
objeto (m)	об'єкт (ч)	[oˈbˀɛkt]
obstáculo (m)	перешкода (ж)	[pɛrɛʃˈkɔda]
original (m)	оригінал (ч)	[oriɦiˈnal]
padrão (adj)	стандартний	[stanˈdartnij]
padrão (m)	стандарт (ч)	[stanˈdart]
paragem (pausa)	перерва (ж)	[pɛˈrɛrwa]
parte (f)	частина (ж)	[tʃasˈtina]

partícula (f)	**частка, частина** (ж)	['ʧastka], [ʧas'tɨna]
pausa (f)	**пауза** (ж)	['pauza]
posição (f)	**позиція** (ж)	[po'zɨtsʲa]
princípio (m)	**принцип** (ч)	['prɨntsɨp]
problema (m)	**проблема** (ж)	[prob'lɛma]
processo (m)	**процес** (ч)	[pro'tsɛs]
progresso (m)	**прогрес** (ч)	[proɦ'rɛs]
propriedade (qualidade)	**властивість** (ж)	[wlas'tɨwistʲ]
reação (f)	**реакція** (ж)	[rɛ'aktsʲa]
risco (m)	**ризик** (ч)	['rɨzɨk]
ritmo (m)	**темп** (ч)	[tɛmp]
segredo (m)	**таємниця** (ж), **секрет** (ч)	[taɛm'nɨtsʲa], [sɛk'rɛt]
série (f)	**серія** (ж)	['sɛrʲa]
sistema (m)	**система** (ж)	[sɨs'tɛma]
situação (f)	**ситуація** (ж)	[sɨtu'atsʲa]
solução (f)	**рішення** (с)	['riʃɛnʲa]
tabela (f)	**таблиця** (ж)	[tab'lɨtsʲa]
termo (ex. ~ técnico)	**термін** (ч)	['tɛrmin]
tipo (m)	**тип** (ч)	[tɨp]
urgente (adj)	**терміновий**	[tɛrmi'nɔwɨj]
urgentemente	**терміново**	[tɛrmi'nɔwo]
utilidade (f)	**користь** (ж)	['kɔrɨstʲ]
variante (f)	**варіант** (ч)	[wari'ant]
variedade (f)	**вибір** (ч)	['wɨbir]
verdade (f)	**істина** (ж)	['istɨna]
vez (f)	**черга** (ж)	['ʧɛrɦa]
zona (f)	**зона** (ж)	['zɔna]

250. Modificadores. Adjetivos. Parte 1

aberto (adj)	**відкритий**	[wid'krɨtɨj]
afetuoso (adj)	**ніжний**	['niʒnɨj]
afiado (adj)	**гострий**	['ɦɔstrɨj]
agradável (adj)	**приємний**	[prɨ'ɛmnɨj]
agradecido (adj)	**вдячний**	['wdʲaʧnɨj]
alegre (adj)	**веселий**	[wɛ'sɛlɨj]
alto (ex. voz ~a)	**гучний**	[ɦuʧ'nɨj]
amargo (adj)	**гіркий**	[ɦir'kɨj]
amplo (adj)	**просторий**	[pros'tɔrɨj]
antigo (adj)	**давній**	['dawnij]
apertado (sapatos ~s)	**тісний**	[tis'nɨj]
apropriado (adj)	**придатний**	[prɨ'datnɨj]
arriscado (adj)	**ризикований**	[rɨzɨ'kowanɨj]
artificial (adj)	**штучний**	['ʃtuʧnɨj]
azedo (adj)	**кислий**	['kɨslɨj]
baixo (voz ~a)	**тихий**	['tɨhɨj]

barato (adj)	**дешевий**	[dɛ'ʃɛwɨj]
belo (adj)	**красивий**	[kra'sɨwɨj]
bom (adj)	**хороший**	[ho'rɔʃɨj]
bondoso (adj)	**добрий**	['dɔbrɨj]
bonito (adj)	**гарний**	['ɦarnɨj]
bronzeado (adj)	**засмаглий**	[zas'maɦlɨj]
burro, estúpido (adj)	**дурний**	[dur'nɨj]
calmo (adj)	**спокійний**	[spo'kijnɨj]
cansado (adj)	**втомлений**	['wtɔmlɛnɨj]
cansativo (adj)	**утомливий**	[u'tɔmlɨwɨj]
carinhoso (adj)	**турботливий**	[tur'bɔtlɨwɨj]
caro (adj)	**дорогий**	[doro'ɦɨj]
cego (adj)	**сліпий**	[sli'pɨj]
central (adj)	**центральний**	[ʦɛn'tralʲnɨj]
cerrado (ex. nevoeiro ~)	**густий**	[ɦus'tɨj]
cheio (xícara ~a)	**повний**	['pɔwnɨj]
civil (adj)	**громадянський**	[ɦroma'dʲansʲkɨj]
clandestino (adj)	**підпільний**	[pid'pilʲnɨj]
claro (explicação ~a)	**зрозумілий**	[zrozu'milɨj]
claro (pálido)	**світлий**	['switlɨj]
compatível (adj)	**сумісний**	[su'misnɨj]
comum, normal (adj)	**звичайний**	[zwɨ'ʧajnɨj]
congelado (adj)	**заморожений**	[zamo'rɔʒɛnɨj]
conjunto (adj)	**спільний**	['spilʲnɨj]
considerável (adj)	**значний**	[znaʧ'nɨj]
contente (adj)	**вдоволений**	[wdo'wɔlɛnɨj]
contínuo (adj)	**тривалий**	[trɨ'walɨj]
contrário (ex. o efeito ~)	**протилежний**	[protɨ'lɛʒnɨj]
correto (resposta ~a)	**вірний**	['wirnɨj]
cru (não cozinhado)	**сирий**	[sɨ'rɨj]
curto (adj)	**короткий**	[ko'rɔtkɨj]
de curta duração	**короткочасний**	[korotko'ʧasnɨj]
de sol, ensolarado	**сонячний**	['sɔnʲaʧnɨj]
de trás	**задній**	['zadnij]
denso (fumaça ~a)	**щільний**	['ɕilʲnɨj]
desanuviado (adj)	**безхмарний**	[bɛz'hmarnɨj]
descuidado (adj)	**недбалий**	[nɛd'balɨj]
diferente (adj)	**різний**	['riznɨj]
difícil (decisão)	**складний**	[sklad'nɨj]
difícil, complexo (adj)	**складний**	[sklad'nɨj]
direito (lado ~)	**правий**	['prawɨj]
distante (adj)	**далекий**	[da'lɛkɨj]
diverso (adj)	**різноманітний**	[riznoma'nitnɨj]
doce (açucarado)	**солодкий**	[so'lɔdkɨj]
doce (água)	**прісний**	['prisnɨj]
doente (adj)	**хворий**	['hwɔrɨj]
duro (material ~)	**твердий**	[twɛr'dɨj]

educado (adj)	**ввічливий**	['wviʧliwij]
encantador (agradável)	**милий**	['milij]
enigmático (adj)	**загадковий**	[zaɦad'kɔwij]
enorme (adj)	**величезний**	[wɛli'ʧɛznij]
escuro (quarto ~)	**темний**	['tɛmnij]
especial (adj)	**спеціальний**	[spɛʦi'alʲnij]
esquerdo (lado ~)	**лівий**	['liwij]
estrangeiro (adj)	**іноземний**	[ino'zɛmnij]
estreito (adj)	**вузький**	[wuzʲ'kij]
exato (montante ~)	**точний**	['tɔʧnij]
excelente (adj)	**відмінний**	[wid'minij]
excessivo (adj)	**надмірний**	[nad'mirnij]
externo (adj)	**зовнішній**	['zɔwniʃnij]
fácil (adj)	**легкий**	[lɛɦ'kij]
faminto (adj)	**голодний**	[ɦo'lɔdnij]
fechado (adj)	**закритий**	[za'kritij]
feliz (adj)	**щасливий**	[ɕas'liwij]
fértil (terreno ~)	**родючий**	[ro'dʲuʧij]
forte (pessoa ~)	**сильний**	['silʲnij]
fraco (luz ~a)	**тьмяний**	[tʲ'mʲanij]
frágil (adj)	**крихкий**	[krih'kij]
fresco (pão ~)	**свіжий**	['swiʒij]
fresco (tempo ~)	**прохолодний**	[proho'lɔdnij]
frio (adj)	**холодний**	[ho'lɔdnij]
gordo (alimentos ~s)	**жирний**	['ʒirnij]
gostoso, saboroso (adj)	**смачний**	[smaʧ'nij]
grande (adj)	**великий**	[wɛ'likij]
gratuito, grátis (adj)	**безкоштовний**	[bɛzkoʃ'tɔwnij]
grosso (camada ~a)	**товстий**	[tows'tij]
hostil (adj)	**ворожий**	[wo'rɔʒij]

251. Modificadores. Adjetivos. Parte 2

igual (adj)	**однаковий**	[od'nakowij]
imóvel (adj)	**нерухомий**	[nɛru'hɔmij]
importante (adj)	**важливий**	[waʒ'liwij]
impossível (adj)	**неможливий**	[nɛmoʒ'liwij]
incompreensível (adj)	**незрозумілий**	[nɛzrozu'milij]
indigente (muito pobre)	**нужденний**	[nuʒ'dɛnij]
indispensável (adj)	**необхідний**	[nɛob'hidnij]
inexperiente (adj)	**недосвідчений**	[nɛdos'widʧɛnij]
infantil (adj)	**дитячий**	[di'tʲaʧij]
ininterrupto (adj)	**безперервний**	[bɛzpɛ'rɛrwnij]
insignificante (adj)	**незначний**	[nɛznaʧ'nij]
inteiro (completo)	**цілий**	['ʦilij]
inteligente (adj)	**розумний**	[ro'zumnij]

interno (adj)	**внутрішній**	['wnutriʃnij]
jovem (adj)	**молодий**	[molo'dɨj]
largo (caminho ~)	**широкий**	[ʃɨ'rɔkɨj]
legal (adj)	**законний**	[za'kɔnɨj]
leve (adj)	**легкий**	[lɛɦ'kɨj]
limitado (adj)	**обмежений**	[ob'mɛʒɛnɨj]
limpo (adj)	**чистий**	['ʧɨstɨj]
líquido (adj)	**рідкий**	[rid'kɨj]
liso (adj)	**гладкий**	['ɦladkɨj]
liso (superfície ~a)	**рівний**	['riwnɨj]
livre (adj)	**вільний**	['wilʲnɨj]
longo (ex. cabelo ~)	**довгий**	['dɔwɦɨj]
maduro (ex. fruto ~)	**дозрілий**	[do'zrilɨj]
magro (adj)	**худий**	[hu'dɨj]
mais próximo (adj)	**найближчий**	[naj'blɨʒʧɨj]
mais recente (adj)	**минулий**	[mɨ'nulɨj]
mate (adj)	**матовий**	['matowɨj]
mau (adj)	**поганий**	[po'ɦanɨj]
meticuloso (adj)	**охайний**	[o'hajnɨj]
míope (adj)	**короткозорий**	[korotko'zɔrɨj]
mole (adj)	**м'який**	[mʔa'kɨj]
molhado (adj)	**мокрий**	['mɔkrɨj]
moreno (adj)	**смаглявий**	[smaɦ'lʲawɨj]
morto (adj)	**мертвий**	['mɛrtwɨj]
muito magro (adj)	**худорлявий**	[hudor'lʲawɨj]
não difícil (adj)	**неважкий**	[nɛwaʒ'kɨj]
não é clara (adj)	**невизначений**	[nɛ'wɨznaʧɛnɨj]
não muito grande (adj)	**невеликий**	[nɛwɛ'lɨkɨj]
natal (país ~)	**рідний**	['ridnɨj]
necessário (adj)	**потрібний**	[pot'ribnɨj]
negativo (resposta ~a)	**негативний**	[nɛɦa'tɨwnɨj]
nervoso (adj)	**нервовий**	[nɛr'wɔwɨj]
normal (adj)	**нормальний**	[nor'malʲnɨj]
novo (adj)	**новий**	[no'wɨj]
o mais importante (adj)	**найважливіший**	[najwaʒlɨ'wiʃɨj]
obrigatório (adj)	**обов'язковий**	[obowʔaz'kɔwɨj]
original (incomum)	**оригінальний**	[orɨɦi'nalʲnɨj]
passado (adj)	**останній**	[os'tanij]
pequeno (adj)	**малий**	[ma'lɨj]
perigoso (adj)	**небезпечний**	[nɛbɛz'pɛʧnɨj]
permanente (adj)	**постійний**	[pos'tijnɨj]
perto (adj)	**ближній**	['blɨʒnij]
pesado (adj)	**важкий**	[waʒ'kɨj]
pessoal (adj)	**персональний**	[pɛrso'nalʲnɨj]
plano (ex. ecrã ~ a)	**плаский**	['plaskɨj]
pobre (adj)	**бідний**	['bidnɨj]
pontual (adj)	**пунктуальний**	[punktu'alʲnɨj]

possível (adj)	**можливий**	[moʒ'liwɨj]
pouco fundo (adj)	**мілкий**	[mil'kɨj]
presente (ex. momento ~)	**поточний**	[po'tɔʧnɨj]
prévio (adj)	**попередній**	[popɛ'rɛdnij]
primeiro (principal)	**основний**	[osnow'nɨj]
principal (adj)	**головний**	[ɦolow'nɨj]
privado (adj)	**особистий**	[oso'bɨstɨj]
provável (adj)	**імовірний**	[imo'wirnɨj]
próximo (adj)	**близький**	[blɨzʲ'kɨj]
público (adj)	**громадський**	[ɦro'madsʲkɨj]
quente (cálido)	**гарячий**	[ɦa'rʲaʧɨj]
quente (morno)	**теплий**	['tɛplɨj]
rápido (adj)	**швидкий**	[ʃwɨd'kɨj]
raro (adj)	**рідкісний**	['ridkisnɨj]
remoto, longínquo (adj)	**далекий**	[da'lɛkɨj]
reto (linha ~a)	**прямий**	[prʲa'mɨj]
salgado (adj)	**солоний**	[so'lɔnɨj]
satisfeito (adj)	**задоволений**	[zado'wɔlɛnɨj]
seco (roupa ~a)	**сухий**	[su'hɨj]
seguinte (adj)	**наступний**	[na'stupnɨj]
seguro (não perigoso)	**безпечний**	[bɛz'pɛʧnɨj]
similar (adj)	**схожий**	['shɔʒɨj]
simples (fácil)	**простий**	[pros'tɨj]
soberbo, perfeito (adj)	**чудовий**	[ʧu'dɔwɨj]
sólido (parede ~a)	**міцний**	[mits'nɨj]
sombrio (adj)	**похмурий**	[poh'murɨj]
sujo (adj)	**брудний**	[brud'nɨj]
superior (adj)	**вищий**	['wɨɕɨj]
suplementar (adj)	**додатковий**	[dodat'kɔwɨj]
tranquilo (adj)	**тихий**	['tɨhɨj]
transparente (adj)	**прозорий**	[pro'zɔrɨj]
triste (pessoa)	**сумний**	[sum'nɨj]
triste (um ar ~)	**сумний**	[sum'nɨj]
último (adj)	**останній**	[os'tanij]
úmido (adj)	**вологий**	[wo'lɔɦɨj]
único (adj)	**унікальний**	[uni'kalʲnɨj]
usado (adj)	**уживаний**	[u'ʒɨwanɨj]
vazio (meio ~)	**порожній**	[po'rɔʒnij]
velho (adj)	**старий**	[sta'rɨj]
vizinho (adj)	**сусідній**	[su'sidnij]

500 VERBOS PRINCIPAIS

252. Verbos A-B

abraçar (vt)	**обіймати**	[obij'matɨ]
abrir (vt)	**відчинити**	[widʧɨ'nɨtɨ]
acalmar (vt)	**заспокоювати**	[zaspo'kɔʲuwatɨ]
acariciar (vt)	**гладити**	['ɦladɨtɨ]
acenar (com a mão)	**махати**	[ma'ɦatɨ]
acender (~ uma fogueira)	**запалити**	[zapa'lɨtɨ]
achar (vt)	**думати**	['dumatɨ]
acompanhar (vt)	**супроводжувати**	[supro'wɔʤuwatɨ]
aconselhar (vt)	**радити**	['radɨtɨ]
acordar, despertar (vt)	**будити**	[bu'dɨtɨ]
acrescentar (vt)	**додавати**	[doda'watɨ]
acusar (vt)	**звинувачувати**	[zwɨnu'waʧuwatɨ]
adestrar (vt)	**дресирувати**	[drɛsɨru'watɨ]
adivinhar (vt)	**відгадати**	[widɦa'datɨ]
admirar (vt)	**захоплюватися**	[za'ɦɔplʲuwatɨsʲa]
adorar (~ fazer)	**любити**	[lʲu'bɨtɨ]
advertir (vt)	**попереджувати**	[popɛ'rɛʤuwatɨ]
afirmar (vt)	**стверджувати**	['stwɛrʤuwatɨ]
afogar-se (vr)	**тонути**	[to'nutɨ]
afugentar (vt)	**прогнати**	[proɦ'natɨ]
agir (vi)	**діяти**	['diʲatɨ]
agitar, sacudir (vt)	**трясти**	[trʲas'tɨ]
agradecer (vt)	**дякувати**	['dʲakuwatɨ]
ajudar (vt)	**допомагати**	[dopoma'ɦatɨ]
alcançar (objetivos)	**досягати**	[dosʲa'ɦatɨ]
alimentar (dar comida)	**годувати**	[ɦodu'watɨ]
almoçar (vi)	**обідати**	[o'bidatɨ]
alugar (~ o barco, etc.)	**наймати**	[naj'matɨ]
alugar (~ um apartamento)	**зняти**	['znʲatɨ]
amar (pessoa)	**кохати**	[ko'ɦatɨ]
amarrar (vt)	**зв'язувати**	['zwˀʲazuwatɨ]
ameaçar (vt)	**погрожувати**	[poɦ'rɔʒuwatɨ]
amputar (vt)	**ампутувати**	[amputu'watɨ]
anotar (escrever)	**позначити**	[poz'naʧɨtɨ]
anotar (escrever)	**записувати**	[za'pɨsuwatɨ]
anular, cancelar (vt)	**скасувати**	[skasu'watɨ]
apagar (com apagador, etc.)	**стерти**	['stɛrtɨ]
apagar (um incêndio)	**гасити**	[ɦa'sɨtɨ]

apaixonar-se ...	**закохатися**	[zako'hatisʲa]
aparecer (vi)	**з'являтися**	[zʔaw'lʲatisʲa]
aplaudir (vi)	**аплодувати**	[aplodu'wati]
apoiar (vt)	**підтримати**	[pid'trimati]
apontar para ...	**цілитися**	['tsilitisʲa]
apresentar (alguém a alguém)	**знайомити**	[zna'jɔmiti]
apresentar (Gostaria de ~)	**рекомендувати**	[rɛkomɛndu'wati]
apressar (vt)	**квапити**	['kwapiti]
apressar-se (vr)	**поспішати**	[pospi'ʃati]
aproximar-se (vr)	**підходити**	[pid'hɔditi]
aquecer (vt)	**нагрівати**	[naɦri'wati]
arrancar (vt)	**відірвати**	[widir'wati]
arranhar (vt)	**дряпати**	['drʲapati]
arrepender-se (vr)	**жалкувати**	[ʒalku'wati]
arriscar (vt)	**ризикувати**	[riziku'wati]
arrumar, limpar (vt)	**прибирати**	[pribi'rati]
aspirar a ...	**прагнути**	['praɦnuti]
assinar (vt)	**підписувати**	[pid'pisuwati]
assistir (vt)	**асистувати**	[asistu'wati]
atacar (vt)	**атакувати**	[ataku'wati]
atar (vt)	**прив'язувати**	[pri'wʔʲazuwati]
atracar (vi)	**причалювати**	[pri'ʧalʲuwati]
aumentar (vi)	**збільшуватися**	['zbilʲʃuwatisʲa]
aumentar (vt)	**збільшувати**	['zbilʲʃuwati]
avançar (vi)	**просуватися**	[prosu'watisʲa]
avistar (vt)	**побачити**	[po'baʧiti]
baixar (guindaste, etc.)	**опускати**	[opus'kati]
barbear-se (vr)	**голитися**	[ɦo'litisʲa]
basear-se (vr)	**базуватися**	[bazu'watisʲa]
bastar (vi)	**вистачати**	[wista'ʧati]
bater (à porta)	**стукати**	['stukati]
bater (espancar)	**бити**	['biti]
bater-se (vr)	**битися**	['bitisʲa]
beber, tomar (vt)	**пити**	['piti]
brilhar (vi)	**блищати**	[bli'ɕati]
brincar, jogar (vi, vt)	**грати**	['ɦrati]
buscar (vt)	**шукати**	[ʃu'kati]

253. Verbos C-D

caçar (vi)	**полювати**	[polʲu'wati]
calar-se (parar de falar)	**замовкнути**	[za'mɔwknuti]
calcular (vt)	**рахувати**	[rahu'wati]
carregar (o caminhão, etc.)	**вантажити**	[wan'taʒiti]
carregar (uma arma)	**заряджати**	[zarʲa'ʤati]

casar-se (vr)	**одружуватися**	[od'ruʒuwatɨsʲa]
causar (vt)	**бути причиною**	['butɨ prɨ'ʧɨnoʲu]
cavar (vt)	**рити**	['rɨtɨ]
ceder (não resistir)	**поступатися**	[postu'patɨsʲa]
cegar, ofuscar (vt)	**осліплювати**	[os'liplʲuwatɨ]
censurar (vt)	**докоряти**	[doko'rʲatɨ]
chamar (~ por socorro)	**кликати**	['klɨkatɨ]
chamar (alguém para ...)	**покликати**	[pok'lɨkatɨ]
chegar (a algum lugar)	**досягати**	[dosʲa'ɦatɨ]
chegar (vi)	**прибувати**	[prɨbu'watɨ]
cheirar (~ uma flor)	**нюхати**	['nʲuhatɨ]
cheirar (tem o cheiro)	**пахнути**	['pahnutɨ]
chorar (vi)	**плакати**	['plakatɨ]
citar (vt)	**цитувати**	[ʦɨtu'watɨ]
colher (flores)	**рвати**	['rwatɨ]
colocar (vt)	**класти**	['klastɨ]
combater (vi, vt)	**воювати**	[woʲu'watɨ]
começar (vt)	**починати**	[poʧɨ'natɨ]
comer (vt)	**їсти**	['jistɨ]
comparar (vt)	**порівнювати**	[po'riwnʲuwatɨ]
compensar (vt)	**компенсувати**	[kompɛnsu'watɨ]
competir (vi)	**конкурувати**	[konkuru'watɨ]
complicar (vt)	**ускладнювати**	[us'kladnʲuwatɨ]
compor (~ música)	**створити**	[stwo'rɨtɨ]
comportar-se (vr)	**поводитися**	[po'wɔdɨtɨsʲa]
comprar (vt)	**купляти**	[kup'lʲatɨ]
comprometer (vt)	**компрометувати**	[komprometu'watɨ]
concentrar-se (vr)	**концентруватися**	[konʦɛntru'watɨsʲa]
concordar (dizer "sim")	**погоджуватися**	[po'ɦɔʤuwatɨsʲa]
condecorar (dar medalha)	**нагородити**	[naɦo'rɔdɨtɨ]
confessar-se (vr)	**признаватися**	[prɨzna'watɨsʲa]
confiar (vt)	**довіряти**	[dowi'rʲatɨ]
confundir (equivocar-se)	**помилятися**	[pomɨ'lʲatɨsʲa]
conhecer (vt)	**знати**	['znatɨ]
conhecer-se (vr)	**знайомитися**	[zna'jɔmɨtɨsʲa]
consertar (vt)	**привести до ладу**	[prɨ'wɛstɨ do 'ladu]
consultar ...	**консультуватися з...**	[konsulʲtu'watɨsʲa z]
contagiar-se com ...	**заразитися**	[zara'zɨtɨsʲa]
contar (vt)	**розповідати**	[rozpowi'datɨ]
contar com ...	**розраховувати на...**	[rozra'hɔwuwatɨ na]
continuar (vt)	**продовжувати**	[pro'dɔwʒuwatɨ]
contratar (vt)	**наймати**	[naj'matɨ]
controlar (vt)	**контролювати**	[kontrolʲu'watɨ]
convencer (vt)	**переконувати**	[pɛrɛ'kɔnuwatɨ]
convidar (vt)	**запрошувати**	[za'prɔʃuwatɨ]
cooperar (vi)	**співробітничати**	[spiwro'bitnɨʧatɨ]

coordenar (vt)	**координувати**	[koordɨnu'watɨ]
corar (vi)	**червоніти**	[ʧɛrwo'nitɨ]
correr (vi)	**бігти**	['biɦtɨ]
corrigir (~ um erro)	**виправляти**	[wɨpraw'lʲatɨ]
cortar (com um machado)	**відрубати**	[widru'batɨ]
cortar (com uma faca)	**відрізати**	[widri'zatɨ]
cozinhar (vt)	**готувати**	[ɦotu'watɨ]
crer (pensar)	**вважати**	[wwa'ʒatɨ]
criar (vt)	**створити**	[stwo'rɨtɨ]
cultivar (~ plantas)	**вирощувати**	[wɨ'rɔɕuwatɨ]
cuspir (vi)	**плювати**	[plʲu'watɨ]
custar (vt)	**коштувати**	['kɔʃtuwatɨ]
dar (vt)	**давати**	[da'watɨ]
dar banho, lavar (vt)	**купати**	[ku'patɨ]
datar (vi)	**датуватися**	[datu'watɨsʲa]
decidir (vt)	**вирішувати**	[wɨ'riʃuwatɨ]
decorar (enfeitar)	**прикрашати**	[prɨkra'ʃatɨ]
dedicar (vt)	**присвячувати**	[prɨs'wʲaʧuwatɨ]
defender (vt)	**захищати**	[zahɨ'ɕatɨ]
defender-se (vr)	**захищатись**	[zahɨ'ɕatɨsʲ]
deixar (~ a mulher)	**кидати**	['kɨdatɨ]
deixar (esquecer)	**залишати**	[zalɨ'ʃatɨ]
deixar (permitir)	**дозволяти**	[dozwo'lʲatɨ]
deixar cair (vt)	**упускати**	[upus'katɨ]
denominar (vt)	**називати**	[nazɨ'watɨ]
denunciar (vt)	**доносити**	[do'nɔsɨtɨ]
depender de …	**залежати**	[za'lɛʒatɨ]
derramar (~ líquido)	**пролити**	[pro'lɨtɨ]
desaparecer (vi)	**зникнути**	['znɨknutɨ]
desatar (vt)	**відв'язувати**	[wid'wʔʲazuwatɨ]
desatracar (vi)	**відчалювати**	[wid'ʧalʲuwatɨ]
descansar (um pouco)	**відпочивати**	[widpoʧɨ'watɨ]
descer (para baixo)	**спускатися**	[spus'katɨsʲa]
descobrir (novas terras)	**відкривати**	[widkrɨ'watɨ]
descolar (avião)	**злітати**	[zli'tatɨ]
desculpar (vt)	**вибачати**	[wɨba'ʧatɨ]
desculpar-se (vr)	**вибачатися**	[wɨba'ʧatɨsʲa]
desejar (vt)	**бажати**	[ba'ʒatɨ]
desempenhar (papel)	**грати**	['ɦratɨ]
desligar (vt)	**вимикати**	[wɨmɨ'katɨ]
desprezar (vt)	**зневажати**	[znɛwa'ʒatɨ]
destruir (documentos, etc.)	**знищувати**	['znɨɕuwatɨ]
dever (vi)	**бути винним**	['butɨ 'wɨnɨm]
devolver (vt)	**відправити назад**	[wid'prawɨtɨ na'zad]
direcionar (vt)	**направляти**	[napraw'lʲatɨ]
dirigir (~ um carro)	**вести машину**	['wɛstɨ ma'ʃɨnu]

dirigir (~ uma empresa)	**керувати**	[kɛru'watɨ]
dirigir-se (a um auditório, etc.)	**звертатися**	[zwɛr'tatisʲa]
discutir (notícias, etc.)	**обговорювати**	[obɦo'wɔrʲuwatɨ]
disparar, atirar (vi)	**стріляти**	[stri'lʲatɨ]
distribuir (folhetos, etc.)	**поширювати**	[po'ʃɨrʲuwatɨ]
distribuir (vt)	**роздати**	[roz'datɨ]
divertir (vt)	**розважати**	[rozwa'ʒatɨ]
divertir-se (vr)	**веселитися**	[wɛsɛ'lɨtɨsʲa]
dividir (mat.)	**ділити**	[di'lɨtɨ]
dizer (vt)	**сказати**	[ska'zatɨ]
dobrar (vt)	**подвоювати**	[pod'wɔʲuwatɨ]
duvidar (vt)	**сумніватися**	[sumni'watɨsʲa]

254. Verbos E-J

elaborar (uma lista)	**складати**	[skla'datɨ]
elevar-se acima de ...	**підноситися**	[pid'nɔsɨtɨsʲa]
eliminar (um obstáculo)	**усувати**	[usu'watɨ]
embrulhar (com papel)	**загортати**	[zaɦor'tatɨ]
emergir (submarino)	**спливати**	[splɨ'watɨ]
emitir (~ cheiro)	**виділяти**	[wɨdi'lʲatɨ]
empreender (vt)	**вживати**	[wʒɨ'watɨ]
empurrar (vt)	**штовхати**	[ʃtow'hatɨ]
encabeçar (vt)	**очолювати**	[o'ʧɔlʲuwatɨ]
encher (~ a garrafa, etc.)	**наповнювати**	[na'pɔwnʲuwatɨ]
encontrar (achar)	**знаходити**	[zna'hɔdɨtɨ]
enganar (vt)	**обманювати**	[ob'manʲuwatɨ]
ensinar (vt)	**навчати**	[naw'ʧatɨ]
entediar-se (vr)	**нудьгувати**	[nudʲɦu'watɨ]
entender (vt)	**розуміти**	[rozu'mitɨ]
entrar (na sala, etc.)	**увійти**	[uwij'tɨ]
enviar (uma carta)	**відправляти**	[widpraw'lʲatɨ]
equipar (vt)	**обладнати**	[oblad'natɨ]
errar (enganar-se)	**помилятися**	[pomɨ'lʲatɨsʲa]
escolher (vt)	**вибирати**	[wɨbɨ'ratɨ]
esconder (vt)	**ховати**	[ho'watɨ]
escrever (vt)	**писати**	[pɨ'satɨ]
escutar (vt)	**слухати**	['sluhatɨ]
escutar atrás da porta	**підслухати**	[pid'sluhatɨ]
esmagar (um inseto, etc.)	**розчавити**	[roz'ʧawɨtɨ]
esperar (aguardar)	**чекати**	[ʧɛ'katɨ]
esperar (contar com)	**очікувати**	[o'ʧikuwatɨ]
esperar (ter esperança)	**сподіватися**	[spodi'watɨsʲa]
espreitar (vi)	**підглядати**	[pidɦlʲa'datɨ]
esquecer (vt)	**забувати**	[zabu'watɨ]

estar	**лежати**	[lɛ'ʒatɨ]
estar (vi)	**бути**	[bu'tɨ]
estar convencido	**переконуватися**	[pɛrɛ'kɔnuwatɨsʲa]
estar deitado	**лежати**	[lɛ'ʒatɨ]
estar perplexo	**дивуватись**	[dɨwu'watɨsʲ]
estar preocupado	**турбуватися**	[turbu'watɨsʲa]
estar sentado	**сидіти**	[sɨ'ditɨ]
estremecer (vi)	**здригатися**	[zdrɨ'ɦatɨsʲa]
estudar (vt)	**вивчати**	[wɨw'ʧatɨ]
evitar (~ o perigo)	**уникати**	[unɨ'katɨ]
examinar (~ uma proposta)	**розглянути**	[rozɦ'lʲanutɨ]
exigir (vt)	**вимагати**	[wɨma'ɦatɨ]
existir (vi)	**існувати**	[isnu'watɨ]
explicar (vt)	**пояснювати**	[po'ʲasnʲuwatɨ]
expressar (vt)	**виразити**	['wɨrazɨtɨ]
expulsar (~ da escola, etc.)	**виключати**	[wɨklʲu'ʧatɨ]
facilitar (vt)	**полегшити**	[po'lɛɦʃɨtɨ]
falar com ...	**розмовляти з...**	[rozmow'lʲatɨ z]
faltar (a la escuela, etc.)	**пропускати**	[propus'katɨ]
fascinar (vt)	**зачаровувати**	[zaʧa'rɔwuwatɨ]
fatigar (vt)	**стомлювати**	['stɔmlʲuwatɨ]
fazer (vt)	**робити**	[ro'bɨtɨ]
fazer lembrar	**нагадувати**	[na'ɦaduwatɨ]
fazer piadas	**жартувати**	[ʒartu'watɨ]
fazer publicidade	**рекламувати**	[rɛklamu'watɨ]
fazer uma tentativa	**спробувати**	['sprɔbuwatɨ]
fechar (vt)	**закривати**	[zakrɨ'watɨ]
felicitar (vt)	**поздоровляти**	[pozdorow'lʲatɨ]
ficar cansado	**втомлюватися**	['wtɔmlʲuwatɨsʲa]
ficar em silêncio	**мовчати**	[mow'ʧatɨ]
ficar pensativo	**замислитися**	[za'mɨslɨtɨsʲa]
forçar (vt)	**примушувати**	[prɨ'muʃuwatɨ]
formar (vt)	**складати**	[skla'datɨ]
gabar-se (vr)	**хвалитися**	[hwa'lɨtɨsʲa]
garantir (vt)	**гарантувати**	[ɦarantu'watɨ]
gostar (apreciar)	**подобатися**	[po'dɔbatɨsʲa]
gritar (vi)	**кричати**	[krɨ'ʧatɨ]
guardar (fotos, etc.)	**зберігати**	[zbɛri'ɦatɨ]
guardar (no armário, etc.)	**сховати**	[sho'watɨ]
guerrear (vt)	**воювати**	[woʲu'watɨ]
herdar (vt)	**успадкувати**	[uspadku'watɨ]
iluminar (vt)	**освітлювати**	[os'witlʲuwatɨ]
imaginar (vt)	**уявляти собі**	[ujaw'lʲatɨ so'bi]
imitar (vt)	**імітувати**	[imitu'watɨ]
implorar (vt)	**благати**	[bla'ɦatɨ]
importar (vt)	**імпортувати**	[importu'watɨ]

indicar (~ o caminho)	**вказати**	[wka'zatɨ]
indignar-se (vr)	**обурюватися**	[o'burʲuwatɨsʲa]
infetar, contagiar (vt)	**заражати**	[zara'ʒatɨ]
influenciar (vt)	**впливати**	[wplɨ'watɨ]
informar (~ a policia)	**повідомляти**	[powidom'lʲatɨ]
informar (vt)	**інформувати**	[informu'watɨ]
informar-se (~ sobre)	**довідуватись**	[do'widuwatɨsʲ]
inscrever (na lista)	**вписувати**	['wpɨsuwatɨ]
inserir (vt)	**вставляти**	[wstaw'lʲatɨ]
insinuar (vt)	**натякати**	[natʲa'katɨ]
insistir (vi)	**наполягати**	[napolʲa'ɦatɨ]
inspirar (vt)	**надихати**	[ujaw'lʲatɨ]
instruir (ensinar)	**інструктувати**	[instruktu'watɨ]
insultar (vt)	**принижати**	[prɨnɨʒatɨ]
interessar (vt)	**цікавити**	[ʦi'kawɨtɨ]
interessar-se (vr)	**цікавитися**	[ʦi'kawɨtɨsʲa]
intervir (vi)	**втручатися**	[wtru'ʧatɨsʲa]
invejar (vt)	**заздрити**	['zazdrɨtɨ]
inventar (vt)	**винаходити**	[wɨna'ɦɔdɨtɨ]
ir (a pé)	**йти**	[jtɨ]
ir (de carro, etc.)	**їхати**	['jɨhatɨ]
ir nadar	**купатися**	[ku'patɨsʲa]
ir para a cama	**лягати спати**	[lʲa'ɦatɨ 'spatɨ]
irritar (vt)	**дратувати**	[dratu'watɨ]
irritar-se (vr)	**дратуватися**	[dratu'watɨsʲa]
isolar (vt)	**ізолювати**	[izolʲu'watɨ]
jantar (vi)	**вечеряти**	[wɛ'ʧɛrʲatɨ]
jogar, atirar (vt)	**кидати**	[kɨ'datɨ]
juntar, unir (vt)	**об'єднувати**	[o'bˀɛdnuwatɨ]
juntar-se a ...	**приєднуватися**	[prɨ'ɛdnuwatɨsʲa]

255. Verbos L-P

lançar (novo projeto, etc.)	**запускати**	[zapu'skatɨ]
lavar (vt)	**мити**	['mɨtɨ]
lavar a roupa	**прати білизну**	['pratɨ bi'liznu]
lavar-se (vr)	**митися**	['mɨtɨsʲa]
lembrar (vt)	**пам'ятати**	[pamˀʲa'tatɨ]
ler (vt)	**читати**	[ʧɨ'tatɨ]
levantar-se (vr)	**підводитися**	[pid'wɔdɨtɨsʲa]
levar (ex. leva isso daqui)	**відносити**	[wid'nɔsɨtɨ]
libertar (cidade, etc.)	**звільняти**	[zwilʲ'nʲatɨ]
ligar (~ o radio, etc.)	**вмикати**	[wmɨ'katɨ]
limitar (vt)	**обмежувати**	[ob'mɛʒuwatɨ]
limpar (eliminar sujeira)	**чистити**	['ʧɨstɨtɨ]
limpar (tirar o calcário, etc.)	**очищати**	[oʧɨ'ɕatɨ]

lisonjear (vt)	**лестити**	['lɛstɨtɨ]
livrar-se de ...	**позбавлятися**	[pozbaw'lʲatɨsʲa]
lutar (combater)	**боротися**	[bo'rɔtɨsʲa]
lutar (esporte)	**боротися**	[bo'rɔtɨsʲa]
marcar (com lápis, etc.)	**зазначити**	[zaz'natʃɨtɨ]
matar (vt)	**убивати**	[ubɨ'watɨ]
memorizar (vt)	**запам'ятати**	[zapamˀʲa'tatɨ]
mencionar (vt)	**згадувати**	['zɦaduwatɨ]
mentir (vi)	**брехати**	[brɛ'hatɨ]
merecer (vt)	**заслуговувати**	[zaslu'ɦɔwuwatɨ]
mergulhar (vi)	**пірнати**	[pir'natɨ]
misturar (vt)	**змішувати**	['zmiʃuwatɨ]
morar (vt)	**проживати**	[proʒɨ'watɨ]
mostrar (vt)	**показувати**	[po'kazuwatɨ]
mover (vt)	**пересувати**	[pɛrɛsu'watɨ]
mudar (modificar)	**змінити**	[zmi'nɨtɨ]
multiplicar (mat.)	**множити**	['mnɔʒɨtɨ]
nadar (vi)	**плавати**	['plawatɨ]
negar (vt)	**заперечувати**	[zapɛ'rɛtʃuwatɨ]
negociar (vi)	**вести переговори**	['wɛstɨ pɛrɛɦo'wɔrɨ]
nomear (função)	**призначати**	[prɨzna'tʃatɨ]
obedecer (vt)	**підкорятися**	[pidko'rʲatɨsʲa]
objetar (vt)	**протестувати**	[protɛstu'watɨ]
observar (vt)	**спостерігати**	[spostɛri'ɦatɨ]
ofender (vt)	**ображати**	[obra'ʒatɨ]
olhar (vt)	**дивитися**	[dɨ'wɨtɨsʲa]
omitir (vt)	**пропускати**	[propus'katɨ]
ordenar (mil.)	**наказувати**	[na'kazuwatɨ]
organizar (evento, etc.)	**організовувати**	[orɦani'zɔwuwatɨ]
ousar (vt)	**насмілюватися**	[na'smilʲuwatɨsʲa]
ouvir (vt)	**чути**	['tʃutɨ]
pagar (vt)	**платити**	[pla'tɨtɨ]
parar (para descansar)	**зупинятися**	[zupɨ'nʲatɨsʲa]
parar, cessar (vt)	**припиняти**	[prɨpɨ'nʲatɨ]
parecer-se (vr)	**бути схожим**	['butɨ 'shɔʒɨm]
participar (vi)	**брати участь**	['bratɨ 'utʃastʲ]
partir (~ para o estrangeiro)	**поїхати**	[po'jihatɨ]
passar (vt)	**проїжджати**	[projɨʑ'ʑatɨ]
passar a ferro	**прасувати**	[prasu'watɨ]
pecar (vi)	**грішити**	[ɦri'ʃɨtɨ]
pedir (comida)	**замовляти**	[zamow'lʲatɨ]
pedir (um favor, etc.)	**просити**	[pro'sɨtɨ]
pegar (tomar com a mão)	**ловити**	[lo'wɨtɨ]
pegar (tomar)	**брати**	['bratɨ]
pendurar (cortinas, etc.)	**вішати**	['wiʃatɨ]
penetrar (vt)	**проникати**	[pronɨ'katɨ]

pensar (vi, vt)	думати	['dumati]
pentear-se (vr)	причісувати	[pri'ʧisuwati]
perceber (ver)	помічати	[pomi'ʧati]
perder (o guarda-chuva, etc.)	губити	[ɦu'biti]
perdoar (vt)	прощати	[pro'ɕati]
permitir (vt)	дозволяти	[dozwo'lʲati]
pertencer a ...	належати	[na'lɛʒati]
perturbar (vt)	заважати	[zawa'ʒati]
pesar (ter o peso)	важити	['waʒiti]
pescar (vt)	ловити рибу	[lo'witi 'ribu]
planejar (vt)	планувати	[planu'wati]
poder (~ fazer algo)	могти	[moɦ'ti]
pôr (posicionar)	розташовувати	[rozta'ʃowuwati]
possuir (uma casa, etc.)	володіти	[wolo'diti]
preferir (vt)	воліти	[wo'liti]
preocupar (vt)	хвилювати	[hwilʲu'wati]
preocupar-se (vr)	хвилюватися	[hwilʲu'watisʲa]
preparar (vt)	підготувати	[pidɦotu'wati]
preservar (ex. ~ a paz)	зберігати	[zbɛri'ɦati]
prever (vt)	передбачити	[pɛrɛd'baʧiti]
privar (vt)	позбавляти	[pozbaw'lʲati]
proibir (vt)	забороняти	[zaboro'nʲati]
projetar, criar (vt)	проектувати	[proɛktu'wati]
prometer (vt)	обіцяти	[obi'ʦʲati]
pronunciar (vt)	вимовляти	[wimow'lʲati]
propor (vt)	пропонувати	[proponu'wati]
proteger (a natureza)	охороняти	[ohoro'nʲati]
protestar (vi)	протестувати	[protɛstu'wati]
provar (~ a teoria, etc.)	доводити	[do'wɔditi]
provocar (vt)	провокувати	[prowoku'wati]
punir, castigar (vt)	покарати	[poka'rati]
puxar (vt)	тягти	[tʲaɦ'ti]

256. Verbos Q-Z

quebrar (vt)	ламати	[la'mati]
queimar (vt)	палити, спалювати	[pa'liti], ['spalʲuwati]
queixar-se (vr)	скаржитися	['skarʒitisʲa]
querer (desejar)	хотіти	[ho'titi]
rachar-se (vr)	тріскатися	['triskatisʲa]
ralhar, repreender (vt)	лаяти	['laʲati]
realizar (vt)	здійснювати	['zdijsnʲuwati]
recomendar (vt)	рекомендувати	[rɛkomɛndu'wati]
reconhecer (identificar)	впізнавати	[wpizna'wati]
reconhecer (o erro)	визнавати	[wizna'wati]

recordar, lembrar (vt)	**пригадувати**	[prɨ'ɦaduwatɨ]
recuperar-se (vr)	**видужувати**	[wɨ'duʒuwatɨ]
recusar (~ alguém)	**відмовляти**	[widmow'lʲatɨ]

reduzir (vt)	**зменшувати**	['zmɛnʃuwatɨ]
refazer (vt)	**переробляти**	[pɛrɛrob'lʲatɨ]
reforçar (vt)	**зміцнювати**	['zmit͡snʲuwatɨ]
refrear (vt)	**утримувати**	[ut'rɨmuwatɨ]

regar (plantas)	**поливати**	[polɨ'watɨ]
remover (~ uma mancha)	**виводити**	[wɨ'wɔdɨtɨ]
reparar (vt)	**ремонтувати**	[rɛmontu'watɨ]
repetir (dizer outra vez)	**повторювати**	[pow'tɔrʲuwatɨ]

reportar (vt)	**доповідати**	[dopowi'datɨ]
reservar (~ um quarto)	**бронювати**	[bronʲu'watɨ]
resolver (o conflito)	**залагоджувати**	[zala'ɦɔd͡ʒuwatɨ]
resolver (um problema)	**розв'язувати**	[roz'wˀʲazuwatɨ]

respirar (vi)	**дихати**	['dɨhatɨ]
responder (vt)	**відповідати**	[widpowi'datɨ]
rezar, orar (vi)	**молитися**	[mo'lɨtɨsʲa]
rir (vi)	**сміятися**	[smi'ʲatɨsʲa]
romper-se (corda, etc.)	**розірватися**	[rozir'watɨsʲa]

roubar (vt)	**красти**	['krastɨ]
saber (vt)	**знати**	['znatɨ]
sair (~ de casa)	**вийти**	['wɨjtɨ]
sair (ser publicado)	**вийти**	['wɨjtɨ]

salvar (resgatar)	**рятувати**	[rʲatu'watɨ]
satisfazer (vt)	**задовольняти**	[zadowolʲ'nʲatɨ]
saudar (vt)	**вітати**	[wi'tatɨ]
secar (vt)	**сушити**	[su'ʃɨtɨ]
seguir (~ alguém)	**іти слідом**	[i'tɨ 'slidom]

selecionar (vt)	**вибрати**	['wɨbratɨ]
semear (vt)	**сіяти**	['siʲatɨ]
sentar-se (vr)	**сісти**	['sistɨ]
sentenciar (vt)	**присуджувати**	[prɨ'sud͡ʒuwatɨ]
sentir (vt)	**відчувати**	[widt͡ʃu'watɨ]

ser (vi)	**бути**	[bu'tɨ]
ser diferente	**відрізнятися**	[widriz'nʲatɨsʲa]
ser indispensável	**бути необхідним**	['butɨ nɛob'hidnɨm]
ser necessário	**бути потрібним**	['butɨ po'tribnɨm]

ser preservado	**зберігатися**	[zbɛri'ɦatɨsʲa]
servir (restaurant, etc.)	**обслуговувати**	[obslu'ɦɔwuwatɨ]
servir (roupa, caber)	**пасувати**	[pasu'watɨ]

significar (palavra, etc.)	**значити**	['znat͡ʃɨtɨ]
significar (vt)	**означати**	[ozna't͡ʃatɨ]
simplificar (vt)	**спрощувати**	['sprɔɕuwatɨ]
sofrer (vt)	**страждати**	[straʒ'datɨ]
sonhar (~ com)	**мріяти**	['mriʲatɨ]

sonhar (ver sonhos)	бачити сни	['batʃitɨ snɨ]
soprar (vi)	дути	['dutɨ]
sorrir (vi)	посміхатися	[posmi'hatisʲa]
subestimar (vt)	недооцінювати	[nɛdoo'tsinʲuwatɨ]
sublinhar (vt)	підкреслити	[pid'krɛslitɨ]
sujar-se (vr)	забруднитися	[zabrud'nitisʲa]
superestimar (vt)	переоцінювати	[pɛrɛo'tsinʲuwatɨ]
supor (vt)	припускати	[pripus'katɨ]
suportar (as dores)	терпіти	[tɛr'pitɨ]
surpreender (vt)	дивувати	[diwu'watɨ]
surpreender-se (vr)	дивуватись	[diwu'watisʲ]
suspeitar (vt)	підозрювати	[pi'dɔzrʲuwatɨ]
suspirar (vi)	зітхнути	[zith'nutɨ]
tentar (~ fazer)	намагатися	[nama'hatisʲa]
ter (vt)	мати	['matɨ]
ter medo	боятися	[bo'ʲatisʲa]
terminar (vt)	закінчувати	[za'kintʃuwatɨ]
tirar (vt)	знімати	[zni'matɨ]
tirar cópias	розмножити	[rozm'nɔʒitɨ]
tirar fotos, fotografar	фотографувати	[fotohrafu'watɨ]
tirar uma conclusão	робити висновок	[ro'bitɨ 'wisnowok]
tocar (com as mãos)	торкатися	[tor'katisʲa]
tomar café da manhã	снідати	['snidatɨ]
tomar emprestado	позичати	[pozi'tʃatɨ]
tornar-se (ex. ~ conhecido)	ставати	[sta'watɨ]
trabalhar (vi)	працювати	[pratsʲu'watɨ]
traduzir (vt)	перекладати	[pɛrɛkla'datɨ]
transformar (vt)	трансформувати	[transformu'watɨ]
tratar (a doença)	лікувати	[liku'watɨ]
trazer (vt)	привозити	[pri'wozitɨ]
treinar (vt)	тренувати	[trɛnu'watɨ]
treinar-se (vr)	тренуватися	[trɛnu'watisʲa]
tremer (de frio)	тремтіти	[trɛm'titɨ]
trocar (vt)	обмінюватися	[ob'minʲuwatisʲa]
trocar, mudar (vt)	міняти	[mi'nʲatɨ]
usar (uma palavra, etc.)	уживати	[uʒi'watɨ]
utilizar (vt)	користуватися	[koristu'watisʲa]
vacinar (vt)	робити щеплення	[ro'bitɨ 'ɕɛplɛnʲa]
vender (vt)	продавати	[proda'watɨ]
verter (encher)	наливати	[nali'watɨ]
vingar (vt)	мстити	['mstitɨ]
virar (~ para a direita)	повертати	[powɛr'tatɨ]
virar (pedra, etc.)	перевернути	[pɛrɛwɛr'nutɨ]
virar as costas	відвертатися	[widwɛr'tatisʲa]
viver (vi)	існувати	[isnu'watɨ]
voar (vi)	літати	[li'tatɨ]

voltar (vi)	**повертатися**	[powɛr'tatɨsʲa]
votar (vi)	**голосувати**	[ɦolosu'watɨ]
zangar (vt)	**гнівити**	[ɦni'wɨtɨ]
zangar-se com ...	**гніватися**	['ɦniwatɨsʲa]
zombar (vt)	**насміхатися**	[nasmi'hatɨsʲa]

com/pod-product-compliance